レクチャー法哲学

那須耕介・平井亮輔　編

法律文化社

はしがき

　本書は，主に大学の法学部での講義教材としての使用を念頭においた法哲学の教科書である。

　法哲学は，法理学とか法思想とも呼ばれ，法について原理的に考察する学問分野である。簡潔に言うと「法を哲学する」のである。哲学と聞くと難渋に聞こえるかもしれないが，ことさら難しく考える必要はない。法について普段あたりまえのように思っていたり前提していたりすることを疑ったり反省して，筋道だった思考と良識とを働かせて深く考えてみようとするのが法哲学である。「国や時代によって法はずいぶん異なるが，そもそも法って何だろうか，何のためにあるのだろうか」「なぜ私たちは法に従わなければならないのだろうか」あるいは「法令の解釈には正解があるのだろうか」などといった疑問を抱いたとき，あなたはすでに法哲学の世界に足を踏み入れているのである。

　詳しくは本書を読んでもらうことにして，ここでは，このような問いに取り組む法哲学を学ぶ意義について簡単に触れておきたい。率直にいえば，法哲学は目に見えるようなかたちでは役に立たない。民法や刑法などを学ぶことで得られる現行法に関する知識が実生活を送るうえで，あるいは各種の資格試験などに際して直接的に役立つのと同じような意味では法哲学は役に立たない。しかし，法哲学を学ぶことによって，日頃学んでいる法と法律学の意義や特質，あるいは限界をよりよく理解することができるだろう。また，法哲学に限らないが哲学的な思考を身につけることは，ものごとを考える力を高め，人生において深いところできっと役に立つだろう。だが，そのためには，教科書に書かれていることや講義で語られることを鵜呑みにして，単に知識や情報としてインプットする受け身の姿勢ではなく，そこで提起される問題を自分自身の問いとして受けとめて，自分の力を振り絞っていっしょに考える姿勢で臨むことが何よりも大切である。

　本書の構成や特徴について2点だけ述べておこう。実定法の教科書と同様に，法哲学においても1人の研究者が自身の法哲学を披歴した体系書から複数の著者による教科書の色彩がより強いものまで多様である。本書は基本的には後者

に属しているが，本書を構成する4つの部のうち，第1部と第4部は少数の執筆者が全体を通して相談して執筆し，第2部と第3部については各章ごとに担当者が分担執筆するという，いわば体系書と共著教科書の性格を合わせもつ独特なつくりになっている。そのこともあって，もちろん関心にしたがって本書のどこから読んでもよいし，どの章だけ読んでもよいのだが，第1部と第4部については各部の最初から通読することを勧めたい。また，本書では，各章の末尾に参考文献とならんで，執筆者が読者に勧める文献も挙げている（📖**文献案内**）ので，さらに学習したい方は活用してもらいたい。

　本書の生い立ちは10年ほど前にまでさかのぼり，当時の法律文化社社長・秋山泰氏から，本書の執筆者の一部も参加の機会を得た田中成明編『現代理論法学入門』（法律文化社，1993年）を継承する法哲学の教科書をαブックスシリーズの1冊として出版したいとのお話をいただいたことに始まるが，作業が大幅に遅れたため秋山氏の在職中に刊行が叶わず，お詫びの言葉もない。当初の編集・執筆体制の大きな変更などの事情もあるが，何よりも編者の不手際と怠慢によるところが大きい。

　この間，早々に原稿をお寄せいただいた執筆者の方々に多大なご迷惑をおかけしたことは言うまでもないが，とりわけ企画当初から本書を担当いただいた法律文化社の舟木和久氏には途方もないご迷惑とご心配をおかけすることになった。また，最終段階で担当に加わり煩雑な作業を引き受けていただいた八木達也氏にも大変お世話になった。両氏と法律文化社に心からお詫びとお礼を申し上げたい。

　2020年初夏

那須　耕介
平井　亮輔

目　次

はしがき

第1部　法的思考と裁判

第2部　現代法の基礎理論

第3部　法と正義

第4部 法の支配と公共性

第 **1** 部

法的思考と裁判

第1章

「法的に考える」とはどういうことか?

I　無茶な要求?

　まじめな法学の初学者を当惑させる言葉の1つに,「法的な考え方」(あるいは「法的思考」「リーガル・マインド」)というものがある。法学部に入ったばかりの学生は,ことあるごとに「法学の学習は知識の習得だけでは不十分です」「法的なものの考え方,法律家としての思考法を身につけてください」などと諭される。なるほど,いくらたくさんの条文を諳んじても,それだけで法学を学んだことにならないのはわかる。でも,"法的に"考えるとはいったいどういうことだろう?　それが身についているとかいないとか,どうやって判定するのだろうか?

　講義に出ても教科書を読んでも,それが何なのかは一向にはっきりしない。そこで実際に示されるのは,耳慣れない専門用語,膨大な条文とその用例,そしてそれらをああも言える,こうも言えるとこね回す法理と学説の数々だ。単位を揃えて卒業することを最優先する人にとっては,法学とは結局"知識"の詰め込みに終始する,暗記科目そのものではないか。そうでなくても,いつまでたっても正体のつかめない「法的な思考」なるものを身につけよ,とは,いかにも無理な要求だ──そんなとまどいや不満が芽生えたとしても,不思議ではないだろう。

　これに応えて,先生方のなかには,教室や教科書で伝えられるのはあくまでも法についての"知識"だけであって,その適切な扱い方をすべて言葉にして語り,文字に書いて教えることはそもそも不可能なのですよ,と開きなおる人もいるかもしれない。つれない答えかもしれないが,一理ある。たしかにどん

なことでも，手引きを通じて教えられることには必ず限界がある。“方法”の核心部分には，どうしても“知識”に置き換えられない何かが残る。どれだけ懇切丁寧なマニュアルのなかにも，「マニュアルの正しい読み方」までは書き込めないだろう。ハウツー本を何冊読んでも，一番肝心なことはわからないのだ。

　それはちょうど，新しい言語を学ぶときの経験に似ているかもしれない。語彙を増やし，文法規則を覚えても，その言語独特の身ぶり——発音，抑揚やリズム，場面に合った言い回しといったもの——が板につかない限り，その言語に習熟したとはいえない。そして後者については，どこかに言葉では説明できない何かが残らざるをえない——たとえば，フランス語の初学者に「“r”の音は，喉の奥で喉びこを震わせてください」と助言できても，「喉びこを震わせる方法」は説明できない，という具合に。つまるところ，言語能力の核心には“こつ”や“らしさ”というものがあり，それはいつのまにか，なんとなく体得するほかないものなのだ（このたとえ話がわかりにくい人は，サッカーボールのリフティングでも，トロンボーンの演奏でも，盲牌でも，「いつのまにかできるようになって，そのあとは深く考えなくてもできていること」を思い浮かべ，それを初心者に教える方法を考えてみてほしい）。

　「法的なものの考え方」にも，似たようなところがある。法学の先生に向かって「正しい法的な考え方とはどのようなものなのか，ちゃんと教えてください」と要求することには，はじめから大きな背理，理不尽さが伴っているのだ。

Ⅱ　法学者の考え方，法実務家の考え方

　だとすれば，結局どうすれば法律家らしい思考法を身につけることができるのだろうか。教えられないことを学べ，とはまるで禅問答だが，実際にはそれほど難しいことをいっているわけではない。

　法律学の初学者は，講義や入門書から次々と新しい知識を覚えこむ過程で，徐々にその話し手，書き手が暗黙のうちに従っているくせや習慣になじんでいくだろう。何に注目し，何を考慮から外すか。どこに課題を見いだし，どんな

ふうに問いを立て，整理するか。どんなふうに議論をはこび，何にしつこくこ
だわり，何を無視し，どのあたりに“落とし所”を見いだすか。法律学の学習
者は，講義や演習に出席し，教科書を繰り返し読むうちに，法学者に特有の態
度や推論上のくせ，習慣的な思考パターンや勘，センスを少しずつわがものに
していくだろう——ちょうどフランス語の学習者が，生きたフランス語と接す
るなかで少しずつフランス語ふうの話しぶり，書きぶりに近づいていくように。

　しかしながら，疑り深い学生諸君はこの程度の説明では満足しないかもしれ
ない。法学，特に実定法学（法律学，法解釈学）の先生方の思考習慣に慣れ親し
むことが，なぜ「法的な考え方」の習得につながるのか。それは，法律学的な
考え方にすぎないではないか。研究者になりたい一握りの人々を別にすれば，
専門法律家としての能力とはあくまでも実務家のそれである。法律学の研究者
の発想や思考と裁判官や弁護士といった法の実務家のそれとは，どの程度同じ
ものなのだろうか。法学部や法科大学院で身につく法的思考は，どの程度法実
務の世界に通用するのだろうか。

　だがこれもあまり心配には及ばない。以下では，あえて両者のあいだに本質
的な違いはないものと考えることにしよう。もちろん細かくみれば各々の関心
や目的に重要な違いがないわけではないが，さしあたりそう割りきってもらっ
てもさしつかえはない。

　というのも，少なくとも今日の日本の法律学の方法は，法実務家の考え方を
合理的，体系的に捉えなおすために編み出されたものであり，また法実務家は
まさに法律学の学習過程でその発想の基礎を叩き込まれているからだ。法学者
は実務家の思考と判断を追いかけ，実務家は法学者に最初の手ほどきを受け
る。法律学と法実務のあいだには，共通の方法論をなかだちにした，一種の循
環関係が成り立っているのである。

　これはたとえば経済学や政治学，あるいは社会学の事情とはずいぶん違って
いる。これらの学問の方法論は，経済・政治・社会的な活動を担う一般の
人々，あるいは専門家の実際の思考様式や判断の型とはいちおう独立に——場
合によっては，それをまったく無視して——構想できるし，実際そのような例
には事欠かない。たとえば新古典派経済学はその前提に，「つねに自分の利益
を最大化するべく選択する個人（経済人）」という想定をおいているが，これは

必ずしも現実の人々の思考や行動を反映しているわけではない。目当てとする経済現象が全体としてうまく説明でき，また正確に予測できるのであれば，どんな方法を使っても構わないのだ。

　一方，法律学にそのような自由さはない。法律学の考え方と法実務家の考え方とは，簡単には切り離せないだろう。たしかに，さまざまな法現象を，それに関わる実務家たちとはまったく異なる視角や手法を使って分析，批判する「新しい法律学」を冒険的に構想することはできるかもしれない（実際，「法と経済学」のように非法学的な発想が主流の法律学・法実務に大きな影響を与えた例もある）。しかしこうした“革新的”アプローチは伝統的な法律学の限界や盲点の批判，補完に役立つことはあっても，それにまるごと取って代わることはないだろう。法律学と法実務は，多少のずれや緊張を含みながらも，その方法論に関して互いに補強しあってきたし，おそらく，当分この関係は続くだろう。法律学や法実務が，同業者間の共通理解や慣習を重んじる，どちらかというと保守的な営みだと目される理由の一端は，このあたりにあるのかもしれない。

Ⅲ　法的思考と法哲学

　さてそれでは，法哲学はここにどのように関係するのか。

　実のところ，先の法律学の初学者の疑問と不満はすでに十分法哲学的な問いでもある。哲学を人間の知的活動全体に対する批判的，反省的な吟味と検討の企てだとするならば，法的な考え方に特有の理路や基準，役割や意義について疑いや好奇心を抱くことは，それ自体，法哲学的な探求の入り口の1つだと考えてもいいだろう。

　法哲学の下位分野の1つとしてしばしば挙げられる「法律学方法論」あるいは「法的推論の理論」とはまさに，「法を用いて／法に基づいて／法に従って適切に考え，判断を下す」とはどのような活動であるのかを，念入りに疑いつつ，筋道を立てて解き明かそうとする作業だ。法律家の思考法，判断の様式は，どんな要素からなり，どんな構造を備え，どんな基準で自らを律しているのか。法哲学は，法の実務家や法学者たちが暗黙のうちに前提とし，職人技のように駆使している思考様式そのものを，明るみに引き出し，理解と吟味の対

象にしようとする試みなのである。

　なおかつ，「法的思考」への法哲学的関心は，「法概念論」と「正義論」という法哲学研究の残りの2本の柱につながる要の位置にあるともいえる。本書は，「法的に考えるとはどういうことか」という問いを法哲学の世界全体の入口に据えて，これら残り2つの主要な研究領域へと読者の皆さんを案内したいと考えている。

　「法概念論」（「法の一般理論」）の領域は，「法とは何か」という問いを出発点にして，法の固有の／普遍的な特徴とは何か，それは単なる命令や強制と，あるいは道徳や宗教戒律とどこで区別されるのか，その多様な形態・機能をどうすれば一貫した形で理解できるのかといった課題に取り組んできた。「正義論」（「法価値論」）は，「法は何のためにあるのか」という問いから出発して，法が自由や平等，平和や幸福といった基本的な道徳上の理念とどうかかわっている（かかわらねばならない）のか，またこれらの理念が今日の社会生活のなかでなぜ，どのような優先順位で尊重されねばならないのかについての探求を担ってきた。

　第4部の冒頭でもう1度述べるが，法をめぐるこれら3種の問いは，法について学び，考えようとする人が必ず直面する，という意味では法学（あるいは法哲学）の“入口”をなす問いであり，法哲学的な探求がどこまでも問い続けざるをえないという点ではその“出口”を象徴する問いだともいえる。即座に答えが出るわけではないが，問わずにすませることもできないこれらの問いが，法哲学の全領域の下地をなしているのである。

　もう1点，蛇足を加えておこう。

　法律学／法実務がある種の“方法”（思考様式）を共有しているのだとしたら，それはどのようなものとして理解できるのか，というのが次章以降の問いである。では法哲学はどうか。それにも何らかの学問的“方法”はあるのだろうか。

　私のみる限り，法哲学が必ず従うべき共通の学問的方法はおそらく存在しない。そこにもいくつかの“学派”らしきものはあるが，その実態はきわめておぼろげで，たとえば新古典派経済学のように，明確な学問上の公理や方法によって規律されているとはいいがたい。実際，法哲学はこれまで，哲学や経済

学，政治学，社会学，あるいは歴史学や心理学，文学理論から方法論上の影響を受け，しばしばそれらを貼り混ぜ的に取り入れてきた。その点では実定法学ほどには実務家の発想に強く結びつけられているとはいえず，方法論のうえでははるかに自由度の高い領域だといえるだろう。その意味で法哲学者は，法実務家や法学者よりもいくらかお行儀のよくない人たちであり，またそのことをその持ち味にしている人たちなのかもしれない。

　従来，法哲学研究者のなかには，法実務と法律学にできる限り寄り添いながらその基礎理論を整備，提示しようとする立場と，まず一定の哲学的観点をとり，そこから法の世界を批判的に再構成，再構築しようとする立場との区別，緊張関係があると指摘されてきた。前者はおのずと実務家，実定法学者とその基本的な発想や理念を共有することになるだろうし，後者は必ずしも「法律家的な考え方」にとらわれることなく法体系，法現象の構造やその価値理念をめぐって抽象的な思弁を展開するだろう，と考えられてきたのだ。

　しかし実際のところ，両者をあたかも互いに相容れない別々のアプローチであるかのように考えてもあまり意味はないだろう。これら2つの観点は，法とは何であり，また何のためにあるのかを考えるための，若干力点の異なる2つの経路を示しているにすぎない。前者は伝統的な法的思考の盲目的な受容追随を意味するわけではなく，むしろその困難や限界を内側から批判的に明らかにしていこうとするものであるし，他方後者も伝統的な法律学・法実務の担い手の思考や問題関心に訴えることではじめて，単なる外野からの野次にとどまらない説得力を獲得する。すぐれた法哲学研究のなかでは，これら2つの姿勢が適度な緊張を保ちつつ，相互に刺激しあう形で組み合わされているのである。

第2章

裁判と裁判官へのまなざし

I　裁判官のように考える？

　法哲学者が法的な思考法の一般的な特徴を捉えてこれを理論化しようとするとき，具体的には何が最良の手がかりになるのだろうか。「法を用いて／法に基づいて／法に従って適切に考え，判断を下す」とはどんな活動なのか，を問うにあたり，法的推論の理論は何を素材にしてその本質に迫ろうとしてきたのだろうか。

　いうまでもなく，それは裁判官の思考である。あらゆる法的思考の担い手たち，法実務や法律学に携わる人々にとっての共通の関心事を挙げるなら，裁判官が法廷で（厳密には判決文のなかで）どんな根拠に基づいて，どんな結論を述べるか，というところに収斂するだろう。「法的なものの考え方」の担い手である法実務家と法学者は，ともに裁判官がその判決文で示す判断と，それを導き根拠づける推論の過程を，法的なものの考え方の典型，究極の参照点の1つとみなしてきた。「法律家のように考える」ことは，かなりの程度，「裁判官のように考える」ことと一致するのである。

　その理由は，誰の目にも明らかだ。法の実務に携わる人々にとって，自分が直面している問題に裁判官が下す結論は，その仕事の成否を決定的な仕方で左右する。このことは，現に法廷のなかで争いあっている当事者はもちろんのこと，法廷外でさまざまな交渉や取引に携わっている人にも当てはまる。裁判官ならばこの事件についてどう考え，どんな結論を出すだろうか。そんな自問を繰り返しながら，弁護士は顧客の相談に応じ，交渉相手を説得するだろうし，検察官は捜査を進め，起訴の要否について判断を下すだろう。前例のない斬新

な主張を企てる場合でさえ，それが裁判官をどこまで説得できるかについて，慎重な顧慮をめぐらせざるをえない。好むと好まざるとにかかわらず，法律家は，裁判官の思考を自分自身の思考と判断とを方向づけるための導きの糸としているのである。

　実務には直接かかわらない法律学の研究者にとっても，裁判官の思考が本質的な重要性をもつことは同じである。日本のように判決そのものには限られた法源性しか認めていない国であっても，制定法の解釈やその発展過程を追い，その根拠，背景について理解を深めるには，下級審も含め，過去の裁判におけるその適用例をたどることは必須の作業である。そのすべてを無批判に肯定するのではないにせよ，実定法学の研究のなかでも，裁判官が現実の裁判においてどのように考え，判断を下しているかは，少なくともその学問的探求にとってなくてはならない素材であり，出発点だといえるだろう。たしかに実務家に比べるとそれに縛られる度合いは低いかもしれないが，大胆で独創的な仮説を展開する場合でさえも，その一端はそこにしっかり結びつけられていなければならない。法学者にとってもまた，裁判官の思考は学問上の探求が漂流してしまわないための投錨点の1つなのだ。

　このように法の実務家からも研究者からも注視される裁判官の思考とはどのようなものなのか。そもそもそれはどこに見いだすことができるのだろうか。もちろん私たちは，実際に裁判を行っている（あるいは判決文を書いている）裁判官の頭のなかを（心理テストにかけるなどして）のぞき込むことはできない。現実の裁判が行われる舞台装置を念頭におきつつ，実際の判決文に記されたことから，その実相の再構成を企てるほかないだろう。その作業の積み重ねのなかから法哲学者がつかみ取ろうとしているのは，裁判官たちの思考が習慣的に反復している型だけでなく，むしろあらゆる裁判官が完全な達成は望めなくてもつねに接近に努めるべき「理想の裁判官」の推論と判断のあり方でもある。

　たしかに現実の裁判のなかでは，裁判官はいつもさまざまな実際上の制約のもとにおかれている——時間の制約と山積みの事案に追われ，人間としての趣味嗜好や感情，思い込みゆえの間違いにつきまとわれている——が，つねにそのような限界を乗り越えて，より高い達成を求められる存在でもある。法哲学による法律学方法論・法的推論の理論は，現実の裁判官の思考習慣の解明や記

述だけにとどまることなく，それが目指すべき本来のあり方，裁判制度の理念に即した裁判官の思考と判断の理想の姿を描き出そうとするのである。

Ⅱ　社会のなかの裁判とその構造

　法的思考の要諦をつかむには，裁判官がその職務を通じて何をどのようなやり方で成し遂げようとしているかを理解する必要がある。いうまでもなく裁判は人々のあいだで生じたさまざまな紛争――守るべき共通のルールに対する違背とその処罰，不当に引き起こされた被害・損害，モノの帰属やヒトの地位・権能をめぐる主張の対立など――を処理するための一手法だが，その特性を理解するには，これを裁判以外のやり方と照らし合わせてみるところから出発するのがいいだろう【→第2部第4章Ⅰ**2**】。

　第1に注目したいのは，大方の裁判外の紛争処理が争いあう者同士の直接的・自律的な対決という形をとるのに対し，裁判ではそこに紛争とは無関係の"第三者"が加わり，仲裁者としての役割を果たしている点である。

　私たちは普段，身辺に生じる大小さまざまな摩擦のほとんどを，他人の手を借りることなく当人同士のあいだで処理している。些細なものなら口頭での謝罪と赦免だけですませるだろうし，やや深刻ないさかいも，生じた損害に対する弁償や，非難とその受容を通じて決着が図られる。このような当事者だけで自律的に行われる紛争処理の方法を二者構造の処理としてとらえるならば，裁判の最も顕著な特徴は，紛争の処理が三者構造のなかで行われるところにあるといえるだろう。前者の場合，争いの当事者は互いに相手当事者を説き伏せるべき――場合によっては，力ずくで組み伏せるべき――相手とみなすが，後者のなかでは，もはやいずれの当事者も相手当事者の直接の説得をめざさない。そこでは説得の相手が，第三者としての審判＝裁判官に置き換えられているのである。

　三者構造への移行は，「審判のいない勝負」を「審判のいる勝負」に変容させ，当事者同士の直接対決を抑制するはたらきをもつ。ここに，裁判という紛争処理手法の第一の顕著な特徴がある。言い換えれば，当事者は互いに相手を説き伏せられなくても（重大な点で意見が食い違ったままでも），審判役の仲裁者

を説得しさえすれば，直面する争いに一応の解決を与えられるようになるのだ。

　戦前の日本を代表する法学者，穂積陳重の晩年の著作『復讐と法律』（岩波書店，1982年）は，まさにこの三者構造による紛争処理システムの形成と制度化の過程を，さまざまな社会の文化・歴史のなかに分け入りながら追跡した，読みごたえのある本である。

　そこで描かれるのは，復讐や血讐，仇討ち，決闘，自力救済といった直接的・自律的な二者構造での紛争処理の手法が，様式化・儀式化と禁圧とを通じて徐々に馴致・制御され，やがて統治者をあらゆる争いの最終的な仲裁者として戴く三者構造的な紛争処理の仕組みへと吸収・解消されていく過程である。穂積は，この過程こそが国家形成の主要因にほかならないと考えた。彼は，当時の歴史学・人類学の成果を広く引証しながら数多くの社会がこの過程をたどってきたことを描き，これを要約して「復讐を禁止せざれば族戦絶えず，族戦絶えざれば国家興らず」と力説している。この断定を鵜呑みにするかどうかはともかく，洋の東西を問わず，人類が二者構造の枠内では処理しきれない紛争の受け皿として三者構造の紛争処理システムを考案し，制度化してきたことの意義を軽くみることはできないだろう。明治期日本の近代法システムの導入と確立，運用にあたって実務家としても研究者としても先導者の役割を果たした穂積が，三者構造による紛争処理システムの形成過程と国家の形成過程とを不可分一体のものとして考えていたことは興味深い。

Ⅲ　仲裁者とその"権威"

　しかしながら，この三者構造による紛争処理が実際に裁判制度のなかに結実するまでには，3つの大きな関門を乗り越えなければならなかった。その1つは当事者がみずから二者構造ではなく三者構造での処理を受け入れることであり，もう1つは「第三者」への信頼が人への信頼から制度への信頼へとその性質を変えること，そして3つ目は，この信従が，単なる損得勘定を超えた，道徳的な性質を伴うようになることである。順にみていこう。

　最も素朴な三者構造での紛争処理——たとえば，ケンカとその仲裁——が成

功するためにまず必要なことは何か。それは当然，ケンカの両当事者がケンカを中断し，自らこの仲裁を受け入れることである。争いあう当人たちのうち一方でも，自分の主張に合わないからという理由でそれを拒むならば，その瞬間にこの試みは失敗に終わる。その意味で，最も萌芽的な形態での裁判は，争いあう両当事者と裁判官役の第三者との協力なしには成り立たない，ある種の共同作業なのである。

　しかしそもそも，互いに自分が正しく相手が間違っていると主張して譲らない人たちが，どうして第三者による仲裁を受け入れ，協力しあえるのか。仲裁を受け入れるとは，その過程に入るに際して，あらかじめ，たとえ仲裁者の下す結論が自分の主張と食い違う，自分に不利益を与えるものだったとしても，それに従う，という約束をすることである。しかし，自分が正しいと信じるからこそ争っている人たちが，自分の確信に反する決定が下されてもそれに従う——相手が正しく，自分が間違っていたという結論を受け入れる——，と誓うことには，どこか矛盾がないだろうか。

　この態度の奇怪さを自分の命と引き換えに示してみせたのが，ソクラテスだ。プラトンの記録によると，ソクラテスは「神々を冒涜し，若者たちを惑わせた」という身に覚えのない罪状でアテネの民会に訴えられたことに応え，その嫌疑の誤りと自身の潔白を全力で弁じてみせた（『ソクラテスの弁明』）。ところがいったん民会が死刑判決を下すと，今度は逃亡をすすめる友人クリトンの申し出を厳しくはねつけ，彼に向かってなぜ自分がすすんで死刑を受け入れねばならないのかを諄々と説いて聞かせたのである（『クリトン』）。自分に下された判決が不当なものであることを確信しつつ，これに自ら従うべきことを主張する。判決の前後ですっかり自分の考えを改めたのでないとするなら，ソクラテスはどうしてこのような態度をとることができたのだろうか【→コラム6】。

　このソクラテスのふるまいが奇妙に思えるのは，おそらく，ソクラテスほどの人物が，自分の生死を左右する重大な局面で，自ら進んで自律と自己決定を放棄するわけがない，という思い込みがあるからではないだろうか。しかし振り返ってみれば，私たちの自律性は，決して他人からの影響を排除し，孤立した真空状態のなかで実現されるものではない。医者の診断と助言に従うとき，不慣れな土地で地元の人に案内されるとき，恋愛に悩んで経験豊富な先輩に相

談するとき等々，私たちはさまざまな場面で自分の考えや判断よりも他人のそれを優先するだろう。ことの軽重にかかわらず（ときには重大な決定だからこそ），人はしばしば自分の判断や確信よりも何らかの権威に従っているし，また実際そうすべきなのである。むしろ私たちの自律的なふるまいの多くは，一方では自動化された反射や習慣によって，また他方ではこうした何らかの権威への服従によって，脇を固められていると考えるべきなのかもしれない。

　三者構造のなかでの紛争処理は，権威による決定とそれへの服従の典型的な場面である。他人との紛争状態にある人たちが，自分の信念をやみくもに押し通すことよりも筋の通った結論の共有を優先させるべき場面で，紛争当事者のいずれとも利害関心を共有しておらず，当事者や外部からの働きかけによってもその判断がぐらつくことがなく，誰にとっても有益な判断を見いだしてくれそうな仲裁者を得られると信じられたときには，紛争当事者は仲裁者の判断が公正・中立かつ有益なものになることを期待して，自分の判断よりも優先させるのではないか。少なくともそこには，それを自ら選ぶべき，十分な理由があるといえるのである。

Ⅳ　制度への信頼とその条件

　ところでたいていの場合，私たちが身近なところで経験する権威は，"信頼のおける立派な人"の姿をしている。ある人の判断や助言に従うかどうかを決めるとき，私たちはその人の人柄や知識，能力から推測して，正確な判断，的確な助言が得られそうかどうかを見極めるだろう。数学の宿題を手伝ってもらうために自分より数学の成績の悪い人に助けを求めるのは馬鹿げているし，普段から自分に敵意をもっている人物に友人とのトラブルの相談をもちかける人もいないはずだ。権威の多くは，その当人との長い付き合いややりとりのなかで培われる，個々の人物に対する人格的な信頼に支えられている。

　しかし規模が大きく匿名性の高い社会では，そのような信頼に値する人物をいつも身近なところに自力で見いだせるとは限らない。このようなときにその比重を増してくるのが，人ではなく，制度に対する信頼である。

　雑踏で道に迷ったときに制服姿の警官の姿が目にとまれば，私たちは躊躇な

くこの警官に道を尋ねるだろう。しかしこのとき，警官本人の人柄や能力を周囲の人々よりも高く評価したからそうするのではない。ここで信頼されているのは，あくまでもその国の警察システムの総体，組織や行動の規律，活動実態の方ではないか。道案内を求める人にとっては，いわばその"制服"だけが信頼の手がかりとなり，この警察官の助言に格別の権威を与えているのだ。同様に，自覚症状がなくても健康診断の警告を信じて治療を始めることがあるのも，診断を下した医者個人というより，医療機関や検査・診断の方法，診断基準に私たちが権威を認めるからだろう。このように専門的な知識や技能の開発・蓄積・伝達の担い手である組織や機関は，しばしば制度的な権威の担い手として，私たちの決心や選択を側面から支えてくれているのである。

　社会学者のニクラス・ルーマンは，『信頼』（大庭・正村訳，勁草書房）という著作のなかでこの問題を「人格的信頼」から「システム信頼」への移りゆきとして論じている。それによると，「信頼」とは一般に，ある判断を下すために必要な情報が不足している場合や考慮する余裕がないときに，その一部または全体を省くための手立てだといえる。私たちはさまざまなものを信頼することで，多くの面倒な考慮を省略し，いわば思考のバイパスを通って手早く結論に到達できるだろう（「複雑さの縮減」）。このような「信頼」の形成には，自分以外の他人が個人的に蓄えている知識や能力を利用する場合と，特定の個人ではなく制度や組織に象徴される「システム」に判断を委ねる場合とがある。そして，社会がある規模を超えて巨大化・複雑化すると，後者の役割が拡大せざるをえなくなるのだ。

　裁判に対する信頼もまた，当の訴訟を担当する裁判官個人に対する信頼よりも，裁判所という組織・制度に対する信頼によって支えられていることは明らかだ。法廷の裁判官席に法服を着て座っている，という外見的な事実だけを根拠に，さしあたり私たちはその判断に対し，裁定としての権威を認めてこれに従う。そこでもまた，この裁判官が本当に人として信頼に値する人物であるかどうか，問う人はまれだろう。信頼すべき第三者としての裁判官の権威は，この裁判官個人の人柄や有徳さではなく，まさにこの人物が裁判所という組織に所属し，その職務にかかわる諸々の規範に従っている，と考えられることに由来する。当事者間の自律的な紛争処理を回避もしくは断念し，これを裁判とい

う場に委ねようという姿勢は，裁判所という制度・組織に対する信頼を介してはじめて成立するものなのである。

V　判決の権威と法的思考

　ただし裁判官の判断には，「権威」の1種でありながら警官の道案内や医者の診断とはかなり性格の異なるところがある。私たちが彼らの助言を求め，たとえ自分の考えと食い違っていてもこれに従うべきなのは，その方が最終的には自分のためになるから――そしてその場合だけ――だ。ところが他方，裁判官の判断に権威を認めるべき理由には，服従者の利益や心理的満足だけでは説明しきれない側面があるのではないか。裁判にかかわる当事者たちは，たとえ自分に重い負担（刑罰や損害賠償）を負わせるものであっても，それに従うことがもっぱら社会生活上「正しい」こと，これに背くことは「誤り」だと考えて，自分の利害得失とはかかわりなく受け入れるように求められる。このとき人々は，単純な損得勘定には収まらない道徳的な意味を裁判所の判断に見いだしているのである。その権威は，単に各自の主観的判断より優先されるだけでなく，そうすることが誰にとっても正しいこと，つまり“道徳的な”権威としての性格を与えられているといえるだろう。

　このような特殊な権威はいったい何に由来し，支えられているのだろうか。

　通常，近代的な立憲民主制のもとでは，社会の全成員を拘束できる取り決め（たとえば法律）は，“民主的”に選び取られることではじめてその力を獲得する。「皆で決めたことなら（個人的には反対でも），従わねばならない」という約束が，すべての民主的決定の前提にある（この考え方が共有されていないところでは，民主的決定は不可能である）。いわば“私たちの意思”による裏書き（オーソライゼーション）を与えられることで，立法府の決定は道徳的権威を獲得しているのである。

　他方，裁判所という機関は民主的統制の及びにくい，それ自体としては政治的正統性の弱い機関である。少なくとも裁判官は国民の選挙で選ばれるわけではないし，（陪審裁判や裁判員裁判を別にすれば）審理の過程や判決の形成に国民が参加することもない。それでもなおその裁定に道徳的権威を認め，当事者の判断よりも優先すべきだというためには，その決定が民主的決定とは別種の政

治的裏書き^{オーソライゼーション}を得ている必要があるだろう。制度化された「紛争処理のための第三者」としての裁判所は，いくつかの制度的な規律のもとにおかれてはじめて，その判断に道徳的な権威——当事者の判断に置き換えられるべき規範性——を認めるよう，人々に要求できるのである。

　この規律は一般に，対象，手続，規準の 3 つの側面から与えられている。まず，裁判は社会内の争いのうち，過去に生じた具体的紛争を 1 つずつ個別に扱うことを原則とし，立法的・政策的な（あるいは事前規制的な）判断に踏み込むことには抑制的でなければならない。また今日の裁判は，秘密裁判や一方的な糾問を禁じ，公開かつ当事者主体の対審過程となることを必須の原則としている。そして最後に，裁判官はその判断の根拠を公に認められた既存の法規範に限定することで，判決が無根拠な独断の産物ではないことを示す必要がある。これらの自己限定は，多くの場合憲法のなかに書き込まれ，裁判官に手前勝手な規範形成を控えさせ，提起された個別紛争の中立公正な最善の処理を志向させるための制度的な枠組みとなっている。これらによって裁判所は自身の政治的正統性の脆弱さを補ない，その決定に権威を与えて広範な信頼を得ようとしているのである。

　しかしながら，これらの制度による規律も，実際の審理過程を担う裁判官がこれを適切に生かすことができなければただの絵に描いた餅でしかない。個々の判決の道徳的権威は，上述の諸制度によって指針を与えられながらも，最後は裁判官の思考と判断という"人力"によってその実質が与えられるだろう。裁判官の法的思考は，裁判制度に対する信頼を通じて権威を獲得するが，またそれ自体が裁判所の権威の構成要素でもある。裁判所の権威，裁判官に対する信頼は，これら制度的規律のもとで実際に裁判官が自身の考えをどのように語り示すかによって補強されもするし，また損なわれもするのである。

　「法的なものの考え方」への関心は，こうして，裁判を中軸とした社会的な紛争処理の三者構造的な仕組みのなかで，その正統性を獲得し，かつこれを支えることのできる思考と判断とはどのようなものか，という問いとして捉えなおすことができる。政治的な法創造に対してはできる限り謙抑的でありつつ，人々に服従を要求しうる権威的な決定は，どのようにして見いだされうるのか。

　冒頭に記したとおり，その全体像を詳細にわたって描ききることはできない
だろうし，最も肝心な部分については語りつくせないままに終わるかもしれな
い。それでも法哲学者は，さまざまな形態の裁判において，さまざまな裁判官
が従う（べき）思考の一般的なあり方に対し，あの手この手を使って接近を企
ててきた。次章以下では，そのなかで培われてきた仮説と知見（の一部）を紹
介してみよう。

　裁判官はいかにしてその政治的権能の限界を踏み越えることなく，その判断
に 裏 書 き を与えることができるのか。そのためにはまず「法律どおりに」
結論を出すことが求められるのだとしたら，その体裁はどのようにして整えら
れ，示されるのだろうか。またその努力は，どのような場面で，どのような困
難や限界に直面することになるのだろうか。信頼に値する第三者としての裁判
官が，「ルールどおり」に結論を出すことは，一見あたりまえで簡単なことの
ようにみえるし，また多くの場合は実際にもそうである。しかしほんの少し事
情が変わっただけで，様相は一変するだろう。法律学方法論あるいは法的推論
の理論は，できてしまえば簡単なようにみえて，その要諦を言葉に直そうとす
るとその核心部分を取り逃がしてしまう，特殊な判断能力の実態を明らかにし
ようとする。この作業を通じて，私たちの社会にとって欠かすことのできない
紛争処理の方法を支える人間的能力に対する洞察を深められるはずである。

📖 **文献案内**

田中成明『法的思考とはどのようなものか──実践知を見直す』（有斐閣，1989年）

〈引用・参考文献〉

プラトン（久保勉訳）『ソクラテスの弁明／クリトン』（岩波書店，1950年）
ルーマン，ニクラス（大庭健・正村俊之訳）『信頼──社会的な複雑性の縮減メカニズム』
　　（勁草書房，1990年）

第**3**章

法律学における推論と解釈

I 法的三段論法とは何か？

三段論法とは？ 前章までで確認したように，「法的なものの考え方」（あるいは「リーガル・マインド」）の典型は「裁判官のように考える」ことである。これまで法律学方法論，法的推論の理論においても，裁判官の思考様式を中心にして法的思考の解明が試みられてきた。

　いったい裁判官はどのようにして「法を用いて／法に基づいて／法に従って適切に考え，判断を下す」のであろうか。この問いに対する伝統的な解答の1つが「法的三段論法」（あるいは「判決三段論法」）と呼ばれるモデルである。

　一般に三段論法とは，大前提と小前提という2つの命題（文）から結論を導き出す推論形式をいう。よく引き合いに出される例は右上に掲げたものだろう。2つの前提が正しい命題である限り，それらから導かれる結論も論理的に必ず正しい命題になる。こうした論理学の知見は，すでに古代ギリシアの哲学者アリストテレスがその著作のなかで論究していた事柄であった（もっとも三段論法の種類やそれが成立する条件は複雑なので，興味のある人は論理学の教科書をぜひ参照してほしい）。

図 3-1　三段論法の例

> （大前提）　すべての人間は死すべきものである。
> （小前提）　ソクラテスは人間である。
> （結　論）　よって，ソクラテスは死すべきものである。

法的三段論法とは！ 法的三段論法は，簡単にいえば，この三段論法を法律学に転用したものである。大前提に要件＝効果からなる法命題（≒法律の条文）をおき，小前提に当該事案の具体的事実を据えることによって，結果たる判決が論理的に導かれる。図3-2は参考までに殺人罪

（刑法199条）の規定を法的
三段論法の図式に当てはめ
たものである。ポイント
は、「人を殺した者」（大前

図3-2 法的三段論法の例

（大前提） 人を殺した者は、死刑などに処する。(刑199)
（小前提） XはYを殺した。(事実)
（結 論） よって、Xを死刑などに処する。(判決)

提の要件部分）に「X」（小前提）が〝包摂〟されていることである。もちろん
条文や事案が複雑になるにつれて結論までの道のりは長くなるが、いずれにせ
よ、判決文の核心は上のような法的三段論法に帰着するとされる。

　このような法的三段論法をモデルにすると、裁判官の思考様式はおそらく次
のように説明できるだろう。裁判官はまずはじめに法規範について思考をめぐ
らし、次いで当該事案における具体的事実を検討し、最後にそれらの論理的帰
結として判決を下していると。このように再構成された裁判官の思考様式は、
判決の正当性、ひいては司法への信頼を獲得するうえできわめて有益なモデル
であるといえる。その理由は、次の2点からも明らかだろう。

法的三段論法の有益性　第1に、法的三段論法では、裁判官の判断の根拠が法
規範に基づいていることが論理的に明示されている。
すでに前章で言及したように、裁判官は選挙によって任命されるわけではない
ため、国会と比べると、裁判所の政治的正統性ははるかに希薄である（ただし
最高裁判事の国民審査に関して、憲法79条2・3項参照）。その制度上の脆弱さを補
うためにも、裁判官には法規範——とりわけ国会で民主的に制定された法律
——に基づいて判決を下すことが求められる（憲法76条3項参照）。法規範を推
論の出発点におく法的三段論法は、そうした裁判官への要請と完全に合致して
いる。

　第2に、このモデルでは、判決に裁判官の恣意や独断の入る余地はほぼ皆無
である（ようにみえる）。判決（結論）は法律（大前提）と事実（小前提）——当
然のことながら、法廷での事実認定は民事訴訟法や刑事訴訟法などの手続法に
則して行われる——から論理必然的に導かれてくるため、判決の内容が特定の
裁判官の個性や資質によって左右されることはない（と期待できる）。言葉を変
えれば、いかなる裁判官がどの訴訟を担当しようとも、法規範に基づいて裁判
が行われる限り、同じような事案に対しては同じような判決が下されるはずで
ある。このような公平無私の判決が積み重ねられていくことで法的安定性が高

まり，司法という制度全体への信頼も醸成される。

伝統的な思考モデルへの疑念　以上のように，法的三段論法に依拠した伝統的な思考モデルは，自己の予断を交えずに「法律どおりに」結論を出すという裁判官の思考様式を再構成したものであり，現在に至るまで「法的なものの考え方」の模範とみなされてきた。しかしながら，はたしてこのモデルによって法的思考の現実が捉えられているだろうか。あるいは，このモデルは法的思考のあるべき理想の姿といえるだろうか。これらの疑問点については本章の最後で改めて考えてみよう（本章V）。

Ⅱ　法の解釈とは何か？

法解釈の具体例　ところで，実定法の学習がある程度進んだ人であれば，民法や刑法の教科書の至る所で「解釈」という言葉を見かけたことがあるだろう。あるいは，法学系の資格試験をめざしている人のなかには，すでに膨大な解釈論に触れてウンザリしている向きもあるかもしれない。「法的なものの考え方」にとってこの〝解釈〟なるものが不可欠の要素であることは疑いないが，はたしてそれはいかなる作業なのか。具体的なイメージをもってもらうために，刑法各論の教科書に記載されている実際の事案を1つ紹介してみよう。

　事案の概要は単純である。被告人は公園内のトイレの白壁を埋め尽くすようにしてラッカースプレーで落書きをした。はたしてこの被告人の行為は建造物損壊罪（刑法260条前段）に該当するだろうか。同条の規定によれば「他人の建造物又は艦船を損壊した者は，5年以下の懲役に処する。」（傍点は筆者）とあり，国語の辞書的な意味ではスプレーでの落書きは「損壊」といえないようにも思われる（自宅の壁に落書きをされて，「壁を壊された！」と発言する日本人はおそらくいないだろう）。ところが最高裁は本事案において建造物損壊罪の成立を認めた（最決平成18年1月17日刑集60巻1号29頁）。この最高裁の決定を先ほどの法的三段論法に依拠して整理すると，図3-3のようになる。

法解釈の必要性　刑法260条の「損壊」を取り上げたのは単に説明の便宜のためにすぎず，別に憲法21条2項前段の「検閲」，

図3-3　解釈を含んだ法的三段論法の例

> （大前提）　他人の建造物を損壊した者は，5年以下の懲役に処する。（刑260）
> 　（解　釈）　「損壊」とは物理的に破壊するのみならず，スプレーなどで落書き
> 　　　　　　　をして著しく美観を汚損し，効用を減損させる行為も含まれる。
> （小前提）　被告人は公園のトイレ（他人の建造物）にスプレーで落書き（損壊）
> 　　　　　　をした。（事実）
> （結　論）　よって，被告人を5年以下の懲役に処する。（判決）

民法177条の「第三者」など，何でも構わない。いかなる条文にせよ，それを具体的事実に適用するには——別の言い方をすれば，法規範が具体的事実を包摂するためには——，あらかじめその意味を確定しておかなければならない。図3-3で示したかったのはそのことであり，この法規範の意味の確定作業を一般に法の解釈という（ここで正確を期しておくならば，法的三段論法の大前提は条文そのものではなく，条文の解釈を通じて得られた法命題ということになる）。

　上記の建造物損壊罪の事例が示すように，法規範に準拠して現実の事案を解決するためには解釈という作業が必要とされる場合があり，そしてそのことが，他の社会科学——たとえば，政治学，経済学，社会学——にはみられない，法律学特有の思考様式を育んできた[*]。やや遠回りになるかもしれないが，現代の法的思考の原型を知るためにも，ここで少しだけ法律学の歴史を振り返っておこう。

　＊法律学が解釈の学問であるとすれば，その思考様式は社会科学ではなく，むしろ人文科学——たとえば，史料を読み解く歴史学，文学作品の解釈に携わる文学——に近いのではないだろうか。たしかにこうした見方には一理ある。実際に法学のなかでも法史学は歴史学の1分野として理解されているし，法哲学には法学と文学の関連性に着目する研究領域（「法と文学」）も存在する。しかし実定法の解釈に限っていえば，決定的な相違もいくつかみられる。たとえば，①法の解釈は現実の紛争解決を目的とすること，②現実の裁判ではそのための時間が限られていること，③法の解釈にはその適否を判定する専門の機関（裁判所）が存在すること等々。法的思考の独自性を理解するには，ひとまず法律学と歴史学・文学とは区別して考えておいたほうがよさそうである。

Ⅲ　教義学／解釈学としての法律学

教義学としての法律学

　周知のように，日本は明治維新とともに従来の法制度を改め，ドイツやフランスを中心とする西欧から新たな法制度を導入した。これらの西欧法の起源をさかのぼると，ローマ法へとたどり着く。古代ローマ人たちは法的技術に秀でた民族であり，彼らの立法事業の集大成が「市 民 法 大 全」である。これは6世紀に東ローマ皇帝ユスティニアヌスによって編纂された法典であり，法学提要，学説彙纂，勅法彙纂，新勅法彙纂の4編から構成されている。その中核は，古代ローマの法学者たちの見解を収録した学説彙纂である。

　市民法大全は西欧世界ではその存在が永らく忘れられていたが，11世紀に再発見されるとローマ法への関心が高まり，12世紀にはイタリアのボローニャ大学を中心に研究が進められるようになった。この研究に携わった初期の人々を「註釈学派」という。彼らにとって市民法大全は「書かれた理性」であり，聖書に匹敵する絶対的な権威であった。現代でも神学との類似性に着目して，法律学を法教義学と呼ぶことがある。神学が聖書という教義に束縛されるのと同じく，法律学も法律という権威的なテキストに拘束されるからである。

解釈学としての法律学

　また，法律学はその別名を法解釈学ともいう。註釈学派が試みたように，法律学はもともと市民法大全の解釈学として発展してきた。彼らは1つひとつの法文に註釈を施してその意味を明らかにしていき，当時の裁判実務にも強い影響を及ぼした。なかでもアックルシウスが著した「標準註釈」が有名である。ここでは彼の残した膨大な註釈のなかから，参考までに次の言葉を紹介しておこう。「解釈という語は本来の意義では語句が明らかに意味するものをいうが，広義にはそれを訂正したり，縮小したり，拡張したりするために使用される」（学説彙纂第1巻第2章第1法文への標準註釈）。

　註釈学派以降，彼らの学識を引き継いだ註解学派が登場し，やがて法律学はイタリアから西欧全土へと伝播していった。この過程においても教義学・解釈学という法律学の基本的な性格は維持され続け，現代の法律学へと受け継がれ

ている。次節で紹介する数々の解釈技法も，こうした中世以来の知的伝統を背景として生み出されてきたものである。

Ⅳ　法解釈の主体・対象・基準

法律学で使用される解釈技法については，さまざまな整理が可能である。ここでは解釈の「主体」，「対象」，「基準」の３つの観点から解釈技法を分類したうえで，代表的な技法をごく簡単に確認しておこう。

1　誰が解釈するか？　(主体)

有権解釈と学理的解釈　法解釈の担い手として想定されるのは，公的機関と法学者である。公的機関が発する公的な解釈を有権解釈といい，法学者が行う学術的な解釈を学理的解釈という。有権解釈には一定の拘束力が備わっているが，学理的解釈には学問的な説得力はあっても拘束力はない。

このうち有権解釈は次の３つに細分される。ⓐ国会が立法によって行う立法解釈（たとえば，民法85条の「物」の定義），ⓑ上級の行政庁が通達などを介して行う行政解釈（例えば，パチンコ球遊器事件［最判昭和33年３月28日刑集12巻４号624頁］参照），ⓒ裁判所が判決を通じて行う司法解釈である。この分類は拘束力の広狭にもかかわっており，立法解釈は全国民を拘束するが，行政解釈は行政機関のみを，司法解釈は当該事案だけを拘束するにすぎない。本章の冒頭にも述べたように，法律学方法論がもっぱら念頭においているのは最後の司法解釈（裁判官の解釈）である。

2　文言をいかに解釈するか？　(対象)

文理解釈・拡張解釈・縮小解釈　日本法は成文法主義を採用しているため，解釈の対象は当然に法令の文言である。そして法令といえども日本語で書かれている以上，その意味は通常の日本語の用語法に照らして理解されるのが原則である。これを文理解釈という。

しかし，文言の意味を通常の用語法よりも広めたり狭めたりすることも法律

学では一般に行われている。そのような解釈をそれぞれ拡張解釈（拡大解釈），縮小解釈という。たとえば，先に挙げた刑法260条の「損壊」は通常の用語法よりも広めに捉えられているので，拡張解釈の事例である。他方，民法177条の「第三者」には「登記の欠缺を主張する正当な利益を有する者」（大連判明治41年12月15日民録14輯1276頁）という限定が加えられており，「第三者」の範囲が狭められている。縮小解釈の典型である。

類推解釈・勿論解釈・反対解釈　さらに，当該事案に合致する明文の規定がない場合（これを「法の欠缺」という）に，別の類似の規定を適用することを類推解釈（あるいは類推適用）という。刑法学では罪刑法定主義の観点から被告人に不利な類推解釈は禁止されており，それゆえこの解釈は民事法の分野で見かける機会が多い。たとえば，民法94条は通謀虚偽表示を定めるが，通謀がない場合にも一定の要件のもとで同条2項を類推適用できることが広く承認されている。

　勿論解釈は類推解釈の1つとされており，法律の趣旨などから当然に類推が認められる場合をいう。たとえば，民法典には物権的請求権に関する明文上の規定は存在しないが，占有権にすらそれに類似の請求権（民法198～200条）があるのだから，通常の物権にも当然に認められるという解釈がこれに当たる。

　反対解釈とは，類推解釈とは逆に，類似の規定を適用しないことをいう。民法96条1項は詐欺・強迫に関する規定だが，同条2・3項には詐欺の事案のみが挙げられている。したがって，これらの規定を反対解釈すれば，それらは強迫には適用されないになる。

3　何を基準にして解釈するか？（基準）

解釈の基準としての歴史・論理・目的　ところで，上記の拡張解釈と縮小解釈はちょうど正反対の関係にある。このことは，法令の文言は広くも狭くも解釈可能であることを意味している。とすれば，ある文言を拡張するか縮小するかはどのようにして決定すればよいのだろうか。これと同じことは類推解釈と反対解釈にも当てはまる。類似の規定を別の事案に適用する否かの決め手はいったい何であろうか。そこで，いかなる基準に従って条文を解釈すべきかという点をめぐって，文理解釈，歴史的解釈，論理的解釈，目的論的解釈な

どの解釈手法が提唱されている。

　①文理解釈とは，すでに述べたように，通常の日本語の用語法に基づいて条文を理解する方法である。②歴史的解釈とは，ある法文の歴史的沿革に照らして条文を解釈する方法である。学理的解釈ではしばしば日本法の母法たるドイツ法やフランス法などにさかのぼって法文の意味が探究される（よって，実定法の研究者は比較法の見地から外国法を研究していることが多い）。③論理的解釈（あるいは体系的解釈）とは，他の規定との整合性を視野に入れながら，法全体の論理的体系に従って条文を解釈する方法である。④目的論的解釈とは，法律の目的ないし趣旨に照らして条文を解釈する方法である。近年制定される法律には第1条に目的規定ないし趣旨規定がおかれている場合が多く，このことからもこの解釈手法の重要性が増大しているといえるだろう。

> **立法者意思説と
> 法律意思説**

　なお，法文の意味を明らかにするといった場合，その意味をめぐって2つの考え方が対立していた。1つは立法者意思説であり，もう1つは法律意思説である。前者は法律の意味を法案の起草者の意思と同視する見解であり，歴史的解釈と結びつきやすく，後者は起草者の意思とは別に法律には客観的な意味があるとする見解であり，論理的解釈，目的論解釈と結びつきやすいといわれている。

V　伝統的な法的思考モデルへの疑問

　本章では法的三段論法と法の解釈を手がかりにして法的思考の概要を説明してきた。これまで論じてきたことの多くは法律学の入門書にも記載されている事項であり，細部を除けば，法律学に親しんでいる人にとっては既知の事柄だったかもしれない。だが，これで法的思考がすべて論じ尽されたわけではなく，むしろ法哲学固有の問いはここから始まるといっても過言ではない。なぜなら，法的三段論法を中心とする伝統的な思考モデルに対して，さまざまな異議や批判が申し立てられているからである。次章への導入も兼ねて，最後にその主だった論点をみておこう。

1　法的三段論法への疑問

概念法学的な法的思考のイメージ　近年の研究では有力な異論もあるものの，19世紀のドイツで隆盛した概念法学は純粋に形式的・論理的な法的思考を標榜したといわれている。概念法学によれば，判決に必要なのは法規範の論理操作（解釈）と法的三段論法のみであり，それゆえ裁判官は判決を自動的に下す機械にほかならない。概念法学にとって判決とは事実を法規範に包摂するだけの作業にすぎず，判決に裁判官の主観的評価は不要のものとされる。本章Iで描いた法的思考像は，そのような概念法学のイメージを反映させたものである。

　しかし，現実の裁判では法的三段論法が想定するように機械的に判決が下されるわけでもなければ，法的三段論法の順序どおりに思考が進められているわけでもない。ここでもう一度，殺人罪（刑法199条）の例に戻って，次の事案を考えてみてほしい。Xは無断外泊をした娘Yと口論になり，憤怒に駆られて刃渡り約13cmの包丁を3mほど離れた場所からYの背後に向けて1回投げつけたところ，Yの後頭部に命中し，その怪我が原因でYは死亡してしまった。はたしてXの罪責は何だろうか。

　刑法の学習経験者であれば周知のように，殺人罪の成立には殺意が必要である。この事案のポイントを平たくいえば，以上の具体的事実から殺意を認定できるか，それとも傷害の故意にとどまるか，ということである。もちろん実際の裁判では検察官は殺意を主張し，弁護人は殺意を否認することになる。読者の皆さんが裁判官だったら，どのように判断するだろうか？　迷うのではないだろうか？　このように小前提（「Xは〝殺意をもって〟Yを殺した」）は決して機械的に確定できるものではなく，裁判官の法的評価を不可欠とする。ちなみに上記の事案は横浜地判平成10年4月16日判タ985号300頁を素材にしており，判決ではより詳細な事実認定のもとに殺意が否定され，Xに傷害致死罪（刑法205条）が言い渡されている。

法的三段論法における〝視線の往復〟　また，同事案の審理中に事実認定（殺意の有無）をめぐって裁判官の判断が揺れ動いていたとすれば，それにあわせて大前提の選択（殺人罪か傷害致死罪か）も揺れ動いていたと考えられる。逆もまた然りである。とすれば，法的三段論法の図式とは異なり，裁判官

は実際には大前提（法規範）と小前提（具体的事実）の両方に目配せしながら思考を進めているのではないだろうか（ドイツの法律学方法論では，これを大前提と小前提との〝視線の往復〟という）。さらにいうと，裁判官はあらかじめ結論を見据えて思考しているとは考えられないだろうか。有名な逸話があるので，紹介しておこう。註解学派を代表する法学者バルトルスは事案を聞くとまず先に結論を述べ，自らの記憶力の悪さを理由に，必要となる法文をあとから友人に示してもらったという。この逸話を額面どおりに受け取るならば，結論にあわせて法規範（大前提）はいかようにもなることが示唆されている。そして，このことは以下に述べる法の解釈にも当てはまる。

2　法の解釈への疑問

法の解釈は
結論ありき？

前述の建造物損壊事件を思い出してほしい。法的三段論法によれば，法規範を解釈したのちにそれを事実に適用して結論が導かれると説明される。しかし，本当にそうだろうか。偏った見方をすれば，トイレの落書き犯を処罰したいがために，裁判官は「損壊」の意味を拡張的に解釈したのではないだろうか。疑り深い人たちにとって，判決とは裁判官がその真相を隠して体裁を取り繕った文書にほかならない。アメリカでは20世紀前半のリアリズム法学がこのような懐疑主義をとったことで知られており（これを〝ルール懐疑主義〟という），その系譜は批判的法学研究（critical legal studies）にも受け継がれている【→第4部第4章Ⅱ3】。

　裁判実務への懐疑を招く最大の要因は，法の解釈方法に確固たる規則がなく，それゆえ法が裁判官の恣意的に解釈できるようにみえることだろう。前節で紹介したさまざまな解釈技法は，みようによっては裁判官が自由に解釈を行うための便利な道具立てのように思われる。しかもそうした印象を裏付けるかのように，結論ありきの（ようにみえる）強引な解釈や法律の文言からかけ離れた技巧的な解釈を見かけることも少なくない。そのような判例に触れるたびに，裁判官への不信感はいっそう色濃くなっていくだろう。*

　＊日本の判例のなかには，明文の規定に真っ向から反するような解釈もみられる。選挙訴訟における事情判決の法理がその最たるものだろう。事情判決の規定（行政事件訴訟法31条）を選挙訴訟に準用することは明文で禁止されているにもかかわらず（公職選挙法219

条），現実には「事情判決の法理」のもとに選挙訴訟にも実質的に事情判決が下されている（最大判昭和51年4月14日民集30巻3号223頁など）。事情判決の法理への評価はいろいろありうるが，この判例をみる限り，少なくとも裁判官が「法律に従って」結論を出しているかは疑わしくなるだろう。

法哲学の問い
としての法的思考

以上のように，伝統的な法的思考モデルに向けられた異議や批判はいずれももっともである。だが，これらの疑義を受けとめたうえで，あえて次のような問いを立ててみることは決して無益な試みではないだろう。裁判官は本当に法を自由に解釈できるのだろうか。法的三段論法は法的思考の真実を覆い隠すための欺瞞なのだろうか。法の解釈から裁判官の価値判断が排除されることは望ましいことなのだろうか——こうした問いを通じて法的思考のあり方を再考してみることが次章の課題である。

📖文献案内

陶久利彦『法的思考のすすめ〔第2版〕』（法律文化社，2011年）

吉田利宏『新法令解釈・作成の常識』（日本評論社，2017年）

山下順司・島田聡一郎・宍戸常寿『法解釈入門——「法的」に考えるための第一歩〔補訂版〕』（有斐閣，2018年）

〈引用・参考文献〉

キルヒマン／ラードブルッフ／カントロヴィチ（田村五郎訳）『概念法学への挑戦』（有信堂，1958年）

小林充・上村立郎編『刑事事実認定重要判決50選（上）第2版』（立花書房，2013年［第25事件参照]）

中山竜一・浅野有紀・松島裕一・近藤圭介『法思想史』（有斐閣，2019年）

平野仁彦・亀本洋・服部高宏『法哲学』（有斐閣，2002年）

第**4**章

法的思考の諸相

I　ハートの司法的裁量論

　法規範の意味は1つに確定できるか，それとも裁判官によって自由に解釈できるか。本章の前半に紹介するのは，この問いに対して独自の解答を与えた2人の法哲学者の見解である。H・L・A・ハートとロナルド・ドゥオーキンはともに20世紀の英米圏を代表する法哲学者でありながら，その解答は好対照をなしており，しかもそれぞれが今なお大きな影響を及ぼし続けている。まずは本節でハートを取り上げ，次節でドゥオーキンの見解をみてみよう。

1　意味の核心と半影部分

　| 『法の概念』における 司法的裁量論 |　ハートの主著は『法の概念（*The Concept of Law*）』である。この著作のなかで彼は法を「ルールの体系」として捉える構想を提示し，20世紀の法哲学に新たな風を吹き込んだ。1次ルールと2次ルールの結合というアイデアに集約される彼の法体系の特色については，第4部で詳述する【→第4部第4章Ⅱ*1*】。本節で注目するのは同書で展開されている「司法的裁量論」である。

　ハートの議論の出発点はその言語観にある。彼によれば，一般的な用語には，自然言語の特性からして意味の明瞭な“核心”部分と疑わしい“半影”部分が存在する。ハートが挙げる有名な事例は，「公園内に乗り物（vehicle）で入ってはいけない」という架空のルールである。このルールにいう「乗り物」に自動車，バス，オートバイが含まれることは確実だが，自転車，三輪車，乳母車が含まれるかは微妙である。したがって，前者の一群が「乗り物」

の意味の核心部分であり，後者の一群が疑わしい半影部分になる。

| 花押は民法968条1項の「印」か？ |

法的ルール（さしあたり法律の条文を想定してほしい）も一般的な用語から構成されているので，同じことがいえる。ハートは遺言の例を引き合いに出しているので，ここでも日本法の遺言の事案で考えてみよう。民法968条1項によれば，自筆証書遺言を作成するには「印を押さなければならない。」（傍点は筆者）とある。それでは遺言者が花押（図案化した署名）を用いた場合，その遺言は有効だろうか。もし読者の皆さんが裁判官だったら，どのように判断するだろうか。

　おそらくハートなら次のように説明するだろう。仮に実印が用いられていれば，それが「印」に当たることは確実であり，解決の容易な事案（イージー・ケース）といえる。しかし実印とは異なり，拇印や花押が「印」に含まれるかは不確実である。このように意味の半影部分が争点となる難事案（ハード・ケース）では，その解決は裁判官の〝裁量〟に委ねられている。実際の裁判では花押は「印」とは認められなかったが，これは裁判官が裁量を行使してそのように解釈したからにほかならない（最判平成28年6月3日民集70巻5号1263頁。なお地裁および高裁では花押も有効と判示されており，そのような解決も法的には十分に可能であった）。

2　法の開かれた構造

| 法の不確実性と裁判官の裁量 |

ハートによると，以上のような法の不確実性は「法の開かれた構造（オープン・テクスチャー）」——あるいは，「粗い織り目」や「綻び」などとも訳される——に由来しており，法体系の隙間に対処するためには裁判官の〝裁量〟が必要とされる。

　法が開かれた構造をしている理由は，すでに述べたように，法が一般的な用語から構成されているからである。だが，それ以外にも次のようなことが指摘されている。人間たる立法者の予見可能性には限界があり，将来の起こりうる事態をすべて法に列挙しておくことは不可能である。それゆえ，法には抽象的な基準のみを定め，その具体的展開を裁判所や行政機関の判断に任せざるをえないような分野が数多く存在する。一例を挙げると，民法709条は「故意又は過失によって他人の権利又は法律上保護される利益を侵害した者」（傍点は筆者）に損害賠償責任を負わせる重要な条文である。しかし，何をもって過失が

あるといえるかについてはこの規定からは明らかではなく，むしろその具体的な判断は司法に託されていると考えられる。民法に限っても，「善良な管理者の注意（善管注意義務）」（400条），「債務の本旨」（415条1項），「その他婚姻を継続し難い重大な事由」（770条1項5号）など，類似の事例には枚挙に暇がない。

　ちなみに，これまで述べてきたことは制定法のみならず判例にも当てはまる。たとえば，賃貸借における「信頼関係破壊の法理」は判例で確立されたルールだが，その判定をめぐってはやはり不確実な部分が残されている。過去の裁判のなかで培われてきたルールもまた「開かれた構造」を有しているといえる。

[概念法学と
リアリズム法学の間で]　本節でのハートの見解をまとめておこう。ハート自身の表現を借りると，彼の理論は，概念法学（彼の言い方では「形式主義」）とリアリズム法学とのいわば中間地点に法解釈の真相を見いだそうとする試みである。ハートによれば，その真相とはこうである。裁判官は意味の核心部分では，形式主義の説くように裁量の余地なく法を事案に適用している。これに対して，その半影部分ではリアリズム法学が疑うように自らの裁量を用いて法を解釈し，新たな法創造を行っている。こうしたハートの考え方を一般に「ハートの司法的裁量論」という。

Ⅱ　ドゥオーキンにおける難事案

1　ルール・原理・政策

[ルールと原理]　前節で紹介したハートの司法的裁量論が穏当な見解だとすれば，それを批判するドゥオーキンの見解は刺激に満ちている。本節で取り上げるのは，ハート批判が鮮明に打ち出された初期の著作『権利論（*Taking Rights Seriously*）』である。ドゥオーキンの込み入った議論を正確に紹介するのは困難だが，本節ではハートとの対比を念頭におきつつ，その要点のみを拾い出してみよう。

　『権利論』を特徴づける中心的な概念の1つは「原理」である。法をルールの体系とみなしたハートに対して，ドゥオーキンは法にはルールのみならず原理も含まれると主張する。彼によれば，法的ルールと原理は次のように特徴づ

けられる。まず，法的ルールは「全か無か」のはっきりした形で適用される。たとえば，前節で参照した民法968条1項（自筆証書遺言）が法的ルールの典型である。押印などの要件が充足されるとその遺言は有効となり，逆に充足されなければ無効となるからである。他方，原理は判決を一定の方向へと導くための論拠であり，法的ルールのように特定の結論を必然的に生じさせるものではない。この法的原理には，契約の自由などの基本原理や信義則（1条），公序良俗（90条）などの一般条項が含まれる（ドゥオーキンの原理概念には曖昧なところが多いが，日本の民法に引きつけると概ねこのように理解できるだろう）。

| 難事案における 原理の役割 | ドゥオーキンのいう原理の機能を理解するために，以下の設問を用いて具体的に考えてみよう。マンション |

購入を希望するXと販売業者Yは長く売買契約の交渉を重ねてきたものの，Xが最終的に交渉を破棄したため契約締結には至らなかった。Yが契約成立を期待してXのために多額の出費をしていた場合，Yはその費用をXに請求できるだろうか。

　日本の民法典には契約の交渉段階を規律する明文の規定はほとんど存在しないので——そして，現時点ではぴったりの判例が存在しないと仮定すれば——，まさしくこの設問は解決の困難な事案である。前節のハートの見解に依拠するならば，法的ルールが不確実である以上，設問の事案の解決は裁判官の裁量に委ねられる。一方，ドゥオーキンであれば，裁判官は裁量ではなく法的原理を考慮に入れなければならないとされる。

　ここではドゥオーキンに従って設問の解決のために，「各人には契約を締結しない自由がある」（契約の自由）と「各人は相手方の期待を裏切らないように誠実に行動しなければならない」（信義則）という2つの原理にさしあたり着目してみよう。もし設問の難事案において裁判官がXの契約の自由を尊重すれば，結論はYの請求を棄却する方向へと傾くであろうし，反対にXの信義則違反を重視すれば，判決はYの請求を認容する方向で検討されるだろう。このように難事案ではしばしば複数の原理が衝突・対立を起こすが，その場合も特定の原理が一方的に排除されるわけではない。原理には"重み"という特性が備わっており，裁判官は事案ごとにその重みを衡量しなければならないからである（よって，契約の自由が重んじられる事案もあれば，信義則が重んじられる事案もあ

りうる）。

原理と政策

ドゥオーキンはこうしたルールと原理の区別に加えて，原理と政策を区別している。この区別も裁判官の法的思考にかかわるので，簡単に説明しておこう。政策とは社会全体の利益の促進を目標とするものであり，原理が個人の権利を対象とする点で異なっている。ドゥオーキンによれば，立法府は政策を追求することが許されるが，裁判所は通常の民事訴訟では政策ではなく原理に基づいて判決を下さなければならない。設問の難事案においても，裁判官がなすべきことは「Ｙに損害賠償を請求する権利がある（あるいは，ない）」を確認することであって，経済への波及効果などを勘案することではない。これを「権利テーゼ」といい，そのために行われる権利に根差した論証を「原理的論証」という。権利は政策に対抗できる"切り札"であり，裁判所には多数派の利益に流されがちな政策から個人の権利を保護する任務が割り当てられているのである。このようにドゥオーキンの法解釈理論は彼の政治哲学上の主張と分かちがたく結びついている。

正答テーゼとそれへの批判

以上のドゥオーキンの見解をまとめておこう。法をルールと原理から織りなされる隙間のない体系と捉えるドゥオーキンにとって，ハートの主張するような司法的裁量は存在しない。既存の法的ルールが不明確であっても裁判官は裁量や政策を用いることなく原理によって難事案を解決できるからである。ただし，ドゥオーキン自身は単に原理の機能を強調するだけにとどまらず，「正答テーゼ」と呼ばれるより強力な主張を展開している。このテーゼを一言でいえば，難事案でも唯一の正答が存在しており，裁判官はつねにそれを探究すべきというものである。設問の難事案においても「Ｙに損害賠償を請求する権利がある」という命題は真か偽のいずれかでしかありえず，さまざまな原理や過去のあらゆる判例を網羅すればそれらと最も整合的な形で裁判官は当該命題に解答を与えることができると考えられている。

　余談ながら上記の設問に関して補足しておくと，民法の学習経験者には周知のように，事案はいわゆる「契約準備段階の過失」を素材にしたものである。リーディングケースとなった最判昭和59年9月18日判時1137号51頁（歯科医がマンション購入を拒否した事案）では交渉過程の具体的事情に鑑みて信義則が重

視され，Xの損害賠償責任が認められた。現在でも重要判例として定着しているところをみると，ひとまず正答と評価できそうである。しかし，そもそも難事案に唯一の正答などが存在するのだろうか。仮に正答が存在するとしても，正答であるか否かをどのようにして検証すればよいのだろうか。検証する手立てがないのであれば，正答の実在を議論することは無意味なのではないだろうか。ドゥオーキンが提唱した正答テーゼ（および権利テーゼ）にはこのような疑問を中心にさまざまな異論が投げかけられている。

2　ハートの反論

『法の概念』
第2版の後記

中期の著作『法の帝国（*Law's Empire*)』になると，ドゥオーキンは「インテグリティとしての法」という独創的なアイデアに基づいて，法的な判断（法解釈）をよりダイナミックな過程として描き出そうとする。"連鎖小説"になぞらえられる構成的解釈（創造的解釈）の詳細については改めて述べる機会があるので，そちらに譲りたい【→第4部第4章Ⅱ2】。

　ところで，ハートはドゥオーキンの批判を受けていくつかの論文で反論を試みており，その最もまとまった応答は『法の概念』第2版の後記（ポストスクリプト）にみられる。ハートは従来の主張を擁護しながら，いくつかの点で重要な説明を追加しているので，本節の議論に関係する限りで彼の応答をごく簡潔に確認しておこう。

　ドゥオーキンの批判の1つは，ハートの法体系からは原理が取りこぼされているというものであった。この批判についてはハートも認めるように，『法の概念』のなかで法的原理に関する言及がほとんどなかったのは事実である。ただしハートによれば，法的ルールと原理の相違は往々にして相対的なものであるし，ドゥオーキンのいうところの原理を法体系から排除する意図もなかったという。だがハートにとってより重要な反論は，原理が法体系に取り込まれても，そのことによって司法的裁量が不要になるわけではないというものである。

裁判官の裁量——
その可能性と必要性

そもそもハートによれば，裁判官の裁量はきわめて限定されたものであり，またその恣意的な行使も許され

ない。というのも，裁判官は自らの決定を正当化するために「一般的な理由づけ」を行わなければならないからである。たとえば，前述した遺言の難事案において「花押は民法968条１項の押印に当たらない」と判定するのであれば，それを支える論拠が要求される。前掲の最判平成28年６月３日では，「我が国において，印章による押印に代えて花押を書くことによって文書を完成させるという慣行ないし法意識が存するものとは認め難い」という理由が与えられていたことを付言しておこう。

　しかし，以上の留保によっても，裁判官の裁量が完全に否定されることにはならない。条件を満たす限りで裁判官は法創造が可能であるし，その決定を支持する一般的な正当化が他の裁判官が採用するものと異なっていても構わない──このようにハートは主張する。設問の難事案が示唆するように，原理についてもおそらくその選択をめぐって最終的には裁判官の裁量が必要となるはずである。ドゥオーキンは法体系に原理を持ち込むことによって裁判官の裁量を否定しようとしたが，ハートの見立てでは，法体系には原理によっても埋め尽くすことのできない隙間が依然として残されているのである。

Ⅲ　法的議論の理論

| 「発見の過程」と「正当化の過程」 |

法の解釈に唯一の正答があるか，裁判官に裁量はあるか──ハート＝ドゥオーキン論争のもとで繰り広げられたこれらの論点をめぐってはその後も活発な議論が交わされており，今なお決着をみないのが実情である。ただし，正答や裁量の有無とはかかわりなく，ハートもドゥオーキンも判決における「理由づけ」ないし「論証」を重視している点では共通している。そして，それはおそらくどんな法律家であっても同様である。この点に着目して，裁判における論証（議論〔argumentation〕）の役割や構造といった側面から法的思考の特徴に迫ろうとするアプローチがある。それらの諸理論を総称して「法的議論の理論」という。

　その主張内容は論者ごとに細かな相違をみせるが，大まかな傾向を述べると，法的議論の理論は判決における「発見の過程」と「正当化の過程」とを区別する点にその特色がある。ここで改めて法的三段論法を取り上げてみよう。

前章で批判的に論じたとおり，裁判官は実際の法廷で法的三段論法の順序に従って思考を進めているとは限らないし，もしかしたらその結論には裁判官個人の価値観や好悪の感情などが影響しているのかもしれない。それゆえ，法的三段論法そのものは判決の発見過程（どのようにしてその結論を発見するに至ったかという判断過程）を説明するモデルとしては必ずしも適切とはいえない。しかしながら，法的三段論法は法規範から結論を論理的に導出するという体裁を整えており，その点において判決の正当化に貢献している。法的議論の理論が強調するのはこの正当化の過程である。

　　「内的正当化」と　　法的議論の理論を牽引してきたドイツの法哲学者ロベ
　　「外的正当化」　　　ルト・アレクシーによれば，判決の正当化は2つの段階に区別される。1つは法的三段論法による判決全体の演繹的正当化（大前提＋小前提→結論）であり，彼はこれを「内的正当化」と呼ぶ。もう1つは法規範（大前提）と事実認定（小前提）のそれぞれの正当化であり，これは「外的正当化」といわれる。アレクシーと並んで同理論の担い手として知られる英国の法哲学者ニール・マコーミックも，ほぼ同じような形で正当化の過程を二分している。

　内的正当化（法的三段論法）についてはすでに前章で詳しく説明したので，ここでは外的正当化についてのみ簡潔に言及しておこう。まず小前提の正当化の実例として，前章Ⅴで参照した殺人事件（横浜地判平成10年4月16日，父親が娘に包丁を投げつけた事案）を思い出してほしい。父親の殺意を否定したこの地裁判決では，その事実認定にあたって次のような論拠が挙げられている。①父親は1度しか包丁を投げておらず，それ以上の積極的な行為に出ていないこと，②今回は運悪く包丁が刺さってしまったとはいえ，一般的に言えば死亡の危険性が高い行為とまでは評価できないこと，③事件当日は娘の無断外泊に激昂して犯罪に及んでしまったが，普段は彼女をかわいがっていたこと，などがそれである。民刑事の事実認定は経験則に基づいて行われなければならず，裁判官の発見過程の真相はともあれ，上記のような合理的な論証が求められる。

　次の法規範の正当化は，法律学にとってより重要な課題であると考えられる。なぜなら，この正当化のためには法律学独特の議論が必要とされるからである。さまざまな解釈技法については前章Ⅳで解説したとおりであり，それ以

外にも法学上の諸概念（法教義学）や過去の判例の使用などが検討されなけれ
ばならない。もっともこれらの議論も概念法学が思い描くような形式的な論理
操作ではないので，やはり実質的な論拠が必要となる。例えば，前節の最後で
引用しておいた，民法968条１項「印」から花押を排除する論拠（最判平成28年
６月３日）がこれに当たるだろう。なお，こうした正当化の試みは，当然のこ
とながら裁判官の判決活動だけに限定されるものではない。訴訟当事者もまた
法の解釈や事実の存否をめぐって法廷で"議論"を展開している以上，彼
（女）らにもこれまで述べてきたような正当化が要求される。むしろアレク
シーはこのような法廷における当事者の討議を重視しているといえるだろう。

| アレクシーの
特殊事例テーゼ |　以上のように素描される法的議論は，アレクシーによ
ると，通常の道徳的議論の特殊事例として捉えられ
る。これを「特殊事例テーゼ」という。このテーゼによれば，法的議論は法規
範および法的手続に拘束されており，その点でこの議論には特殊な制約が課さ
れている。だがそれを除けば，法的議論は通常の道徳的議論と多くの共通点を
有しているとされる。実際に個々の判例を眺めてみると，法律学固有の難解な
概念や論理（にみえるもの）のほかに，より一般的な実践的論拠を見いだすこ
とができるのではないだろうか。特殊事例テーゼには有力な批判もあるもの
の，法的議論の理論は法的思考の特殊性を見極めるうえで有効な手がかりを与
えてくれる。

Ⅳ　日本における法解釈理論

1 「枠」の理論

| 来栖三郎の問題提起
と法解釈論争 |　これまで身近な日本法を素材にしながら，西洋の法律
学方法論，法的推論の理論を概観してきた。戦後の日
本の法学界でもこうした西洋の議論に影響を受けつつ，少なからぬ法学者たち
が法解釈の本質をめぐって見解を表明している。その嚆矢をなす出来事が1950
年に起こった法解釈論争である。
　論争の口火を切った東京大学の民法学者・来栖三郎は論文「法の解釈と法律
家」――もとは1953年の私法学会での報告――において，おおよそ次のような

主張を展開した。ハンス・ケルゼンが『純粋法学』のなかで述べるように，法規範（条文）は解釈の余地に一定の制約を課す「枠(わく)」のようなものであり，その枠内では複数の解釈が成立しうる。たとえば，民法3条1項の「出生」時期に関して，通説は胎児が母体からすべて露出したとき（全部露出説）とするが，ほかにも一部が露出したとき（一部露出説）や独立に呼吸を開始したとき（独立呼吸説）という解釈も考えられる。これらはいずれも「出生」の枠内にある可能な解釈である。来栖によれば，このような複数の可能な解釈のうちから1つを選択する行為には，解釈者の主観的な価値判断が含まれている。したがって，法学者は自己の解釈を客観的な唯一の正しい解釈と取り繕うのではなく，自己の価値判断を明らかにしたうえでその解釈に社会的責任をもたなければならない。

**川島武宜の
「科学としての法律学」**
　以上のような来栖の真摯な問題提起は当時大きな反響を呼び，論争を巻き起こした。来栖と同じく東京大学の民法学者であり，法社会学者としても著名な川島武宜はこの論争のなかで「科学としての法律学」という構想を提唱したことで知られる。川島によれば，法解釈には来栖の述べるように主観的な価値判断が混在しており，そのため法解釈学は（経験）科学たりえない。しかしそれとは別に，裁判現象を経験的に研究する客観的な法律学を構想することは可能である。

　このように戦後日本の法解釈論争は法解釈の客観性，法律学の科学性を中心に展開されていったのであった。

2　利益衡量論

価値のヒエラルキア
　来栖と川島の理論を下敷きにして，1960年代に新たな潮流が登場した。それが利益衡量論であり，ともに東京大学で民法学を担当した加藤一郎と星野英一によって主導された。彼らの試みは，法解釈に価値判断が含まれることを率直に認めたうえで，法解釈の手法に利益衡量を積極的に取り入れようとするものである。両者の主張には差異もみられるが，ここでは『法哲学年報』に掲載された星野の論文「民法解釈論序説」からその主張を要約しておこう。

　星野によれば，法の解釈がめざすところは「価値の実現・利益の保護」であ

る。それゆえ，法の解釈においては抽象的な理論に依拠するのではなく，具体的な価値や利益に着目する必要がある。その大まかな手順を述べれば，おおよそ次のようになる。まず実際の紛争において対立している利害状況を考察し，どの規定のいずれの解釈を適用すれば，どのような法的効果が生じ，結果としていかなる利益が保護されるのかを検討する。仮にある紛争において民法上の「出生」（3条1項）が問題になっているのであれば，その紛争に前述の各解釈を当てはめてみることによって，誰のどのような利益が保護され，または保護されないのかを分析しなければならない。このようにして確定された諸利益を衡量することにより，最終的に当該紛争の解決に適した解釈が選び出される。もっとも，単に諸利益を比較するだけでは何の結論も得られない。よって，どの価値を実現し，いかなる利益を保護するべきかという利益衡量の判断基準が重要となる。この点に関して星野の提示する有名な基準が「価値の序列（ヒエラルキア）」である。星野によると，人間の尊厳や平等などに象徴されるように，万人に受容可能な価値秩序は存在しているはずであり，それらの序列の構築に努めることが利益衡量の客観的な判定に資するとされる。

利益衡量論への批判　星野らの主張した利益衡量論は結論の妥当性を指向する理論であり，民法学の枠組みを超えて現代の法律学に多大な影響を与えている。ただし，その利益概念の曖昧さも災いして，利益衡量論にはいろいろな批判がなされている。たとえば，結果の妥当性ばかりが重視されるあまり，法律学固有の論理が蔑ろにされるのではないか。星野の言うような「価値のヒエラルキア」は存在するのか。存在しないのであれば，利益を客観的に衡量することは不可能ではないか。また，そのような利益衡量を裁判官の価値判断に委ねてしまうことは危険ではないか。

　利益衡量論が日本の法律学にもたらしたインパクトは大きいものの，いまだ以上の批判には答えきれていないことには注意を要する。

V　さらなる課題

法的思考に関する残された問い　この第1部では法哲学という学問分野への導入として，「法的なものの考え方」（あるいは「リーガル・マイ

ンド」）の現実およびその理想について思索をめぐらせてきた。第1章でも述べたように，結局のところ，法的な思考様式は日々の学習のなかで徐々に修得していくべきものであり，第1部を読み終えたからといって法的思考の仔細が身につくわけではない。第1部全体を通じて説明できたことは，「法律どおりに結論を下す」という一見するとあたりまえで簡単なことのように思える裁判官の営みが実際には非常な困難を伴っているという事実にすぎない。これまで紹介してきた法哲学者たちの諸理論はそれをより深く知るためのいくつかの有力な手がかりであった。

　法的思考をめぐってさらなる考察を誘うために，いくつかの疑問を述べることで本章を終えることにしよう。まず，この第1部では「法的にものごとを考える」ことと「裁判官のように考える」ことをほぼ同一視してきた。これは本当に適切だろうか。従来の法律学方法論では裁判官が法的思考のモデルとされてきたが，それ以外にも法の世界には多様なアクターが存在する。検察官，弁護士，法学者，そして原告と被告をはじめとする一般の人々。このような人たちの法的思考を裁判官と同一のモデルで捉えることは可能だろうか。

　第2に，上記の点と関連して，前章と本章ではもっぱら裁判官の判決文に基づいてその法的思考の再構成を試みた。だが，民事訴訟では和解のように必ずしも判決にまで至らない場合が多々見受けられる。判決文のみを法的思考の素材とすることに問題はないだろうか。

　第3に，第1部では伝統的な訴訟である民事訴訟，刑事訴訟を中心にして法的思考を説明してきた。しかし，現在では現代型訴訟と呼ばれる政策形成的な訴訟も数多く起こされている。たとえば，原発訴訟や公害訴訟がこれに当たる。このような訴訟は従来の法的思考モデルで理解すべきだろうか，それとも「法と経済学」のような別のモデルで把握するほうがよいのだろうか。

法概念論と正義論への誘い　以上の考察を受けて，第2部，第3部では法哲学研究の残り2つの議論領域，法概念論と正義論の世界に踏み込んでみたい。

　既述のとおり，裁判官はつねに「決められたルールどおりに判断を下す」ことで独断を避け，万人を説得できる結論を見いださねばならないが，実際にはさまざまな意見対立を排除しきれないでいる。そこであらためて裁判官の判断

の信頼性を問うには，(1)どんな「ルール」がその判断を導くのか，またそれらのルールはなぜ，どのような考えに基づいて整備され，更新されてきたのかを知らねばならず，(2)それらのルールがどんな社会のあり方をめざすべきなのか，どんな価値理念が法体系全体を導くべきかについての考究も避けられない。

　法的思考の理論は，こうしてどこかで(1)「法とはなにか」（法概念論），(2)「法は何のためにあるのか」（正義論）という問いと向き合うことになる。前者は，近代法の諸原則をふまえつつも新たな課題に対応すべく更新されてきた実定法の現状を参照しつつ，法の不変の本質と課題を問いただす試みであり，後者は，伝統的な法学の枠を越えて倫理学や政治理論，経済思想の助けを借りながら，法制度の基盤となるべき価値，公共政策を方向づけるべき理念を探るのである。

□文献案内

笹倉秀夫『法解釈講義』（東京大学出版会，2009年）

田中成明『現代法理学』（有斐閣，2011年）

ノイマン，ウルフリット（亀本洋・服部高宏・山本顕治・平井亮輔訳）『法的議論の理論』（法律文化社，1997年）

〈引用・参考文献〉

亀本洋『法的思考』（有斐閣，2006年）

川島武宜『「科学としての法律学」とその発展』（岩波書店，1987年）

来栖三郎『来栖三郎著作集Ⅰ　法律家・法の解釈・財産法』（信山社出版，2004年）

高橋文彦『法的思考と論理』（成文堂，2013年）

ドゥウォーキン，ロナルド（木下毅・小林公・野坂泰司訳）『権利論〔増補版〕』（木鐸社，2003年）

ハート，H・L・A（長谷部恭男訳）『法の概念〔第3版〕』（筑摩書房，2014年）

星野英一「民法解釈論序説」『法哲学年報』1967巻（1968年）

第 **2** 部

現代法の基礎理論

第1章

現代憲法の機能と特徴

I　近代憲法の成立とその現代的変容

近代憲法の成立

　　　　　　　　現在の世界では，イギリスなどわずかの例外を除いて
　　　　　　　　ほとんどの国に「憲法」と名づけられた法典，つまり
憲法典がある。その本格的な歴史は，18世紀の末，特にアメリカ合衆国の建国
（1776年）とフランス革命（1789年）にさかのぼり，この過程で制定された憲法
が近代憲法の始まりである。その特徴を一言でいえば，「権利の保障が確保さ
れず，権力の分立が定められていないすべての社会は，憲法をもつものではな
い」（フランス人権宣言16条）ということであり，この大枠は今日の民主主義国
家の憲法でも維持されている。

　そもそもアメリカ独立やフランス革命を鼓舞した思想は，自然権思想とこれ
に基づく社会契約論であった。人は生まれながらにして自由かつ平等であり，
一定の譲り渡すことのできない権利（自然権，天賦の人権）を（自然あるいは神か
ら）与えられている。人々はこの自然権をより実効的・確実に保障するため
に，相互に契約を取り結び，政府を設立する。もし政府がこの本来の目的に反
して圧政をしいて人々の権利を侵害するならば，人々は抵抗権を発動して政府
を転覆し，新たに本来の目的にかなった政府を樹立することができる。このよ
うな理念に基づいて，アメリカはイギリスから独立し，フランスは旧体制（ア
ンシャン・レジーム）を覆したのである。

　この近代憲法の特徴は，大づかみにいえば，人々の活動が国家（政府）に
よって妨げられないこと（国家からの自由），つまり自由権の保障を中心とし，
これを保障する国家の仕組みとしては，権力分立によって権力の濫用を防ぎな

がら，とくに国民によって選挙された議会の活動を中心におく（立法国家）というものであった。国家の役割は，国防や治安の維持など必要最小限にとどまることが望ましいとされたのである（消極国家）。

　もちろん，国によって，その歴史的背景の違いもあって，憲法の具体的内容は異なるところがある。フランスでは，より理念的に，国民の「一般意思」を表明する場として議会を中心とする政治制度が構想されたが，アメリカでは議会による権力濫用が警戒され，議会から独立した行政権者として大統領に大きな権限が与えられ，また，裁判所も司法権の担い手として重要な役割を果たすようになった。とりわけ，アメリカでは，イギリス法でマグナ・カルタ（1215年）をはじめ古来から認められてきた「自由人」の諸権利の考えを引き継いで，これらを憲法に書き込むことになった。さらに，議会の制定する法律も憲法に違反してはならず，違反しているかどうかの判断権（違憲立法審査権）を裁判所が有する，という制度が確立した（マーベリ対マディソン判決，1803年）。

　こののち，19世紀にかけて，憲法典を制定するという動きはヨーロッパ各国に広まっていく。そして19世紀の末にはアジアにも及び，日本でも憲法典，すなわち大日本帝国憲法が制定された（1889年）。

現代憲法の機能と特徴　このように自由権中心で消極国家をよしとした近代憲法であったが，19世紀の後半以降，資本主義の発達に伴って貧富の差が拡大するなど社会不安が増大すると，国家のあり方もこれに対応せざるをえなくなる。つまり，経済的に不利な立場におかれた人々の生活を保障するために，経済活動の自由や財産権を制限し，また積極的な社会保障政策を展開することになった。社会国家，福祉国家の登場である。

　このことが憲法典に書き込まれた初期の代表例が，第1次世界大戦後にドイツで制定されたワイマール憲法（1919年）であり，「経済生活の秩序は，すべての者に人間たるに値する生存を保障する目的をもつ正義の原則に適合しなければならない」（151条1項），「所有権は義務を伴う。その行使は同時に公共の福祉に役立つべきである」（153条3項）などの規定が有名である。この社会国家の理念は，第2次世界大戦後には広く西欧の憲法に取り入れられた。そこでは，国家の活動は最小限にとどまることが許されず，国民の生存を配慮し経済的安定を図ることが求められ（積極国家），またこれを実行するために国家機関

のなかではとくに行政権が重要となる（行政国家）。

　それとともに，第2次大戦の悲惨な経験をもとに人権の理念が再確認され，特にナチスの圧政を経験した西ドイツ（当時）の憲法（「基本法」と呼ばれる）が「人間の尊厳は不可侵である。これを尊重し，かつ保護することは，すべての国家権力の義務である」（1条1項）と規定していることはよく知られている。そして，このような人権の保障を確実にするために，かつてはアメリカ独特のものであった裁判所による違憲立法審査の制度も，具体化の仕方はさまざまであるが，広く世界各国で採用されるようになった（司法国家）。

　加えて，やはり第2次大戦の反省をふまえ，西欧の憲法典には平和主義や国際協調主義が規定されるようになった。これと歩調を合わせて，国際連合を中心に国際社会でも国際人権規約をはじめ各種の人権条約が数多く締結されるようになり，これが各国の国内法と呼応しつつ，人権保障の内容の拡大と手続の充実をもたらしている。

　また，工業化による公害や土地開発などに伴う環境破壊の問題性が意識されるようになると，通常の立法政策による対応だけでなく，憲法典に環境保護を書き込む例も西欧の憲法にはみられるようになってきた。

　もちろん，現代世界には，このような民主主義国家ばかりでなく，独裁者の恐怖政治のもとにおかれた国や，貧困・飢餓あるいは内戦に苦しむ国も少なくない。その意味では，本章で描き出す現代憲法は，今なお「贅沢品」であるといえるかもしれない。

> **明治憲法から
> 日本国憲法へ**

さて，それでは日本の場合はどうだろうか。明治維新により近代化を開始した日本は，当時の「文明国家」たる欧米列強に仲間入りするための国家体制を整える一環として，1889年に大日本帝国憲法（明治憲法）を制定した。この憲法は，一方において，天皇が統治権を「総攬」し，その統治権は皇祖神から受け継いだものであるという神権的国体観念に基づくものであったが，他方で，具体的な統治構造については当時の立憲君主制国家に倣い，議会を開設し，司法権の独立も一応は定めるなど，立憲主義の要素も有するものであった【→第3部第3章Ⅳ】。この憲法のもとで日本は富国強兵の道を歩み，日清戦争，日露戦争，そして第1次世界大戦に勝利し，国際連盟の理事国になるなど世界の「一等国」としての地位をつか

んだ。しかし，この体制は第2次世界大戦での敗北とともに崩壊し，憲法体制
も，アメリカを中心とする戦勝国の占領下で変革することになった。日本国憲
法の制定である。

　日本国憲法は，その前文，とりわけ第1段落がその基本的な理念（価値原理）
を集約的に表明している。すなわち，平和主義・国際協調主義，自由主義，国
民主権，代表民主制などである。これは，欧米における近代憲法の基本思想を
忠実に継承するものであり，立憲主義・民主主義国家として標準的な憲法規範
である。本文をみても，基本的人権の保障（第3章）と権力分立原則に基づく
統治機構（第4章以下）は，20世紀中葉，第2次大戦直後の憲法として一般的
な内容のものとなっている。それはまた，日本国憲法にわずかに先立って成立
した国際連合憲章にも適合的なものであった。

　人権規定を概観しても，近代憲法の伝統に則り精神的自由（表現の自由，信教
の自由など），経済的自由，人身の自由など自由権の規定をおいて，国民が国家
からの干渉・妨害を受けることなく活動する自由を保障するとともに，20世紀
の現代憲法らしく，生存権や教育を受ける権利，そして労働基本権など社会権
も保障しているのである。

　第1章「天皇」の規定は日本の歴史を反映するものであって，その意味では
わが国の独自性を示しているともいえる。しかし，ヨーロッパにおいて立憲君
主国が運用上，君主（女王，国王など）の政治的権限を名目化してきた流れに沿
うものであって，それらの国々と共通する性格の規定とも捉えうる。そして，
今日に至るまで日本国憲法のなかで最も議論の多い第9条（第2章「戦争の放
棄」）も，軍事力の統制が，イギリスの権利章典（1689年）をはじめとして近代
立憲主義の草創期から中心的な課題であったことからすれば，やはりその流れ
のなかに位置づけることは十分に可能である。

　そして，これらの憲法規定が破られないように，最高裁判所に違憲立法審査
権が与えられている（81条）。裁判所を憲法規定あるいは人権の番人とするの
は，英米法の「法の支配」の理念を取り入れるものであり，この点も現代世界
の多くの国家と共通する仕組みである。

> ### 制定過程の問題点

このように近代立憲主義憲法として標準的な内容をも
つ日本国憲法であるが，その制定過程の事情から，

「押しつけ憲法」と呼ばれるなど批判も招いてきた。そもそも第2次大戦はわが国がポツダム宣言を受諾することにより終結したが（1945年8月），そのポツダム宣言は「民主主義的傾向の復活強化」，言論・宗教・思想の自由や基本的人権の尊重，日本国国民の自由に表明した意思に従う政府の樹立などを要求していたから，日本政府はこれに応える必要があった。もっとも，そのために明治憲法の改正が必要かどうか，必要としてもどのように改正するかについて，当時の政府はかなり消極的な考えをもっていた。1946年2月，これに不満をもった連合国軍最高司令官マッカーサー元帥が新憲法の基本原理のメモを示し，占領軍総司令部（GHQ）のスタッフに憲法案の起草を命じた。これが，現行日本国憲法に直接つながる制定過程のはじまりである。このマッカーサー草案が日本政府に渡され，当初その急進的な内容に難色を示した日本政府も結局これを受け入れて，修正を施したうえで帝国議会に明治憲法の改正案として提出し，これはさらに議会審議の過程でいくつかの修正を受けて可決され，同年11月に日本国憲法として公布されたのである。たしかに，総司令部主導で起草された内容を基本的に引き継いで新憲法ができたという点を捉えれば「押しつけ」のような印象もある。しかし，内容的には上述のように国際的に普遍的な性格をもつものであったことに加え，総司令部による憲法案起草が動く前の1945年12月の時点で民間の「憲法研究会」が総司令部案によく似た憲法案をすでに発表していたなど，日本人のあいだでも現行日本国憲法に通ずる内容の憲法案が構想されていたことも事実である。このように考えると，「日本国憲法が日本人の意に反して占領軍によって押しつけられた」という評価は，一面的にすぎる。

　いずれにせよ，19世紀後半においてわが国が欧米列強に伍する文明国家であることを示すために明治憲法制定が必要であったように，日本国憲法は，第2次大戦後のわが国が United Nations（連合国，国際連合）主導の国際社会に復帰するために不可欠な前提であった。

　　　　　　　　　　　　　　　このように日本国憲法は，①明治憲法所定の改正手続
日本国憲法制定の法理　　　　によって，②連合国軍の占領下で，③明治憲法とは大きく異なる基本的内容をもって，成立した。これらの点をどう整合的に説明するかについて学説は多様だが，大別すれば改正説（法的連続性承認説）と革命説

（法的連続性否定説）に分かれる。そして，現在の憲法学では，後者の 1 つ「八月革命説」（主唱者は憲法学者の宮澤俊義）が（さまざまな批判があるものの）通説的地位を占めている。八月革命説によれば，1945 年 8 月のポツダム宣言の受諾により国民主権主義が採用され，ここで憲法の根本建前の変革があったというのである（宮沢 1967）。そして，新たに主権者となった国民が日本国憲法を制定したことになる。さらに興味深いのは，実定憲法の妥当性を根拠づけるために「根本規範」を想定するハンス・ケルゼン流の理論を参照しながらも，日本国憲法については「個人の尊重」という実体的な価値を含む根本規範を想定する理論が登場し（清宮 1979），それらを受け継ぐ形でわが国の法体系を説明する学説が支配的になった（芦部 2019）。このように実体的価値を含む根本規範を頂点として法秩序を構想する考え方が，現代の規範的正義論の代表的理論であるジョン・ロールズの『正義論』【→第 3 部第 2 章Ⅲ】と類似する構造をもつものであることは，つとに指摘されているところである（佐藤 1988）。欧米リベラリズムを代表するロールズの理論が自然権論の現代的復活であると位置づけうるならば，日本国憲法もまさしくその流れのなかにあるといってよかろう。

　また，憲法史にかかわる一般論としても，憲法典というものが戦争や革命の直後に制定されることも多く，そこで人々は旧体制下の既得権益を剥奪・破壊され，自己の命運を予測しがたい状態におかれる場合が多いことを考えると，それはロールズの正義論の想定する「無知のヴェール」に近似した状態ともいえる。そうだとすると，細部の具体化は下位の法令に委ねて理想を追求する規定が憲法典の主要な内容を占めていることも，納得しやすいところであろう。

憲法 9 条と自衛隊

このように日本国憲法は，条文がやや簡潔ではあるものの近代立憲主義の現代的展開版として標準的な内容を備えているが，軍事力の統制に関しては，他の立憲主義諸国とは異なる，非常に理想的な定めをしているため，現実との乖離が問題となり，議論され続けてきた。9 条をはじめ憲法条文の最も素直な読み方としては，日本はいかなる戦力も保持してはならず，したがって現在の自衛隊も憲法違反ということになりそうだが，今日では多数の国民が自衛隊の存在を支持している。にもかかわらず，憲法を改正して自衛隊の合憲性を明確化するには至っていない。ここに

他の民主主義諸国と異なるわが国独特の憲法問題がある。これを不正常な状態として政治的に非難する向きもあるかもしれないが，学問的にいえば，この独特の状態に対する理論的解明が国際的にも憲法の規範理論の発展に貢献する可能性があるのではないか。

政治改革，行政改革，司法制度改革　1947年の施行以来，日本国憲法は1度も改正されていない。一言一句変わらずにすでに70年以上の時が過ぎた。しかし，国家の政治制度・法制度が何ら変わらなかったわけではない。憲法典は変わらなくても，通常の法律の改正という形で大きな改革が行われた。1990年代からの政治改革，行政改革そして司法制度改革である。その際，作家・司馬遼太郎の用いた「この国のかたち」という言葉が好んで引き合いに出され，改革の意義が強調された。

　このうち，中央省庁再編などを成果とする行政改革（2001年実施）や，裁判員制度の導入（2009年実施）などにつながった司法制度改革も重要であるが【→第2部第2章Ⅲ4・第4部第2章Ⅲ】，ここでは政治改革について触れておく。

　政治改革の中心は，衆議院選挙の方法をそれまでの中選挙区制から小選挙区比例代表並立制に改めたことである（1994年）。小選挙区制を導入することで二大政党制を実現し，政権交代を可能にするというのが大義名分であった。これに即して憲法理論的には「国民内閣制」論（高橋 1994）が唱えられた。これによれば，二大政党が競い合う衆議院選挙は政権選択の機会であり（選挙に勝った政党の党首が首相となる），政権の正統性を国民から直接調達し，政治の強力な指導力発揮を可能にするはずのものであった。政府（内閣）と与党（議会内多数派）が一体となって政策を推進し，野党（議会内少数派）は国会審議などを通じて政府・与党をチェックするという役割分担が構想された。たしかにその後，政権交代は実現した。しかし，選挙の結果として衆議院と参議院とで多数派が異なる「ねじれ」状態が起こると，参議院が（衆議院ほどではないにしても）法律制定過程などで大きな権限をもつ日本国憲法の仕組みのもとで政治がしばしば行き詰まった。その後は逆に，小選挙区制のもとで与党（連合）が肥大化する一方で野党がばらばらになって，二大政党（連合）が拮抗して政治に責任と緊張をもたらすという当初の理想とはほど遠い状況が長く続いている。この4半世紀の経験をどのように評価するか，憲法改正の前に考えておくべき問題

だろう。

Ⅱ　現代人権論の展開

| 個人の自己決定と
集団的自己決定 |

「自己決定」が近年の人権論のキーワードである【→第2部第3章Ⅲ**2**・第3部第5章】。自然権思想を基盤とし，「すべて国民は，個人として尊重される」(13条)と規定する日本国憲法のもとでは，まず個人の自己決定が出発点とされるべきだろう。実際，憲法の掲げる人権の多くは個人の権利を中心に保障している。そして，そのなかでも自由権規定の多くは個人の自己決定権を保障している。たとえば，表現の自由(21条)は，個人が何を言うか言わないかを自ら決めることができることを意味する。職業選択の自由(22条)しかりである。

　他方で，日本国憲法は国民主権を宣言し，議会制民主主義の制度を定めており，国民によって選挙された議員からなる国会が法律を制定することによって，国政を動かすという枠組みを設けている。これは，集団としての日本国民の自己決定を保障する仕組みであるともいえる。そこで，問題は，ある事項が個人としての自己決定と全国民という集団による自己決定と，どちらの自己決定の対象となるかである。

　この点を区別する手がかりになるのが，憲法の規定する諸々の人権規定である。上述のように，世界史的にみて，近代以降，憲法の規定する人権カタログの内容は変化してきているが，その中心となるのが自由権であり，自由権とはまさに自己決定を保障する意義を多分に有する権利である。しかしながら，第2次大戦以降に限ってみても，急速な社会の変化のもとで，その人権カタログが，個人に保障すべき自己決定の対象をすべて網羅的に捉えているかどうかは，議論がある。日本国憲法の場合でいえば，プライバシーの権利の問題が代表例である。プライバシーの重要性は今日広く認識されているが，日本国憲法にはプライバシー（あるいは私生活上の自由）を保障する明文規定はない。そこで登場するのが憲法13条に規定されている幸福追求権である。憲法に明文規定のない，新しい人権を保障するための根拠条文として活用されるのである【→コラム1】。

　もっとも，幸福追求権，すなわち「生命，自由及び幸福追求に対する国民の権利」といっても抽象的であるから，ここからどのような権利を導き出すかについては意見の対立が生ずる。この点を解決するのが，違憲審査権を有する最高裁判所の役割であるが，1つ注意しなければならないのは，個人の自己決定権を根拠として国会の制定した法律を違憲とするということは，その分，国会を通じて表された国民全体の自己決定の結果を縮減することになるということである。たとえば，喫煙の自由が幸福追求権によって保障されていると最高裁判所が判断すれば，禁煙社会をめざすと国民全体で（多数決で）決めたいと思っても，（憲法改正によらない限り）それができなくなるということである。このように，裁判所の違憲審査権は人権を保障するための強力な砦ともなるが，他方で国民全体による意思決定という民主主義を制約することにもなる。

　この点について，今日の有力な憲法学説は「二重の基準」論を主張している。つまり，精神的自由，とりわけ表現の自由は民主主義の前提条件であるから（国民個々人が言いたいことも言えなければ，その意思を国会に伝えられず，結局国民の意思による政治が行われなくなる），裁判所も強く保護すべきであるが，他の人権，とくに経済的自由は，民主主義的に選ばれ国民の意思を反映する国会議員がその制約の可否について判断すれば足り，裁判所があえて乗り出して強く保護する必要はない，と考えるのである。

　また，憲法の定める民主主義の枠組みでは原則として多数決がとられるから，少数者の意見は通りにくくなる。そこで，社会的な偏見によって不利益を被りがちな少数者の人権は，とくに注意して保護しなければならず，これも裁判所の重要な役割だと考えられている（松井 1994）。

> 法の下の平等の展開

実際，日本国憲法のもとで最高裁判所が法律を違憲と判断した事例には，法の下の平等【→第3部第3章Ⅳ2】に関わる事件が多い。最高裁判所が日本国憲法下で最初に法律規定を違憲と判断した事例は1973年の尊属殺人罪違憲判決であった。この事件では，尊属殺（子が親を殺すこと）を一般の殺人（親が子を殺す場合も含めて）よりもはるかに重い刑罰を科すことにしていた刑法の規定（当時の200条）が，法の下の平等（憲法14条）に反すると判断された。また，最近では，日本国民の父親と外国人の母親とのあいだの子どもが日本国籍を取得する条件に関して，両親が法律上の

結婚をしていない場合（婚外子）を婚内子よりも不利に扱っていた国籍法の規定が違憲と判断された（2008年）。さらに，親の遺産の法定相続分に関して，婚外子の相続する財産の割合を婚内子の半分と定める民法900条の規定についても，最高裁は，法の下の平等に反すると判断した（2013年）。この民法の規定について最高裁は1995年に１度合憲という判断を下していたが，その後，国内における差別撤廃に向けた動きや，ヨーロッパ諸国の法改正，そして国際人権条約の運用なども考慮に入れ，判断を変更するに至ったのである。

　このように，最近の最高裁は，差別の問題に敏感になりつつあるようにみえる。

Ⅲ　違憲審査の活性化と憲法改正問題

違憲審査の活性化　　このように，近年，最高裁判所は違憲立法審査権を積極的に行使するようになり，以前と較べれば「司法積極主義」的になっているようである。もっとも，日本国憲法施行以来これまでの裁判所の憲法判断には，いくつかの特徴がみてとれる。その１つは，違憲判断の対象事項が裁判所にとってなじみのあるものが多い，ということである。最高裁判所の最初の法令違憲判決は，先に触れた尊属殺人罪違憲判決である。この事件では法定刑が重すぎるとして違憲とされたが，実質的には裁判所が適当と考える量刑（具体的な事件で刑の重さを決めること）を言い渡せないようにしている法律規定が問題であった。量刑は裁判所が日常的に行っている仕事であり，裁判所として判断に自信のもてる事柄である。同様に，森林法判決（1987年）では共有森林の分割制限規定が憲法29条の財産権の保障に反し違憲とされたが，共有物の分割も普通は民法によって処理される事柄だから裁判所にとって手慣れたことであろう。上述の婚外子相続分事件も，家庭裁判所の日常的な職務である遺産分割のことである。郵便法判決（2002年）というのもあった。郵便事故の際の損害賠償を制限する法律規定が合理的でないとして違憲とされたのだが，この事案は民事訴訟上の重要な手続である特別送達のミスであった。裁判所本来の重要な機能にかかわる事故の後始末を裁判所自らがした，とみることもできよう。

このような裁判所本来の仕事にかかわる問題では，裁判所が問題の実情を熟知しており，形式的には国会の制定した法律が問題とされていても，国会からみれば実質的には裁判所に「お任せ」でよい事柄であろう。その意味で，裁判所が国会など政治部門との衝突を恐れる必要の少ない事件であった（先に触れたように違憲立法審査権を確立したことで有名なアメリカのマーベリ判決も，きわめて激しい党派的対立が背景にある事件ではあったが，論点自体は最高裁判所の管轄権という司法制度の技術的な問題であった）。

　もっとも，このような傾向には例外がある。その最たるものが，選挙における「一票の価値」（議員定数ないし選挙区割の不均衡）の問題である。これは，国会や地方議会の選挙の際に，選挙区によって議員1人あたりの人口（または有権者数）に大きな較差があるという問題である。戦後，農村部から都市部に人口が大きく移動したが国会議員の選挙区の変更がそれに追いつかず，都市部の選挙区では議員1人あたりの有権者数が急速に拡大したために生じた問題である（たとえば，有権者24万人から3人の議員を選出する選挙区と，160万人の有権者が4人の議員を選出する選挙区では5倍の較差がある）。最高裁は，1976年の判決で，当時の中選挙区制における約5倍の較差を，法の下の平等に反して違憲と判断した（もっとも，選挙自体を違憲無効とすれば混乱が生ずることを理由として，「事情判決」という手法を用いて，選挙を無効とすることは避けた）。その後も，一票の価値の較差は裁判所で争われ続けている。最高裁は，その後もう1度違憲判断（事情判決）を下したが，それ以外の場合にも，較差が大きい場合には「違憲状態」判決（較差自体は違憲だが，国会がその是正のために要する時間を配慮して，選挙の時点では法律規定が違憲だったとはいえないという判断）を何度も下している。そして，多くの場合，そのたびに，国会は小規模の是正を繰り返してきた。

　選挙方法は議員個々人の政治家としての命運にもかかわる非常に政治的な事柄である。裁判所としては，政治的な争いに巻き込まれるのを避けるため，首を突っ込みたくないと思っても不思議ではない。にもかかわらず，なぜ最高裁判所がこのような政治的な問題について違憲判断を下してきたのだろうか。それは，結局，国会の民主主義的正統性にかかわる問題だからだろう。国民の意思を正確に反映しない国会では，民主主義あるいは国民主権の根本を揺るがすことになる。しかも，国会自らによる是正があまり行われていない。そこで，

憲法の最も基本的な原則を守るため，裁判所が乗り出したと解釈できる。同様のことは，日本国外にいる日本国民の投票権を保障するとした判決（2005年）にもいえるだろう。

> ### 憲法改正論と
> ### 熟議民主主義

日本国憲法は96条で改正のための手続を明記している。にもかかわらず，70年以上のあいだ1度も改正されていない。そもそも憲法典の内容が簡潔であるため，法律の改正や裁判所の判例によって時代の変化に柔軟に対応できた面も大きいし，実際，先に触れた諸々の改革によって国の基本的な仕組みという意味での「実質的意味の憲法」を改革することもできたので，憲法典を改正する必要性が少なかったといえよう。

憲法96条によれば，憲法改正のためには，まず衆議院と参議院でそれぞれ総議員の3分の2以上の賛成で改正案を国会が「発議」し，次いでこれを国民投票にかけて過半数の賛成を得る必要がある。しかし，これまでこの国会の発議にも至っていないどころか，発議するためにいずれかの議院で改正案の内容を確定して議員の表決にかけたことさえない。衆議院か参議院のどちらかで3分の1を少しでも超える議員が改正案に反対すれば国会で発議できないことになるから，憲法96条は厳しすぎるという批判もある。しかし，この点は，理論的にいえば，近似的に「パレート改善」（改革をするときは誰にも不利益を与えてはならない）を求めているとみることもできそうである。とくに，憲法による基本的人権の保障は少数者の権利を保護することが中心的な課題であるから，単純な多数決で「改正」されては困るのである。

実は，憲法改正のための具体的な手続を定める法律さえ，成立したのは比較的最近のことである。2007年に，国会における発議のための手続を定める規定が国会法に追加されるとともに，主として国民投票の手続について定める「日本国憲法の改正手続に関する法律」（憲法改正手続法とか国民投票法と略される）が制定された。具体的な内容については多くの論点があるが，ここでは，国会による憲法改正案の発議について「内容において関連する事項ごとに区分して行う」（国会法68条の3）という点に注目したい。

この規定によれば，複数の論点について同時に憲法改正を行おうとするときは，（どのように分けるかは国会の判断によるが）複数の項目について国民投票で

賛否を問うことになるはずである。たとえば，①憲法に自衛隊の任務・組織等について明記する，②参議院を廃止して国会を一院制にする，③環境権という人権を明記する，という3つの改正内容を別々に国民投票で問うこともありうるわけである（②については現憲法の複数の条文を変える必要があるからひとまとめで賛否を問う必要がある）。もし3つを一括して賛成か反対かを問われれば，国民投票の際に国民（有権者）は，賛成する改正内容と反対する改正内容がある場合に賛否に迷うかもしれないが，別々に賛否を意思表示できれば有権者個人の意思をより的確に表明できることになる。しかし，3つの論点があれば，国民投票で承認（可決）されるかどうかは$2×2×2＝8$通りの可能性がある（すべて不承認〔否決〕で現行憲法のままになる場合を除いても7通り）。憲法典は一体のものだから，一見関係のなさそうな条文でも相互に関連する場合がないとはいえない。憲法改正を発議する国会は，この7通りすべてについて，内部矛盾がないか，運用上不都合が生じないか，十分に検討しておく必要がある。先に触れた近似的な「パレート改善」的な性質ともあわせて，憲法改正を発議する国会に十分な熟議が求められるわけである。

　とはいえ，上述のように，小選挙区比例代表並立制をとる衆議院の場合，「国民内閣制」的運用のもとで，民意を政府（内閣）に反映するための「導管」としての機能が大きくなっている。衆議院選挙の際に国民が次の選挙までの政権を選択するつもりで投票するのであれば，より長期にわたって影響が及ぶ可能性の高い憲法改正問題について，国民が衆議院での熟議を期待して投票しているとは必ずしもいえない。そうだとすれば，むしろ任期が6年と長く3年ごとに半数改選の参議院のほうが相対的には熟議に向いているともいえる。国会の有する他の権能とは異なり，憲法改正の発議については衆議院と参議院とは対等の権限をもつ。もし本気で憲法改正案を審議するのならば，参議院の役割を重視すべきであろう。

　憲法改正に関して，もう1点指摘しておきたい。国民投票の際，国民（有権者）は1人1票を投ずる。当然のこととして誰も疑わないだろう。しかし，日本国憲法の「実績」として70年以上1度も改正されなかった。もし1度改正されたら，また70年間改正されないかもしれない。そのようなきわめて長期にわたる影響を及ぼすかもしれないことについて，18歳の国民と100歳の国民とが

同じ1票でよいのだろうか。考えてみてほしい。

**近代憲法の試練と
しての世代間正義**　これまでみてきたように，立憲主義とは権力の濫用を防止して国民の自由を保障することを眼目とする思想であり，近代憲法は，それぞれの国，それぞれの時代に応じて，歴史的な経験もふまえて，これを具体化したものである。権力を握った者は，いかに高邁な理想を掲げていようとも，権力の虜になってこれを濫用する誘惑に駆られやすい，という人間の本性を十分にふまえて，権力分立や人権保障規定は組み立てられている。権力の甘い蜜に吸いつこうとする者はもちろん，民衆を熱狂させて動員し，ときには自爆的に権力を濫用する（その最たるものは戦争）扇動政治家（デマゴーグ）に対しても，200年以上前のアメリカ合衆国憲法制定の時代から周到な権力分立制度などによって対処する仕組みをもっているし，とりわけファシズムの経験を反省した第2次大戦後の憲法ではさらにその仕組みを整えてきた。もちろん，世界的にポピュリスト政治家が台頭し，あるいは国民の自由を抑圧する権威主義的体制が増加しているようにみえる今日，立憲主義は警戒を怠ってはならない。

　しかし，近代立憲主義に内在するもっと大きな課題は，世代間の正義の問題かもしれない【→第3部第4章Ⅱ】。今日，国際的にSDGs（持続可能な開発目標）が重要な政策課題とされ，地球温暖化やプラスチック等による海洋汚染の防止といった環境保護の必要性が繰り返し強調されるのも，次世代に良好な地球環境を残すためである。原子力発電によって生ずる放射性廃棄物の処理が大問題になるのも，将来世代に負の遺産を残さないためである。また，多くの先進国で，とりわけわが国で深刻なのが，財政赤字の問題である。国と地方自治体の借金（国債，公債等）が1000兆円という気の遠くなるような数字をはるかに超え，いずれは将来の国民がこれを返済しなければならないことを考えると，現在の世代の国民は将来世代の国民に，多大の責任を負っていることは明らかである。

　にもかかわらず，民主主義の政治の仕組みでは，選挙権を有するのは現在世代の国民だけである。冷暖房の効いた住居・職場・交通機関で快適に過ごしたいし，商品の包装をプラスチックから別の物に代えるのは面倒だし，経済的な豊かさのために，政府には借金をしてでも国の予算からの支出を多くしてもら

いたい。民主主義の手続で国民の多数決によっている限り，現在の国民の欲望を満足される政策しかとることができないのではないか。

　先に，憲法改正手続に関して世代間のギャップないし対立がありうることを示唆したが，地球環境問題や財政赤字は，はるかに長期にわたるずっと深刻な問題である。近代憲法は，少なくとも表面的にみる限り，これらの問題に直接の答えを与えていないようにみえる。そうだとすれば，これまで人類が存続することができたのはなぜか，人類の生き残りのための条件は何かを探究し続けるきわめて広い視野のもとで，「憲法」についても考えぬく必要があろう。

文献案内

佐藤幸治『立憲主義について──成立過程と現代』（左右社，2015年）
長谷部恭男『憲法とは何か』（岩波書店，2006年）

〈引用・参考文献〉
芦部信喜（高橋和之補訂）『憲法〔第七版〕』（岩波書店，2019年）
清宮四郎『憲法 I ──統治の機構〔第三版〕』（有斐閣，1979年）
佐藤幸治『現代国家と司法権』（有斐閣，1988年）
高橋和之『国民内閣制の理念と運用』（有斐閣，1994年）
松井茂記『二重の基準論』（有斐閣，1994年）
宮沢俊義「日本国憲法生誕の法理」『憲法の原理』（岩波書店，1967年）

◇コラム 1　情報公開とプライバシー

　現代民主主義国家において，情報公開は，国民が政府の活動内容を知り，これを批判し，そして国政に参加するために欠かすことのできない制度である。わが国では，1980年代から地方自治体において情報公開条例が制定され始め，国レベルでは1999年に情報公開法が制定された。憲法的観点からいえば，国民主権（憲法前文，1条，15条）や表現の自由（憲法21条）から派生する「知る権利」に基礎づけられる（情報公開法 1 条には「国民主権の理念」が明記されている）。一般に，情報公開制度を用いれば誰でも国や地方自治体の行政機関の有する公文書の開示を受けることができる。もっとも，情報公開法（条例）では，個人情報（プライバシー）保護のほか，外交・防衛，犯罪の予防・捜査，さらには事務・事業の適正な遂行への支障のおそれなどを理由として文書を不開示にできるとされており，その範囲が不当に拡大されないように注意する必要がある。また，国や自治体の活動を知るために公文書の開示を請求しても，公文書自体が作成されず，または早々に廃棄されてしまったのでは，知ることができない。そこで，公文書管理が重要であり，国レベルでは2009年に公文書管理法が制定された（その 1 条でも「国民主権の理念」が規定されている）。もっとも，近年の報道で知られるように，情報公開や公文書管理が本来の趣旨にそって実効的に運用されているのか疑問もあり，国民のさらなる監視が必要だろう。

　他方，プライバシー保護のための基本的な法令として，個人情報保護法（条例）がある。この課題でも地方自治体の条例が先行していたが，国レベルでは1988年の法律で行政機関の電算化された情報について規制が及び，2003年に行政機関の保有する個人情報のほか，民間事業者による個人情報の取扱いも対象として，一連の個人情報保護法が成立した。憲法13条の幸福追求権には「自己情報コントロール権」（プライバシー権）が含まれると考えるのが今日の有力学説であり，これが個人情報保護法制の理論的根拠になる。この自己情報コントロール権は，行政機関等による個人情報の取得・収集だけでなく，機関内部での保有・管理，そしてその利用や外部への提供にまで及ぶと考えられ，したがって，個人は，行政機関等に保有されている自分についての情報を自分に開示すること，その情報が誤っているときは訂正・削除すること，そして違法な利用や提供を停止することを請求する権利を有することになる（制約はあるが法律・条例でも概ねそのように規定されている）。近年，個人が特定されないようにしたうえで個人情報を使って行政サービスの向上や効率化を図るなど「ビッグデータの利活用」も推進されており，個人情報の漏洩や濫用が起こらないようにいっそうの対策が必要となっている。

第**2**章

現代刑事法の機能と特徴

I 刑事法の近代化と個人の自由

1 罪刑法定主義におけるリベラリズムと民主政

人間のための刑事法？ 熊が人を襲い，人が死ぬ。熊は殺人あるいは傷害致死の罪に問われるのか。少なくとも近代的な刑事法制度を整備した現代の国家においては，人間以外の動物が殺人罪という刑事責任を問われることはない。現代の刑事法で責任を問われる主体は，刑事責任能力を備えた，一定の年齢に達した人間だとされている（刑法39条，41条）。もっとも，中世の刑事裁判では，たとえば，人間の赤ん坊を食べてしまった豚が裁判を経て処罰されるという，いわゆる動物裁判の事例が少数ながらもみられた。しかし，中世から近代へと移行するなかでそのような事例はみられなくなった。近代の刑事法においては，理性的な主体たる人間のみが刑事責任を負うということが出発点となる。責任主義が近代刑事法の出発点の1つである。

刑事法の定義 さて，刑事法とは，刑罰を行使する実体的条件と手続的条件に関する法である。罪とは何か，その罪にどのような罰を科すのかについての実体的条件を定める法は刑法と呼ばれ，その刑法を運用するうえでの手続的条件を定める法は刑事手続法（代表的な法典が刑事訴訟法）と呼ばれる。

刑事法の特質 他の諸法と異なる，刑事法の特質は，刑事法が刑罰という制裁手段を備えている点にある。その機能は，刑罰を科すことによって，一度は破られた規範的秩序を再生し，そして，将来の犯罪を抑止することである（その目的をどのように理解すべきなのかについての議

論は本章Ⅱで紹介する）。近代以降においては，個人の自由を基調とするリベラリズム【→第3部第2章】がその規範的秩序の中核を占めることになる。そして，リベラリズムの観点からは，刑罰という手段は個人の自由を守るためにのみ用いられる（本章Ⅰ2も参照）が，しかし同時に，刑罰は個人の自由を制約するものであるから，刑事制裁は可能な限り控えるべきだとされる（刑罰の謙抑性）。近代における刑事法の機能は，犯罪の予防や抑止のみならず，国家権力の過剰なあるいは恣意的な介入の抑止も含まれる。

刑罰権の国家による独占　近代において，恣意的な介入を抑止する意義は大きい。というのも，近代においては，個人の自由を実効的に保障するために，私人の復讐を認めず，刑罰を科する権限を国家が独占するからである（復讐の慣行のある地域は現在でも存在する）。そのような強大な国家権限の濫用を防止する役割をも刑法は担っている。

罪刑法定主義と罪刑専断主義　そのような防止装置の代表として，近代刑事法のなかに組み込まれたのが，罪刑法定主義の原則である。どのような行為が犯罪に該当するのか，当該犯罪に対していかなる刑罰が科せられるかは，あらかじめ法律で定めなければならないとされる原則である。これに対して，その都度の国家機関の裁量に委ねる原則は罪刑専断主義と呼ばれる。罪刑専断主義は，その時々の為政者にとって都合の悪い人物を処罰するというような刑罰権の濫用を招きかねない。

罪刑法定主義の自由保障機能　罪刑法定主義の主眼は，罪刑をあらかじめ明確に定めることによって，一方で，国家による刑罰権の濫用を防止し，他方で，個人が自由にふるまえる環境を整えることにある。18世紀に罪刑法定主義の理念を唱えたチェーザレ・ベッカリーアは，「文字どおり施行される刑法があれば，国民は自分の不法行為からくるまずい結果を正確に知り，それを避けることができる」と述べている。あらかじめ罪刑を法律の形で明示することによって，個人の予測可能性を担保し，個人が自由にふるまえる素地を作る。この点では，罪刑法定主義はリベラリズムに資する原則である。

罪刑法定主義の現代的意義　しかし，現代においては，罪刑法定主義には，もう1つの重要な意義が付け加えられる。それは，罪刑が法律の形で定められるという点にかかわる。現代では，法律は国民の代表者が集

まる国会で制定される。歴史的には，議会制度は為政者の専断的支配に対する防壁として発達し，必ずしも民主政と結びつくものではない。しかし，20世紀に入って普通選挙制度が浸透していくと，議員は国民の代表として位置づけられ，議会制度は民主的な制度だと理解されるようになる。ここにおいて罪刑法定主義は民主政の理念を体現する制度としても理解されることになる。

> リベラリズムと
> 民主政との相克

それゆえ，現在，罪刑法定主義は，リベラルな価値と民主的な価値の双方を担っている。しかし，ここに大きな問題が潜んでいる。一方で，リベラリズムは，公権力を枠にはめようとする。他方で，民主政は公権力の源泉となる。たとえば，人々が安全を求め，一定の自由を犠牲にして公権力の拡大を求める状況を考えればわかるように，民主政はリベラリズムと一定の緊張関係に立つ。この衝突をどのように考えるのかが，現代の刑事政策を論じるうえで1つの重要なポイントとなる（本章Ⅲ参照）。

2　保護法益の世俗化

> 保護法益論──他者
> 危害原理と法道徳主義

明確な法律が規定されれば，それでよいわけではない。法律で守るに値する利益は何かが問われる。このような問いのもとで議論される内容は保護法益論と呼ばれる。19世紀のイギリスの哲学者 J・S・ミルは，他人の自由を侵害する場合ないしその危険がある場合にのみ公権力の介入を認めるべきだと主張した。これは他者危害原理と呼ばれる。他者危害原理によれば，刑罰こそが公権力の典型例であるから，誰にも危害を与えない行為には刑罰を科すべきではないということになる。他人の自由を侵害しない限りは自由であるというこの原理は，リベラルな立場を体現する原理といえよう。

> 法道徳主義と宗教

これに対して，誰にも危害を与えないが，しかし，道徳に反するとされる行為についても刑罰を科してよいという立場は法道徳主義（リーガル・モラリズム）と呼ばれる【→コラム4】。法道徳主義は宗教道徳と密接に結びついていた。中世の刑法では，宗教にかかわる犯罪規定（異端の罪・不敬罪など）が多く存在し，そうした規定の多くにおいて，宗教的道徳に反する行為が，誰かを傷つけていないとしても，処罰されて

いた。法道徳主義は世俗的ではない利益を保護する機能があった。

保護法益の世俗化　しかし，宗教改革などの議論を経て，信仰の問題は自発性が妥当する道徳の領域だとされ，道徳の領域とは強制権力を中心とする法の領域と区別されるという法と道徳の分離が説かれるようになった。ここから道徳の領域に刑罰で介入することは望ましくないとされ，法道徳主義が衰退することになる。近代社会へと移行するにつれて，宗教に関わる犯罪規定は，公共の平穏を害する罪へと形を変えていくか，あるいは，次第に廃止されていく。刑法は人間の世俗的な利益を守るための法へと変容していく。このような変容のなかで他者危害原理が台頭する。

個人的法益／社会的法益／国家的法益　いかなる行為が犯罪となるのかについては，主に刑法典第2編「罪」に規定されている（もちろん，軽犯罪法など，刑法典以外にも，各種の規定がある）。法益の分類としては，利益の主体に応じて，国家が主体となる国家的法益の罪，社会が主体となる社会的法益の罪，個人が主体となる個人的法益の罪と分類されうる。刑法典の編別は国家主義的な思想が強かった明治時代に作られたがゆえに，国家的法益の罪から順に規定されているが，しかし，他者危害原理が台頭し，個人主義が強くなった現代では，国家的法益や社会的法益の重要性も個人の利益との関係で説明されるべきだという見解も存在する。

日本の刑事実務における法道徳主義　もっとも，日本の刑事実務をみれば，法道徳主義の要素は多くみられ，他者危害原理が貫徹されているわけではない。たとえば，刑法175条の公然わいせつ罪の運用においては，劇場やバーなどで性行為を見世物とすることが公然わいせつ罪で処罰されることがある。観客全員が見世物の内容に同意しているとすれば，誰の利益も害していないように思われる。しかし，日本の刑事実務では，たとえ関係者全員の同意があっても，そのような見世物が行われるべきではないという道徳，いわゆる性の非公然性の原則が重視されている。

3　刑罰の人道化

刑罰とは？　刑罰は悪い行為をした人にその行為に対する報いとして何らかの苦痛を与えることである。刑罰の種類に

は，生命刑，身体刑，自由刑，名誉刑，財産刑がある。生命刑は生命をはく奪する死刑，身体刑は身体を傷つける刑罰，自由刑は一定の場所に拘禁することで移動の自由などを奪う刑罰，名誉刑とは公務に就く能力をはく奪する刑罰，財産刑は罰金など財をはく奪する刑罰のことを指す。

残虐な刑罰・身体刑の廃止と刑罰の人道化　中世の刑法を象徴するカロリーナ刑事法典では，死刑のほかに，目玉をえぐる，耳を切るなど，苛酷な身体刑が多く存在していた。こうした身体刑には見せしめの意義があり，罪刑の均衡を失した重い刑罰が加えられることがしばしばであった。しかし，ベッカリーアなどは罪刑の均衡を強調し，人道的な刑罰への改革を唱えた。こうした批判を受けて，近代へと移行する過程で，これらの身体刑は緩和され，また，廃止されるに至った。現在，死刑を存置する国でも，死刑を実施する過程での苦痛を与えないようになってきている。日本国憲法31条における「残虐な刑罰」の禁止もこうした流れに位置づけられる。代わって，近代の刑罰の中心となったのは自由刑である。

自由刑の内実としての刑務所　自由刑といっても，その実態は，受刑者を刑務所へと収容し，受刑者に工場労働に従事させることである。この方式が19世紀のアメリカで生み出され，フランスを通じて日本へと伝搬した。この方式が普及する背景には，近代になって産業の中心が製造業中心の工場生産に移行したことがある。工場労働が人びとの生き方の1つの典型となり，また，模範となる。工場生産の能率を上げるためには，決められたスケジュールのなかで人々が規則正しく働くことが求められる。刑務所に収容することは，たしかに，行動の自由を奪う点で苦痛を与える。しかし同時に，規則正しい刑務所のなかで受刑者を生産に従事させることで，規律正しい人間へと彼らを矯正することにも意味がある。その意味で，刑務所は，学校や工場と並ぶ，産業社会を体現する制度なのである。

II　古典学派と近代学派

1　古典学派対近代学派

> 資本主義の発達
> と学派の分岐

前節で記したように，19世紀において，欧米や日本では，罪刑法定主義が浸透し，保護法益の世俗化，刑罰の人道化が進んで，近代的な刑事法制度が導入された。そのように近代化された刑事法典を整合的に説明する刑法理論が登場した。しかし，資本主義が発達すると，急速な都市化など社会構造も変遷し，犯罪現象が大きく変質した。こうした状況変化はいままでの刑事法制度や理論では対処できないとされ，新しい理論が登場した。新しい理論の主唱者たちは，犯罪現象や犯罪者の特質を観察しながらその理論を探求していくという意味で自分たちの学説を近代学派（新派刑法学）と呼び，いままでの理論を古典学派（旧派刑法学）と呼び批判した。古典学派と近代学派の争いは多くの論点を含んでおり，さまざまな論者の議論をこの2派のどちらか一方にのみ分類できるわけではない。しかし，人間の捉え方を含め刑事法の捉え方をめぐる大きな分岐点を示しているので，そうした分岐点を以下で確認していこう。

2　出発点・方法をめぐる争い

> 古典学派の出発点

古典学派は，前節で説明したように，罪刑法定主義などの諸原則を打ち出した。古典学派は18世紀以前の中世的な刑事法制度を打破し，人間の自由や平等を出発点とする。

> 古典学派の
> 抽象的人間像

古典学派は，個人の具体的な差異を捨象したうえで，抽象的な人間モデルを想定した。そこにおける鍵が自由意思である。前述のベッカリーアは，刑罰という苦痛を回避して，合理的な計算をする人間を想定した。19世紀のドイツを代表する哲学者の1人であるゲオルク・ヴィルヘルム・フリードリヒ・ヘーゲルは，理性的な人間像を想定した。その具体的な内実は異なるとしても，彼らはともに，自由意思をもった主体として人間を捉える。殺人罪を例にして説明しよう。刑法199条では，「人を殺した者は，死刑又は無期若しくは5年以上の懲役に処する」と規定されてい

る。ここでは，人を殺した者が金持ちであるのか貧乏人であるのかに関係な
く，あるいは，老人であるのか若者であるのかとは関係なく，なされた行為
と，その行為が引き起こした結果に焦点を当てて殺人の罪とその刑罰が規定さ
れている。多くの罪は人の個性（たとえば，身分）に着目することなく規定さ
れ，そのような規定は平等の理念とつながる。古典学派は，平等の理念から人
間の具体的な差異を捨象したうえで，自由意思をもった主体として人間を捉え
る。こうした捉え方が古典学派の規範的なモデルであった。

近代学派の方法　しかしながら，都市化に伴って頻発した犯罪現象をみ
ると，このようなモデルで犯罪者を理解することが困
難になった。たとえば，いわゆる常習窃盗者が窃盗を繰り返す原因には，貧富
の格差が拡大した状況，彼個人の盗癖という病気などが考えられる。これを自
由意思だけで説明することは困難になる。そこで，近代学派は，まずは，犯罪
現象を具体的に観察し，その原因を適切に把握するべきだと説き，実証主義を
方法として採用する。

近代学派の人間像　近代学派は，さまざまな犯罪の原因を探求し，人類学
的・社会的・物理的要因などに類型化していく。なか
には，人間の頭蓋骨の形に着目して，通常人と犯罪者を区別する類型論もある
（現在では，この類型化は事実に反するとされている）。こうした類型化の前提には，
人間の行動は素質や環境に決定されるという決定論的な世界観がある。近代学
派は，人間を具体的に捉えようとしたが，他方で，素質や環境のなかへと還元
しようとする側面もあった。

犯罪観の対立　古典学派は，犯罪をあくまでも規範が適用される行為
から考える。これに対して，近代学派は，犯罪の原因
を探求するべく，犯罪者の危険な性格や社会状況から考えていく。

3　刑罰観——応報か，予防か？

刑罰論一般　主要な刑罰論としては，応報刑論，目的刑論の2つが
挙げられる。応報刑論は過去になした罪に応じた罰を
与えよという立場である。罪に応じた苦痛を与えることそれ自体が正義，とり
わけ応報的正義の要請に適っていると説く【→第3部第1章Ⅱ**4**】。応報の理念が

罪に対して刑が加えられなければならないという積極的な要請（必罰主義）を含んでいるかは議論が分かれる。目的刑論は，犯罪予防という目的のために罰を与えよという立場である。応報刑論と異なり，罰を与えることそれ自体が目的ではなく，罰は犯罪予防の手段と捉える。目的刑論は，さらに一般予防論と特別予防論に分けられる。一般予防とは，一般人をして犯罪をしないように誘導することである。罪を犯したときに与えられる害悪を告知することによる誘導は消極的一般予防（ないし威嚇刑論），規範を明示することにより一般人の規範意識を強化することによる誘導は積極的一般予防と呼ばれる。特別予防とは，刑罰によって，罪を犯した者が再び罪を犯さないように教育や更生を行うことをいう。

各学派と刑罰論の結びつき

一般的には，古典学派は応報刑論を採用し，近代学派が目的刑論を採用すると整理される。ただし，古典学派に位置づけられるベッカリーアは消極的一般予防論を採用しているので，そのような整理がつねに維持されるわけではない。

古典学派と応報刑論

応報刑論はすでに犯された罪に対するものであるから過去志向的といえる。古典学派は自由意思に基づいた行為に対する応報として刑罰を理解する。より正確にいえば，具体的な罪刑を明示した法規が存在するにもかかわらず，自由な意思でなされた法規違反の行為に対する応報として理解する（法律的応報主義）。刑罰法規の存在と応報がセットになっており，罪刑法定主義が当然の前提となっている。

近代学派と目的刑論

近代学派は現象を観察し，犯罪の原因を探求する。犯罪の原因を把握することで，将来における犯罪を予防しようとする点で，将来志向的である。犯罪の原因が経済構造や病気などにあるとすれば，その対策としてはその原因を改善することが考えられる。たとえば，常習窃盗の原因が窃盗癖という病気にあれば，その病因の除去，あるいは，構造的な貧困にあれば，社会保障の充実などが考えられる。近代学派は，このような対策で犯罪予防目的を実現しようとし，その刑罰論は教育刑論や治療刑論などと呼ばれる。これらの例でもわかるように，犯罪予防目的の手段を刑罰に限定する必然性はなく，刑罰という手段を相対化することになる。近代学派を代表する19世紀のドイツの刑法学者リストも，「刑罰は，犯罪に対する

有力な方法ではあるが，その唯一の方法ではなく，また，最も有力な方法でもない」と述べ，また，犯罪への対策は犯罪者固有の事情に合わせてなされるべきだ（刑罰個別主義）と主張した。この刑罰個別主義に立つならば，その対応策を法律によりあらかじめ一般的な形で示すことは困難となり，罪刑法定主義の要請が否定的に捉えられる。

4　両学派の折衷？

制度的意義

抽象と具体，自由論と決定論，規範と実証，応報と予防など，古典学派と近代学派の対立は刑事法の諸相にわたって影響を及ぼしている。しかし，これらの対立が具体的な制度のなかでつねに排他的な関係として現れるわけではない。まず，刑務所のなかに収容することは，一定の行動の自由を奪うことで受刑者に苦痛を与える点では応報刑的なところもあり，また，一定の職業訓練を施す点では目的刑論的なところもある。次に，日本の刑法典の規定の仕方をみても，両学派の要素が取り入れられている。一方で，罪の軽重に比例する形で罰の軽重が概ね決められている点では，応報刑の要素があるが，他方で，量刑の幅をもった法定刑，執行猶予，仮釈放などの制度が存在し，それらの制度は犯罪の態様や犯罪者の状況に応じて運用されている点では，特別予防を重視しており，目的刑論的な要素もある。

折衷説

そこで，多くの学説は両者を折衷的に捉えようとしている。一方で，応報的正義の枠内で犯罪予防をめざすべきという古典学派ベースの折衷案，他方で，犯罪予防目的が基調にありながらもその手段としては応報が正しいという近代学派ベースの折衷案がある。しかしながら，そうした制度をどのように運用していくのか，また，今後の制度改革をどのように考えていくのかをさぐるうえで，両学派の対立の意義を見定めていくことは重要である。とりわけ，刑事立法が頻繁になされる現代においては，その意義がよりいっそう強く問われることになろう。

Ⅲ　刑事法の現代的諸問題

1　現代の状況

刑事立法の活発化

第2次世界大戦直後の刑事法関連の大規模な改正以来，2000年頃になってから刑事立法の動きが活発になっていることがわかる。もちろん，それまでにいくつかの改正はなされてきた。しかし，2000年頃からの刑事立法については，量的な増加もさることながら質的にも異なる改正がなされたと評価されている。たとえば，殺人罪や強姦罪などの犯罪類型の法定刑の引き上げ，悪質な酒酔い運転に厳罰を加えるための危険運転致死傷罪やストーカー規制法の新設などがある。50年改正がなされていなかった少年法も，少年の刑事責任を強化する形で改正された。すべてを取り上げることはできないが，以下では，法益論，刑罰論，手続論に沿って，処罰の早期化，法定刑の引き上げ，裁判員制度のトピックを取り上げていこう。

2　他者危害原理の溶解？

処罰の早期化

たとえば，1999年に制定された不正アクセス禁止法3条では，不正アクセスによって何らかの利益（たとえば，財産的利益）を侵害した時点よりも前の，不正アクセス行為自体が禁止されている。このような，早期の段階で処罰する刑事立法が増加していることは，処罰の早期化（ないし法益の希釈化）と評価されることもある。

日常の延長上にある恐怖

また，犯罪と日常的な行為との境界を曖昧にする立法もある。たとえば，ストーカー規制法は，一定の条件の下，「つきまとい」行為に刑事罰を科しているが，つきまとい行為と通常の恋愛行為とを毅然と区別することは難しい場合もあるだろう。しかし，つきまとい行為の延長上に暴力や殺人の危険があるのがストーカーの怖さでもある。

他者危害原理の処罰限定機能？

これらの立法は，特定の道徳を保護法益とするわけではなく，財産的ないし身体的利益を保護法益として早期の段階で特定の行為を処罰している。つまり，他者危害を正当化根拠としな

がらも，処罰範囲が拡大している。もともと他者危害原理は処罰範囲を限定することに意義があり，公権力を抑制しようとするリベラリズムの精神に合致するものであった。しかし，現在の立法状況において他者危害原理はそのような機能を果たしておらず溶解しているのではないかと問うことも可能だろう。

今後の法益論の課題　　これらの立法が他者危害の防止という点で現実に安全性を高めているかどうかも実証的に検討する必要があるが，他方で，刑罰によって保護に値する法益とは何かという問題に立ち返って検討すべきである。人間以外の環境的な利益を含めるべきか，人間の尊厳をもっと重視するべきではないかなど，保護法益をめぐるさまざまな議論動向はほかにも存している。

3　応報刑のルネッサンスの意義とその評価

応報刑のルネッサンス　　人々は安全を求めるだけではない。昨今の刑事立法の活発化としては，法定刑の引き上げもある。その背景には，特別予防的な考慮（「犯人の更生」）をはたらかせて刑を緩和することに対して，「犯人の更生よりもしかるべき処罰を」という人々の不満があるだろう。この不満は単に刑法の規定に対してのみならず，その運用のあり方に対しても向けられている。こうした不満を背景にした法定刑の引き上げは，厳罰化であると否定的に評価されることもある。しかし，人々の応報感情の増幅を反映した応報刑の再生だと位置づけ，それなりの正当性があると評価されることもある。このような肯定的な評価については，応報刑のルネッサンスと呼ばれる。

公正さとの関係　　こうしたルネッサンスは「公正さ」の観点から評価することもできる。一方で，犯罪行為で傷つけられた被害者（またはその遺族）が存在し，他方で，傷つけた者が存在する。犯罪者の更生といった特別予防的考慮のみで刑を軽くすることは被害者・遺族との関係で「不公正だ」という議論である。犯罪者の更生のみを考慮することが被害者・遺族の存在を軽視するというのである。ここにおける「公正さ」は，加害者と被害者のバランスを問題にする。同じ罪を犯した者には同等の刑を科すという意味でも，公正さを用いることがあるが，ここにおける公正はそのような意味

ではない。

刑事立法における民主政とリベラリズムの相克　他者危害原理の溶解，応報刑のルネッサンスとも評価できる，これらの立法が行われる背景には，多少不自由な社会になっても，安全・安心な社会が望ましいとする人々の声があるだろう。このとき法哲学的に重要なのは，安全・安心を求める民主的な声と国家の刑罰権を限界づけようとするリベラリズムの要請との対立をどのように調停するべきかという問題である。

刑罰ポピュリズム　この文脈で問われるのは，安全・安心を求め，法定刑の引き上げを求める人々の声をどのように評価できるのかである（こうした声を重視する現状を刑罰ポピュリズムと呼ぶこともある）。犯罪統計上は凶悪化している傾向はみられないどころか，むしろ認知件数が減少しているなかで，法定刑の引き上げを求めることは，感情論にすぎないのではないかという批判もある。しかし他方で，人びとの感情を無視しては制度の安定性は支えられない，また，感情こそが各種制度の存立を支えるのだという反論もなされる。民主政における感情の役割という形でも議論されているところであり，今後，感情のあり方を考えることが重要な課題となろう。

4　刑事司法制度の変革

裁判員制度　現代の刑事立法の動向で見逃せないのは，2009年から始まった裁判員制度である。裁判員制度は，一定の重要事件につき，くじで選ばれた国民が裁判員として刑事裁判に参加し，裁判官と一緒に，被告人が有罪かどうか，有罪の場合どのような刑にするかを決める制度のことである。

裁判員制度導入の理由とその背景　このような制度が導入された理由は，公式には，国民の感覚が裁判の内容に反映されることになり，その結果，裁判が身近になり，司法に対する国民の理解と信頼が深まることにあると説明されている。こうした意義が強調される背景には，これまでの刑事裁判は専門裁判官だけで営まれ，国民からは疎遠な制度であったことがある。また，実際，法廷の場でも書類の受け渡しばかりが行われる「調書裁判」となっており，裁判を傍聴しても何が行われているのかがわかりにくいものであった。し

かし，裁判員制度の導入により，法廷のあり方が素人の裁判員にも「見て聞いてわかる審理」へと転換しなければならない要請が強まるだろう。

裁判員制度の法哲学　「見て聞いてわかる審理」への転換は，法の専門家だけにわかる話では済まないということである。たとえば，被害者との示談をすませば，量刑が軽くなるという話が専門家のあいだでは存在する。しかし，専門家のあいだで通用していても，裁判員がそこに納得しなければ，裁判員制度の下では通用しない。そこで，示談すればなぜ刑が軽くなるのかを裁判員に説明し説得しなければならなくなる。このような説明や説得を通じて裁判が運用されていくことは，司法の民主的正統性を高めることになるだろう。

職業裁判官の役割？　しかし，民主的正統性が高めることがすべてなのかという批判もありうるところである。裁判員は当該事件だけにかかわるだけであるが，しかし，職業裁判官は他の事件にもかかわっていく。職業裁判官にとって大事なのは，同じ罪を犯した者には同等の刑を科すという意味での公正さを保つことである。「量刑相場」を守るということは，そうした公正さを守ることにもつながる。当該事件だけにかかわる裁判員はそのような公正さを保つインセンティブが強いとは必ずしもいえない。そして，そうした公正さを守ることは，不意打ち的な量刑を抑止し，個人の自由を守ることにもつながる。民主的正統性を高めていくのか，量刑の公正さを守って国民の自由を守っていくのか，ここでも先ほどとは異なる形で民主政とリベラリズムの相克が立ち現れているのである。

📖**文献案内**
田中成明「第8章 犯罪と刑罰」『現代法理学』（有斐閣，2011年）
服部高宏「第5章 犯罪と刑罰」田中成明編『現代理論法学入門』（法律文化社，1993年）
稲谷龍彦「第4章 技術の道徳化と刑事法規制」松尾陽編著『アーキテクチャと法──法学のアーキテクチュアルな転回？』（弘文堂，2017年）

〈引用・参考文献〉
池上俊一『動物裁判──西欧中世・正義のコスモス』（講談社，1990年）
井田良『変革の時代における理論刑法学』（慶應義塾大学出版会，2007年）

大塚仁『刑法における新・旧両派の理論』（有斐閣，1957年）

亀井源太郎『刑事立法と刑事法学』（2010年，弘文堂）

司法制度改革審議会「司法制度改革審議会意見書——21世紀の日本を支える司法制度」
　　（2001年）（2020年7月2日アクセス，https://www.kantei.go.jp/jp/sihouseido/report/
　　ikensyo/index.html）

ミル，ジョン・スチュワート（関口正司訳）『自由論』（岩波書店，2020年）

リューピング，H（川端博・曽根威彦訳）『ドイツ刑法史綱要』（成文堂，1984年）

第3章

現代民事法の機能と特徴

I　はじめに

日本民法典の歴史

民事法に分類されるもののなかには，民法，商法，争いはあるものの民事訴訟法がある。関連するものとしては，民事に関する諸々の特別法や経済法などがある。この章では，民法を主とし，適宜関連する法分野についても言及する。

　日本の民法の中核となる法典は民法典であるが，この法典は1898（明治31）年に施行されて以来，現在まで100年を大きく超える期間，第2次世界大戦後の家制度の廃止に伴う親族・相続法分野の大改正を除いては，大幅な改正を経ることなく存続しているものである。民法典の作成は，近代日本が江戸時代の鎖国制度を廃して，西洋諸国との外交・貿易を開始するなかで，当初西洋諸国と締結した不平等条約の改正の条件であった国内法の近代的整備を進めていく過程の一環として行われた。その内容はまずフランスの近代民法典に倣ったものであったが，施行の段階で従来の日本の道徳観が失われてしまうという反対論が唱えられ，いわゆる「民法出でて忠孝滅ぶ」の民法論争に発展した。この法典論争は当初はフランス法学派とイギリス法学派の争いと重なる部分が多かったが，施行時期の延期の期間中に，当時の新しいドイツ民法の内容も取り入れて法典編纂作業の再出発が図られた。いわば日本の近代化を象徴する記念碑的な法典である。このように，日本に近代化の波が訪れた明治の時代から，大正，昭和，平成を経てきた，この民法典の長命が意味することは，一方ではその中身である近代民法の理念の，日本社会における定着であろう。そして，他方では100余年の社会の変化から生じている現代的要請への応答の必要性で

あろう。民法典は，判例や学説による解釈の変更や判例法理の形成，諸々の特別法の制定により，社会の変化に漸次対応してきた。そのような柔軟な対応を可能にしてきた民法的実践の知的伝統の意義を評価する一方で，近年では民法典の抜本的改正を唱える声も強まっていた。長年のそのような声を背景に，2009年から法務省の法制審議会民法部会において債権法改正の審議調査が行われ，2017年に「民法の一部を改正する法律」が成立し，2020年4月1日から施行された。当初論じられていた，たとえば契約責任の無過失責任化に代表されるような大きな理念的転換は結局は行われず，いわゆる動機の錯誤の明文化や，高齢化社会への対応としての意思能力を欠く状態での法律行為の無効の明文化など，従来蓄積されてきた判例や実務の明文化や基準の明確化が主な内容となった。本章では，今般の債権法改正の個別論点については取り上げず，民法における近代と現代の距離を，より基本的・抽象的なレベルで考察することとする。まずⅡで，近代民法の理念について論じる。次にⅢで，現代に至るまでのその理念の変遷について論じる。その後，Ⅳで今般の改正においてみられた議論についても若干の言及を行う。

Ⅱ　近代民法の理念

近代民法の基本理念としては，私的所有権，契約の自由，過失責任主義の3原則か，これに人格の自由・平等を加えた4つの原則が挙げられる。それぞれについてみていこう。

1　私的所有権

近代民法における私的所有権は，所有権者におけるその財産に対する使用・収益・処分の自由を内容とする強力な権利である。このような強い権利は，所有者に自由と自律の領域を保障するとともに，資本主義社会における生産活動に対するインセンティブを与えるものであった。所有権の対象となる財を獲得するためには，自己の労働による生産や市場での経済活動が必要となる。人々の労働や経済活動の成果を保障し，自立的な市民としての生活を保障するために，得られた土地，家，動産について，国家をはじめとする他者から干渉を受

けることなく支配することができるのが私的所有権である。

　17世紀のイギリスの哲学者であるジョン・ロックは，自然は神から人類に共有物として与えられたが，それは人類が自らの生存のために自然を利用するためであり，木から木の実を，川から魚を採り，あるいは土地を耕して穀物を育てることは，これらの自然に人が労働を加え，その利用価値を高めたものであって，このような労働の成果は私的所有権としてその人に与えられると論じた【→第3部第2章Ⅵ】。

　このようにいうと，相続財産に対する所有権は，所有者の労働の成果ではないのではないかといわれるかもしれない。しかし，人々が自己の財産を守り，かつ，他者から干渉されずに処分できる自由をもつということは，多くの人が有する，死後は自分の子どもや親しい人々に財産を譲りたいという意思を尊重することを含むとも考えられる。相続財産を国家が没収するような制度は，私的な生活関係の国家からの自立性を著しく損なうものとなるであろう。

2　契約の自由

　資本主義経済における市場取引の活性化のためには，私的所有権のみならず，自分が生産し，所有する財を自由に取引できることが必要である。生産し，所有する財のない者も，自分の労働力を売って賃金を得る，労働契約を結ぶことができることが必要である。このような契約は，身分的な制限や，中世のギルド制などによらずに，当事者の意思の合致によって，方式も内容も自由に取り結ばせることとする。そうすれば，人々は各人の才覚に応じて，望む利益を得ることができる。自由な市場はそのような利益を得る機会を提供する場である。

　自由意思について，18世紀のドイツの哲学者のイマヌエル・カントは，人間が動物と異なるのは，動物の行動が本能的欲求や環境に規定されているのに対し，人間は理性を備えていることにより，自らの意思で行動を決定できる点にあるとする。ここには，自由な意思により新たな，望ましい社会関係を切り開いていくことに価値を見いだす，近代的な人間像が現れている。

3　過失責任主義

　債務不履行においても，不法行為においても，近代民法上の損害賠償責任については，過失責任主義の建前がとられている。これは，他人に損害を加えた場合でも，過失がなければその責任を問われることはないとして，経済活動の自由を広く保障するためである。たとえば，既存の食料品店に隣接して，新しい食料品店ができ，新鮮な食材や珍しい食材を仕入れたために，買い物客が既存の店から新しい店に流れてしまったとき，既存の店には損害が生じているが，新しい店は責任を問われることはない。新しい店は，自由競争の範囲内で適切な商業努力をしただけであって，付近の生活状況の改善に貢献こそすれ，過失はないからである。また，この過失責任は近代的個人主義の現れでもある。無過失責任は，ある一定の条件を備えている，例えばある村の住人であるというような集団的な理由で責任を問うことを可能とするが，過失責任であれば，行為を前提とするため，行為者個人のみが責任を問われるからである。

4　人格の自由・平等

　私的所有の自由も契約の自由も過失責任主義も，個人の意思と行動の自由を尊重する。自由市場において，取引に従事する当事者は，意思を有した，対等な人格とみなされる。誰もが，自分の意思で行動・決定し，その成果を所有権という形で手にいれる一方，過失があればその責任も引き受けなければならない。ここにおける個人の人格の自由，平等の尊重とそれに伴う責任のあり方は，先に触れたように，近代の哲学や倫理学や人間観に強く支えられたものであった。

Ⅲ　近代民法の理念の変化

　次に，以上に述べた，近代民法の4つの基本理念において生じている変化を，順に論じていく。

1　私的所有権

所有権の絶対性
とその相対化

私的所有権の絶対的性格は，労働の成果がその本人に帰属することの直感的正当性に支えられていた。ここでは労働は個人的なものとして捉えられている。しかし，所有権の行使は，そのあり方によっては，単に個人的なものにとどまらず，社会的な影響を有する。所有権の社会的影響は，ある者の所有は他の者の所有を妨げるという事実から明らかであり，したがって，たとえば民法の209条以下の相隣関係の規定などは隣人同士の所有権の調整問題を扱う。相隣関係は従来からの例であるが，ここでは所有権の絶対性の理念を相対化させるような，現代的な例を2つ挙げてみよう。

環境問題

1つの例は，環境問題である。これは所有物の使用・収益・処分の自由といわれるもののうち，使用・収益の方法に関わるものといえる。

　古くは，有名な「信玄公旗掛松事件（大判大正8年3月3日民録25輯356頁）」において，当時の鉄道院は，沿線の由緒ある古松が，鉄道の煤煙や振動により枯れたことについて，鉄道の運営という正当な権利行使の結果であり，責任を問われることはないと主張した。しかし，大審院は，これを権利の濫用であるとして賠償責任を認めた。現在では，工場の所有者が環境汚染物質を排出するとき，自分の土地と工場を自由に使用・収益しているにすぎないのだから権利の範囲内であるといえないことは自明の理として認められている。近隣の住民に被害を与えた場合には，もはや大審院の事例のように「権利の濫用」という法律構成ではなく，端的に不法行為としてその責任を問われるし，たとえば土壌の汚染などでは，実際に被害が生じていなくとも，その恐れがある場合には，所有者は汚染の除去を行政から義務づけられるよう法律が定められている（土壌汚染対策法7条）。

知的財産権

2つ目の例は，知的財産権である。経済活動の発展は，経済的に価値を有するものに対する権利保護の拡大を要請し，コンピューターやメディアの技術開発により生み出された多数の無体物に対する財産権が認められるに至っている。グローバル化に伴う国際的知的財産権による経済的収益の可能性の拡大は，この傾向に拍車をかけてい

る。しかし，その一方で，これらの知的財産権の保護のあり方が，インター
ネット上でのデジタル・コンテンツのユーザーの規範意識とはかけ離れたもの
となったり，先進国で開発された新薬の特許権のために高い薬代を払えない途
上国の患者が救済されなかったりするという問題も生じてきている。このた
め，知的財産権の範囲や存続期間などを適切に限定するための議論が必要であ
ることが認識されている。

　私的所有権の理念に正当化を与えたロックは，実は所有権が認められる際に
条件を付していた。それは，共有物としての自然環境から私的所有物を獲得す
る際には，他の人にも同じものが十分に残されていなければならないというも
のであった。経済の発展によって，生産物とその対価である貨幣は限りなく増
大することが可能であるから，この条件を満たすことは資本主義経済において
は容易であると考えられてきた。しかし，環境汚染の問題や，知的財産権の問
題は，現代の所有権行使のあり方が，この条件を満たさない場合が往々にして
あることを示している。すなわち，環境という本来的な共有物それ自体を損
なったり，独占により他の人々の利用を妨げたりすることが避けられず，現代
法は行政法や経済法を用いて，私的所有権の規制や制限を行っているのであ
る。

2　契約の自由

意思主義　　意思主義は，対等な当事者間による合意の法的効果を
広く認める。当事者は自らの欲求と利益について一番
よく知っており，対等であれば交渉によってそれを合理的に実現できるであろ
うと考えられるし，仮に当事者が非合理的であったとしても，自分のことは自
分で決め，その結果を受け入れることには，自由で自律的な存在として認めら
れるという意義があるだろう。

労働者・消費者保護　　しかし，資本家と労働者，企業と消費者のように経済
的に対等でない場合や，意思決定の基礎となる情報量
において当事者が対等でない場合が存在する。市場における賃労働者は，家庭
に帰れば消費者となるが，日々の労働も生活用品の購入や消費も，いずれもが
必要不可欠であり，かつ生命・身体の維持・安全に直接に影響を及ぼす事柄で

ある。労働環境の整備，雇用の安定，消費生活の安全は，一般に共通する利益であり，制度的な取り組みが不可欠であり，これを個別的合意に完全に委ねては実効的な利益保護はできない。企業における組織的取り組みや労働組合などの集団的な紛争解決手段，国家による労働者保護関連法や消費者保護関連法の整備が要求されることとなる。

高齢化社会　労働者や消費者の保護の必要性は，産業の高度化や大量生産の発展に伴って従来から認識されていたが，近年の社会の高齢化においては，高齢者の保護も課題となっている（2020年改正民法 3 条の 2 も参照）。高齢者をねらった悪質な訪問販売や詐欺的商法などへの対処の必要性に加えて，介護保険制度に基づく諸々の介護契約の締結のためにも，高齢者の意思決定能力の低下に備えて，2000年には成年後見制度が導入された。この制度の特徴としては，能力の減退の程度に応じて，軽度の場合に補助の制度を新たに導入し，従来の禁治産に当たる後見，準禁治産に当たる補佐に加えて 3 類型の法定後見を整えた。またそれに先立ち1999年に契約に基づく任意後見を法制化したことによって，利用者の必要に応じた制度の柔軟性が増し，差別的名称が変更され，鑑定を迅速化して利用しやすいものとした。この制度改革の理念は，従来の本人保護のみならず，自己決定権【→第 2 部第 1 章 Ⅱ・第 3 部第 5 章】の尊重を図ることであったが，このような他者による支援を不可欠の前提とする自己決定権の保障は，他者の干渉を排した「契約の自由」における近代的な自己決定の自由とは大きく性質を異にするものである。

規制緩和　このように，近代的な「契約の自由」の理念は，労働者や消費者や高齢者などの弱者保護の観点からさまざまな変容をこうむっているが，現在ではもう 1 つの，これと一見相容れない潮流が存在している。経済活動に対する国家や法の介入を可能な限り排していこうとする規制緩和の動きがそれである。

　日本を含む世界的な規制緩和の動きは，資本主義諸国と社会主義諸国のあいだで，そのいずれが国民の福祉をより向上させることができるかを競い合った冷戦時代が過去のものとなり，今後は，諸国がグローバル市場におけるパイの獲得競争に邁進するという歴史的局面に移行したことを意味しているとされる。金融，企業の創設・統廃合，雇用などにおいて多くの規制緩和がなされ，

行政的な介入や事前規制が廃され，企業の経済活動がより無規制に行われるようになった。その結果として，一部の富裕層が出現する一方で，従来は様々な国家の経済政策や行政手段で回避されてきた，銀行や大手企業の倒産も生じるようになり，不安定な派遣労働や失業が増加し，富の偏在による「格差社会」の到来が，世界的に指摘され，グローバル化への抵抗感と不満の表明としてのブレクジットやトランプ現象のような動きもみられる。しかし，同時に経済のグローバル化に乗り遅れることへの危機感もしばしば表明される。

　こうして現在では，近代的な「契約の自由」の理念は，一方では弱者保護のための制限，他方では規制緩和による促進という2つの変容にさらされているといえる。

3　過失責任主義

　産業の高度化　　不法行為法における過失責任主義は，個人の行為の結果に予見可能性と回避可能性があることを前提としていた。自己の行為の結果を知り，それをコントロールできるからこそ，必要なコントロールを怠ったために生じた損害に責任を負うことに倫理的な意義が見いだされるからである。ここでは，損害を生じさせるか否かについて予見・回避が可能であることと，コントロールを怠った程度，すなわち過失の程度と生じた損害の規模がある程度関連していることの2つが含意されている。しかし，産業の組織化と高度化は，この2つの前提を成り立たなくしてしまった。産業の組織化や高度化は，全般的にみるときには一定の確率での事故の発生が避けられない一方で，個々の行為と結果のあいだの因果関係を複雑化し，結果を予見しにくくする。また，些細な注意の欠如がしばしば甚大な被害をもたらす。このとき，被害者が複雑な因果関係を立証し，特定の加害者の過失を証明できない限り救済を得られないのは正当であろうか。また，仮に過失が証明されたとき，生じた損害の責任をすべて負うことは個人としての加害者にとって過酷ではないだろうか。それよりもむしろ，産業の組織化と高度化から利益を得ている企業や全体社会が負担を担うことが公平なのではないだろうか。かくして，環境汚染にかかわる事業者の賠償責任や製造物責任などの分野において，立証責任の転換や無過失責任主義が，過失責任主義に代わって採用される

ようになった。損害賠償責任の根拠は，加害行為への制裁や抑止よりも，損害
の公平分担であるといわれ，現代ではその役割が過失責任主義よりも無過失責
任主義によって果たされる度合いが高まってきていると論じられている。その
結果，当事者間でのみ損害を配分する不法行為法だけではなく，集団的な損失
分配制度である保険や社会保障との連携のあり方が問われるに至っている。交
通事故や労働災害などの事故については不法行為法を廃止し，総合的な社会保
障制度により被害者を救済するニュージーランドのような例も存在している。

**過失責任主義と
無過失責任主義**
　　　　　　　　　しかし，このような無過失責任主義に対しては，自己
の行為に対する責任感を縮減させ，当事者間での紛争
処理における新たな問題発見とその自律的解決の契機を喪失させるのではない
かという批判がなされており，過失責任主義を再評価する立場もある。とりわ
け，収益を上げている企業が損害を負担すれば「世の中丸く収まる」ではない
かという，いわゆる‘deep pocket’（富裕層が負担するのが効率的であるという考
え方）という発想が，たとえ労働者や付近の住民の生命・身体の安全や生活を
破壊しても，その金銭的コストさえ負担すればよく，それを超える余剰があれ
ば「経済的には見合う」行為となり，したがって合理的な行為となるという経
済効率重視の思考法につながることに対しては，不法行為法の行為責任とその
規範的意義を重視する立場から，原理的な批判がなされている。

　これに対しては，従来の過失責任主義といえども，実は社会的配分を前提と
した無過失責任主義を潜在させているとの反論がある。過失責任主義は，過失
の有無を「標準的な合理人」の行うであろう注意を払ったか否かで判断する。
しかし，これは生まれつき注意力の散漫な人や，判断や行動に時間のかかる人
にとっては不利な基準である。行為能力の認められる者のなかでも個人的な能
力の差が厳然として存在していることは，明らかな社会的事実であるが，これ
は本人にとっては偶然の産物である。このような偶然による無能さの結果とし
て，社会的標準に満たなかったという理由で責任を問われるのは無過失責任で
ある。これは平均以下の能力の者には酷なことである。しかし，これは，人の
能力はその人のものだという理由で一般に受け入れられている。

　たしかに，能力の不足する者が自分の行為の危険を負担する「標準人」の基
準は，個別的な行為の倫理的な非難可能性ではなく，社会的に受け入れられや

すい責任の配分決定をあらかじめ行っているという点で，当事者間で生じた不正の矯正よりむしろ社会的な危険配分の原理であるように思われる。

しかし，無過失責任に対する批判の根拠が，前述のように，当事者間の紛争処理における加害行為の善し悪しの個別的な吟味を欠くところ，その結果として，行為の規範的な基準を将来にわたって提示していくことが不可能となるところにあるとすれば，問題なのは損害が生じればその事実に基づいて半ば機械的に経済的填補を行っていくような形の無過失責任である。標準人の基準によるという意味での無過失責任は決してそのような帰結をもたらさない。したがって，従来の過失責任でさえも当事者間での不正の矯正だけではなく，社会的な配分原理を含まずにはおられないことは認識されるべきではあるが，不法行為責任における「不法」性の判断としての「過失責任」の意義の評価の趨勢はいまだ定まってはいないというべきであろう。

4　人格の自由・平等

抽象的人格　　近代の発展においては，中世の身分制を脱して，諸個人が（神の前に）同じ価値をもち，自由意思を備えて自らの運命を切り開いていくことができる対等な人格として承認された。先述したカントの自由意思の観念からすれば，人は自己の本能的・環境的制約から逃れ出て，理性と意欲に導かれた新境地を追求することができるはずであるが，このような新境地に臨むにおいては，誰もが無限の可能性を秘めた等しい存在であろう。このように，新境地に臨むことを前提とした抽象的な人格の理念においては，多くの理想が達成可能であるように思われる。しかし，近代的な個人主義や合理主義の理想や，個々人の利益追求と公共の利益の自動的な合致という予定調和の福音が，実際の人間観や歴史的経験に照らして必ずしも真実ではないことが明らかになるにつれて，「人格」という理念の意義は変遷してきている。

社会主義　　イギリスやフランスなどの先進国における，またそれに遅れてドイツや日本における産業革命以降，社会の工業化と組織化が進むにつれて，しばしば国家の支援を受けた資本家と，伝統的な農村共同体から離脱した個々の労働者のあいだでの雇用関係は，従来の身

分制にとって代わる近代的契約関係を通じた構造的な搾取の様相を呈するに
至った。19世紀後半から20世紀の前半にかけての社会主義の世界的な運動は，
人間にとって，行動の新局面を開いていくばかりではなく，生存のための安定
した（まずは物質的な）環境を整えることの重要性を問いかけるものである。ソ
ビエト連邦などの社会主義は，現実的な政治形態としては独裁制を採用し，経
済活動の自由や表現の自由に対する甚大な抑圧を加えたことから自ら崩壊を招
いた。しかし社会主義の理想にみられる，人間らしい生存の条件確保としての
人格権の保障は，近代民法の理念には包摂しきれない意義をもち，現代民法に
おける重要性を増大させてきているのではないかと思われる。このことに関連
して，ナチス体制下における著しい人権抑圧に対して，戦後のドイツが打ち出
した「人間の尊厳」保障の理念が，憲法のみならず民法においても影響をも
ち，現代的な民法上の人格権の後ろ支えとなったことも重要な意義を有するで
あろう。

民法における人格権　我が国の民法においては，このような新たな理念とし
ての人格権は，条文上には規定はないけれども，財産
権の主体である人格を保護するものとして，財産権保護の当然の前提として，
理論的に，また判例においても認められるに至っている。

　人格権あるいは人格的利益と考えられているものは大きく2つの種類に分け
ることができる。1つは名誉やプライバシーなどの精神的利益であり，もう1
つは生命・身体やそれがおかれている環境などの生活上の利益である。民法上
のこの分類に従って憲法上の理論を整理すれば，精神的利益は，13条の幸福追
求権の具体化として，プライバシーの権利や自己決定権の内容として認められ
ている【→第2部第1章Ⅱ・コラム1】。これに対し，生命・身体や生活上の利益
は，自由主義的な幸福追求権のみならず，人間の尊厳が保たれる条件として不
可欠な一定限度以上の生活保障としての生存権とも密接なかかわりを有するも
のとして理解されている。いずれにおいても，人格権は，ひとたび侵害されれ
ば事後的な金銭賠償では取り返しのつかない損害を生じさせる恐れのあるもの
として，絶対権としての物権になぞらえて，あるいは人格権の本来的性質か
ら，損害賠償のみならず差止の請求根拠となりうる，強い権利として捉えられ
ている。

　他方で，人格権保護の具体的あり方としては，精神的な被害にしても生活侵
害にしても，被害者の主観的な評価や生活全般に与える影響の評価が含まれる
ことから，その範囲が客観的には定めにくいこと，またその結果として被害の
金銭的評価が困難であることが避けがたく，とくに慰謝料に関しては原告の訴
えに比して低額になりがちであることが指摘されている。さらに，名誉やプラ
イバシーに対する侵害の場合には表現の自由，公害の場合には公共事業などの
社会的有用性に基づく被害者の受忍限度が説かれるなど，対抗する原理によっ
て保護が減殺される場合も多いことが指摘されている。

**財産権と人格権
の緊張関係**　　以上のような特徴を伴いつつ，人格権あるいは人格的
利益は，法的な保護の対象として理論的にも実践的に
も定着しつつあるといえるが，この権利は実は，単に個人の自由と権利の拡大
や，財産権保護の当然の前提の明確化というだけでは捉えきれない性質を帯び
ている。人格権と財産権とのあいだには緊張がはらまれていることが看過され
るべきではない。

　近代民法においては，所有権の絶対性や契約の自由などの経済的自由が重視
されたが，そこには，人格や旧来それにまつわりついていた身分関係と切り離
して，財産権をそれ自体として保護することで，個人主義と自由主義の確立を
容易にしようとした面があった。しかし，先述の，社会主義国や第2次世界大
戦後の世界における人格権の重視には，財産権中心の近代民法理論に対するア
ンチ・テーゼとして生じてきた現象と理解すべき面がある。人格権の主張は財
産権の主張と比較したときに，自由論よりも平等論の思想を背景としやすい。
というのは，財産権の保障は実際に財産を有する者に対してのみ有益であり，
財産を有さない者にとっては無益であるが，人格はすべての人間に備わるもの
とされるから，無産者にとっても等しく有益だからである。

　この点を徹底して，近代民法における「人」とは，市場で計算的に行動する
取引主体としての事業者を念頭においたものであって，生身で働きその賃金に
よって生活する労働者とその家族＝消費者としての生活人・自然人を本来含ま
ないものであったことを示唆する見解もある。このような見解においては，取
引主体としての人間と，生活主体としての人間を別の規範的範疇の存在として
考え，契約の自由などの近代民法原理は前者には妥当するが，後者には必ずし

も妥当しないため，現代的「人格権」の理念を中核として，より適切な別の法原理を生み出す必要があるとの指摘がなされている。

Ⅳ　今般の民法改正

改正の論点

民法典百周年を迎えたころから，わが国ではその改正の必要性や，内容についての議論が活発化し始めた。「民法改正検討委員会」や「民法改正研究会」などが民法学者を中心に形成され，実務家や各種業界の意見を取り入れつつなされた多角的な議論に基づき，それぞれの改正案が提示された。2009年10月には，法務大臣が，法制審議会に民法（債権法）の抜本的改正を諮問した。これを受けて法制審議会は，民法（債権法関係）部会を開催することとなった。

　このように，改正を視野に入れた動きが活発化する一方で，私法の基本法としての定着の深さと，大幅改正の場合に生じかねない現場の混乱，判例法理や解釈によって現代的問題に対しても十分な対応がなされてきたこと，改正案の具体的内容に対する反対などから，改正の必要性に疑問を呈する向きも存在していた。

　改正案の具体的内容は，論者やグループによってさまざまであるので，ここでは議論の前提となっていたと思われる問題意識のうち，2つの点について取り上げてみたい。

　1つは，消費者関係，事業者関係の法などの民法の特別法が増大し，一般法である民法の規定だけを読んでも，当該取引関係に実際に適用される法がわからなくなっているという問題意識である。特別法には，個別分野において適切と考えられる例外的な規制やたとえば弱者保護的な政策が反映されており，時宜に応じた改廃などの柔軟な対処のために，民法典とは別に定めておくことの意義が認められる一方で，「人」という抽象的な民法典の定め方では，消費者や事業者などの多様な取引主体に対応する新たな法の理念が取り込めない弊があると論じられていた。特別法に多くの規定が委ねられている現状の変更は，「わかりやすい民法」という今般の改正論の焦点の1つであった。とはいえ，私法の基本法である民法に多様な特別法の規定を取り込むことは，条文数の膨

大化や体系性の維持困難などの問題を生むことから，この点に関する大きな現状変更は見送られた形である。

　２つ目は，経済のグローバル化に対応する必要性の如何である。国際的な取引の舞台においては，近年さまざまな条約や統一法制定の動きが生じており，そこで採用される原則や理念に民法典も倣っていくことによって，内外の取引の活性化に寄与し，あるいは日本法が国際取引の準拠法として選択される機会を増やすことができると論じられた。これに対しては，国際取引に関する法と，国内取引を念頭においた民法とでは，法の目的も対象も異なっており，後者を前者に合わせていく必要性はないという反論がなされていた。

　具体的には，ウィーン売買条約やユニドロワ国際商事契約原則などの規定に倣った改正が提案され，その内容は，債務不履行に基づく損害賠償の要件としての「過失責任の原則」の排除や，売主の瑕疵担保責任の債務不履行責任への一元化などを含んでいた。前者においては，従来の過失責任主義にこだわることなく，履行を可能な限り促進し，また不履行の場合の解決の迅速化を図ることができるとされた。後者においては，従来瑕疵担保責任の性質については争いがあったところ，債務不履行に至らない場合は，売主は売買の目的物の品質や性能などについてとくに保証しない限り責任はもたないということを明確にしようとするものであって，売買の場合は「買主注意せよ」という事業者間取引での原則の現れであるとされた。これも取引の迅速化に寄与する方向での提言であったといえるであろう。

　改正法案では，債務不履行における過失責任は維持された一方で，瑕疵担保責任については契約責任化が図られ，「瑕疵」の代わりに「契約不適合」の概念が用いられている。すなわち，特定物か不特定物かを問わず，売主には「契約の内容に適合」したものを引き渡す義務があるとされ，したがって，目的物が契約内容不適合である場合の追完請求権については売主の帰責事由は問われないこととなった。

今後の行方　このようにみれば，改正論議は，一方で消費者保護などの弱者保護の現代的要請に応じようとし，他方では取引の活性化や義務の契約化をめざそうとしていたもので，今回の改正には，これらの目的を実現した部分も存在する。これは本章Ⅲで論じた「契約の自

由」における弱者保護と，規制緩和の2つの一見相容れない傾向とある程度重ねて理解することができるかもしれない（とはいえ，たとえば債務不履行責任の無過失責任化は買主つまり消費者に有利な面があるように，権利義務関係の契約化や取引の活性化がすべて事業者に有利な規定を支持するわけではない）。そうであるならば，現代民法の課題は，このような矛盾しかねない目的を今後如何に調和させていくか，その調和を導いていく理念をどのように考えていくかということにあるといえるかもしれない。前述の所有権のあり方，過失責任主義の適用範囲の如何は，このような問題意識を念頭において論じられるべきであろう。また，弱者保護と取引の活性化要請の緊張関係は，人格権と財産権の緊張関係にも通じている。であるならば，本章Ⅲ4で論じた，従来の財産権とは異なった発想である人格権の理念が，個々人が尊重され，人々の生活が豊かで安定したものとなるような民法の将来的あり方を考える際に，どこまでの指針を与えてくれるものであるのかを真剣に考える必要があると思われる。

📖文献案内

吉田克己「民法が担う価値・民法をめぐる価値」『法学セミナー』687号（2012年）

五十嵐清『人格権法概説』（有斐閣，2003年）

大村敦「第3章 改正債権法と市民社会」道垣内弘人「第4章 改正債権法と取引社会」大村敦・道垣内弘人編『解説 民法（債権法）改正のポイント』（有斐閣，2017年）

〈引用・参考文献〉

浅野有紀『法と社会的権力――「私法」の再編成』（2002年，岩波書店）

齋藤純一・宮本太郎・近藤康史編『社会保障と福祉国家のゆくえ』（ナカニシヤ出版，2011年）

田村善之『知財の理論』（有斐閣，2019年）

穂積陳重『法窓夜話』（岩波書店，1980年）

ロック，ジョン（加藤節訳）『完訳 統治二論』（岩波書店，2010年）

第**4**章

現代訴訟法の機能と特徴

I 紛争と紛争処理

1 紛　争

　私たちの生活関係は，ほとんどの場合，話し合いでスムーズに行われている。しかし，多様な人々の自由な社会経済活動が行われれば，生活関係上の紛争や利害の衝突は生じるものである。紛争が起こった場合には，実力で相手方の生活圏に入ってその言い分を貫徹し実現することは許されない。そのようなことを許せば今度は相手方が実力行使に出て，紛争はエスカレートするからである。けれども，自力救済には私人間の問題は私人の自己責任で処理するという考え方が含まれており，むきだしの力の行使ではない自主的な紛争処理は「正常な自力救済」とみることもできる。

　ところで紛争とは，①特定主体間の，②客観的な財の配分をめぐる，③顕在化した対立であると考えられる。たとえば，XがYに貸していた1000万円の返済を求めたが，Yから拒否されたというような出来事である。たしかに紛争はこのような側面をもつ出来事である。けれども現実の紛争は，貸金の返済を強く求めているのはXではなくその妻であるというように特定の主体をとりまく利害関係者がいることがある。また，それまで気にしていなかったがXの妻がXの兄Yに対して老母の世話のことで強い不満があり返済を求めることになったというように，当事者にとって感情や価値観など主観が重要なこともある。それに，Xの妻は友人に相談したことでYへの返済を求めようという気持ちが強くなったというように，紛争は当事者の認知と行動の連鎖のなかで変容していくものであって顕在化する前や後にも注意する必要がある。

　私たちの社会には，こうした現実の紛争を扱う方法が，いくつか存在する。そこで紛争処理の方式に着目してどのような紛争処理が存在するのかを整理してみよう。

2　紛争処理

　紛争を処理する方法には，紛争処理の結論に焦点をあてた「合意型」と「裁定型」とがある。合意型の紛争処理には自主交渉と調停が含まれ，裁定型の紛争処理には仲裁と裁判とが含まれる。このうち自主交渉，調停，仲裁を包括して裁判外紛争処理（Alternative Dispute Resolution）と総称されている。裁判外紛争処理の特徴は，一般に簡易，迅速，低廉であることなどといわれているが，いずれも当事者の自主性に依拠した紛争処理であるという点がとくに重要である。当事者の自主性に任せて開始され，個々の事案の個性に合わせた処理が図られるのである。

自主交渉　自主交渉は，紛争当事者同士による合意をめざした話し合いである。多くの紛争ないし利害の衝突はこの交渉での話し合いで処理されている。より優れた交渉として，人の好みの多様性に着目し紛争当事者双方が満足を得る合意をめざすハーバード流交渉術も広まりつつある。しかし，当事者のみでこのような利害調整がうまくいかないときは，中立的な第三者の助力を得る方法が求められる。そのうち，この自主交渉にもっとも近いのが調停である。

調　停　調停とは，中立的な第三者である調停者の関与のもとで，当事者双方が合意に向けた話し合いを行う紛争処理である。調停者の関与の仕方には，当事者から話を聞いた調停者が解決案を提示するというやり方から調停者は解決案提示のような自分の見解を当事者に示すことは極力ひかえるやり方まで多様なスタイルがありうる。わが国では，裁判所の民事調停および家事調停の利用実績が高い。消費紛争を扱う国民生活センターや建設工事紛争を扱う建設工事紛争審査会も調停による紛争処理がみられる行政庁運営の機関である。近年は司法書士や行政書士等の専門職団体が運営する民間調停機関もある。

> **仲　裁**

仲裁は，特定の中立的な第三者のもとで紛争処理を行うという事前の合意に基づいて手続を開始し，この特定の第三者が裁定判断によって拘束力のある解決案を示す紛争処理である。仲裁は，仲裁の開始だけでなく，手続自体も当事者双方の合意によって個別に形成することができるが，一般的には常設の仲裁機関で定型化している手続が利用されている。古くから実績のある日本海運集会所や日本商事仲裁協会が活動しているほか，近年は多くの弁護士会が仲裁センターを設置している。

　これらの裁判外紛争処理に対して，裁判はどのような特徴をもった紛争処理なのだろうか。

II　民事訴訟の紛争解決機能の限界

1　民事訴訟の紛争解決機能

　近代型裁判は，法の解釈適用と事件事実の確定により権利義務の当否を判断することで個別紛争の解決を図る制度である。近代法は，市民社会の経済的基盤である自由な経済活動を維持する枠組みを整備する。そこでは，市場での経済主体の自由な取引を奨励するとともに，違反に対しては強制力をもって法が経済活動を秩序づける。その秩序づけをめぐって争いが生じた場合，民事訴訟が，法の解釈適用と事件事実の確定によって紛争解決を図るのである。冒頭の紛争事例でいえば，X の Y に対する1000万円の貸金返還請求権の存否を，貸金契約が成立していたかどうかを明らかにすることで判断することになる。

　わが国における，民事訴訟制度の目的に関する議論では，社会における近代法秩序を前提にして既存の権利を保護することであるという見解や，民事実体法の私法秩序を維持し実効性を高めることであるという見解もあるが，それとは異なる見解が有力に主張されてきた。すなわち，民事訴訟は，近代法秩序が成立する以前から社会に発生する紛争を解決する装置として役割を果たしてきたという認識のもとに，その目的は端的に紛争解決であるとするのである。さらに，この方向は，民事訴訟による公権的・強行的紛争解決という機能を自覚的に重視し，理論的かつ実践的に強調されてきた。

2　民事訴訟制度の機能不全の顕在化

　民事訴訟は，法の解釈適用と事件事実の確定による権利義務の当否判断を行い，紛争解決機能を果たす制度として捉えられてきた。しかし，現代の日本社会においては，民事訴訟制度がこうした紛争解決機能を果たすのが難しくなってきていることがみてとれる現象が発生している。

> 共同体の衰弱

　第1に，民事訴訟に持ち込まれる紛争にもともと想定していないような要素の重要性が高まってきた。民事訴訟が紛争解決制度であるとしても，人々は紛争をすべて訴訟に持ち込んでいたわけではない。人々が所属する共同体内部にはその地域の名望家などの非公式の調整システムが存在しており，多くの争いがそうした場で調整されていた。しかし，都市化によりそうした共同体が崩壊すると人々の関係も希薄になっていき，有効に機能していた非公式の調整システムも消失していった。そのため，従来は共同体内部で処理されていた紛争が行き場を失い，民事訴訟のような公式の紛争処理制度に持ち込まれるようになった。いわゆる法化が進行したのである。

　共同体の崩壊は，訴訟制度にとって紛争の増加をもたらしただけでなく，訴訟で行われる紛争解決にも深刻な影響をもたらしている。もともと訴訟によってもたらされた紛争解決は法的に限定されたものであり，必ずしも当事者の生活の実情に合っていない場合もありえた。たとえば金銭の支払いを命じる判決が確定すれば全額を一括で支払わなければならないが，その時点での被告の資力はそれに応じることができないかもしれない。そうした場合に，共同体内の当事者をとりまく関係者が法的解決の過不足を調整していたことが推測される。共同体の崩壊は，当事者が法的解決を受容することを助けるこうした社会の側の調整基盤が消滅したことをも意味する。

> 現代型訴訟の出現

　第2に，消費水準の向上や科学技術の発展などの社会経済構造の変化を反映した紛争が現れる。近代型裁判は，主に資本主義社会の経済活動である契約をめぐる紛争を想定していたのであるが，社会的には交通事故紛争にみられるような不法行為紛争が増加してきた。さらには，大阪空港夜間飛行差止訴訟，新幹線騒音・振動差止訴訟など，近代型裁判では規格外とも思われる現代型の訴訟が登場する。このタイプの訴

訟は，幅広い関係者を含み複雑に利害が錯綜し対立していること，原告は過去の権利侵害に対する救済だけではなく，将来に向かっての侵害の差止や再発防止を求めていること，そして訴訟過程でなされたことが訴訟の外の社会に影響を及ぼしたりまた逆に訴訟外の出来事が訴訟内に影響を及ぼしたりすることに特徴がみられる。こうした訴訟においては，法的根拠が明確ではないとか，加害行為と損害との因果関係が不明瞭であるなど，一般に近代型裁判が想定している権利義務の当否判断が困難である。

> **法情報の普及**

　第3に，専門家の判断に対して利用者が疑いの目を向け従うことを拒否する状況が出てきている。近代型裁判にみられるような紛争の法的解決は，裁判官や弁護士など法専門職による法の解釈適用と事件事実の確定という法的推論によって遂行される高度に専門的な紛争処理である。しかし，紛争の法的解決は，法専門職の判断だからという理由で当事者に無批判に受容されるわけではない。むしろ，人々は書籍のみならず，急速かつ高度に発達した情報技術を活用して容易に関連する法情報を得ることが可能になっている。対立する相手方がいる紛争において期待するような結果が得られるとは限らないが，当事者は自分に都合のよいように情報を援用して，民事訴訟でつくりだされた解決に対しても不満を向けるのである。

3　当事者を中心にした訴訟機能の再構成

　わが国の民事訴訟制度は，紛争解決機能を果たしていくには，非常に困難な社会状況が到来しているのである。紛争当事者は，これまで法的処理になじみのなかったような要素も含めて，紛争を訴訟の場に持ち込まざるをえない。そうした紛争は，一定の権利義務判断がなされたとしても，それだけでは当事者間の実質的な紛争処理が達成されず，かえって専門家に対する批判の目が向けられることになる。しかし，民事訴訟には，紛争解決とは異なるとしても，その他の紛争処理にはない固有の機能が備わっている。

　民事訴訟の機能は持ち込まれる紛争との関係で果たされるものである。その際，紛争は紛争当事者の立場から考えるべきであろう。私人間のことは紛争当事者が自己責任で処理をするということが基本であるし，紛争の結末は本人が引き受けなければならない。訴訟の結果がどうなるかはわからないし，訴訟で

紛争が最終的に収まるかどうかもわからない。そうした紛争当事者の紛争において民事訴訟がどのような役割を果たすのかということが重要なのである。したがって，民事訴訟の機能は，紛争主体である当事者の社会的な紛争過程全般のなかで明らかにされなければならない。それはどのような機能なのかを次にみてみよう。

Ⅲ　民事訴訟手続の対論過程の機能と特徴

1　民事訴訟による私的自治の再生

> 私的自治の再生機能

　訴訟に持ち込まれるような紛争は，多くの場合，当事者自治が行き詰まっており，当事者間ではもはやらちがあかない状態にまでなっている。訴訟前に何らかの原因で機能不全に陥っている当事者自治に活路を切り開き，当事者による自立的な紛争解決行動を法的枠組にそって改めて実現させるために民事訴訟手続がある。そして訴訟の法的枠組のなかで対話を積み重ねていくうちに，相互に相手方の言い分や認識をよりよく理解し，自分の側の認識不足を反省する機会も与えられて，両者間に次第に共通のものがつくられていくのである。

　こうした対論のなかで，当事者は予想される訴訟の結果を念頭におきながら自分の将来の社会関係をどのように調整するかを考える。最終的に訴訟の結果が手続過程でのやりとりを具体的に反映するかたちで結実することが望ましいが，そうならなくても当事者は，訴訟を通して訴訟を出たあとにどのような行動をとるべきかを模索する機会を得ることができる。審理過程中に一方当事者にはそれまで接近不可能だった資料が提出されれば，それがまた訴訟外において当事者間での直接的・自主的な交渉開始へのきっかけとなることもある。

> 嫌煙権訴訟のケース

　仮に請求が棄却になったとしても，訴訟を起こされたこと自体が相手方あるいは社会一般に対して一定の影響力をもちうる。旧国鉄（現在の JR）等に対して中距離列車の利用者が禁煙車の設置等を求めて訴えを提起した嫌煙権訴訟では，それまでそうした要求を行っても対応のなかった旧国鉄等は，訴訟の場において利用者と対峙せざるをえなくなった。この訴訟では原告の請求棄却の一審判決が確定しているが，原

告は訴訟過程を通じて社会に広く問題提起をし，関心を集めることに成功した（東京地判昭62年3月27日判時1226号33頁）。旧国鉄は，社会の動きに反応して，自発的に駅での禁煙時間帯を策定し，禁煙車を設置することになった。訴訟過程を経ることで，相手方との対話の場が開かれ，社会での当事者たちの動きが活性化して，判決内容とはまた異なる紛争処理が模索されたのである。この事件では，請求棄却になっており，判決という結果だけに着目すると紛争は原告の要求は通らなかったようにみえるが，訴訟を含む一連の紛争過程にも目を向けると訴訟は当事者間の関係形成に重要な機能を果たしたことがわかる。このように民事訴訟には，整序された当事者間の対論過程を設けることで，行き詰まった交渉を再開させたり促進したりする機能がある。

2　対論過程の規律

　当事者間の私的自治を再生させ，さらに訴訟外でも交渉を展開させる対論過程とはどのようなものだろうか。現行民事訴訟手続では，当事者双方の言い分のなかの対立点を明確する争点整理手続（民訴164条以下）とその絞られた争点について行われる集中証拠調べ手続（民訴182条）が整備されている。この手続は双方当事者の対論によって進められていくのだが，そこには主に次のような特徴がみられる。

当事者間の負担分配　訴訟においては，両者間の公平公正な負担分配のもとで法的に整序された対論がなされなければならない。当事者が相手方の対応を引き出すきっかけとしてなされる訴えの提起にはじまり，手続の具体的な進展に応じて，ここまで当事者がいったのなら，相手方がさらにそれを反論すべきであるという負担を果たしながら進められる。そこでは，もちろん相手方および裁判官を説得するために，当事者間で過去の事実の存否をめぐって厳しく対立する一面がある。しかし民事訴訟手続は，手続過程全般を通して，相手方から対応を引き出すためには当事者が何をどこまで明らかにするのかを規律するのである。近年の医療事故関係訴訟において，ほんらい主張立証責任はないとされる被告側の医療機関から治療経過の報告が早期に提出されるという実務上の運用も，当事者間のこうした適切な負担分配に合致したものといえる。すなわち，原告の患者側が入手困難な治療過程の詳細につ

いてすべて明らかにしなければならないというのでは過大に負担になる。患者側ができる限りでそれなりにもっともだと思われる理由づけを行っているのであれば，今度は医療機関側が争点形成に必要な治療過程についての情報を提供することで手続が一歩前に進むのである。

　当事者間の対論は，相手方の言い分を受けて，個別紛争の具体的な事実経過（間接事実）を明らかにしていくように進められる。実際，訴訟では重要な出来事をより詳細に説明しようとする準備書面が重ねて提出される。そして，そこから法律効果を引き出す前提となる主要事実が固められていく。この作業には法的価値評価が入り込まざるをえない。裁判所の関与のもと当事者双方が，抽象的な法規範を指標としながらも対論を通して，個別紛争に妥当する具体的な法をつくりだしていくとみることができるのである。

当事者本人の参加　当事者間の私的自治を重視するならば，当事者本人が自分の言葉で対論過程に参加することが必要である。当事者の抱える紛争は法的な整理には収まりきれない部分をもっているが，当事者本人の参加はそうしたふくらみのある対論の可能性を認めることになるだろう。民事訴訟手続においては，このような当事者の対論を認める場面は多くはないが，ラウンドテーブル法廷で実施される争点整理のための弁論準備手続（民訴168-174条）や和解に当事者本人が同席し紛争の背景にかかわる事実について陳述することや，集中証拠調べの際に対質（民訴規則118条，126条）で証人同士の対話が促されることで，本人や関係人が自分の言葉で対論に参加することが実現する。

3　対論過程を反映した解決

和解や訴えの取下げ
による訴訟終了　訴訟は必ず判決で終了するわけではない。訴訟の終了は，裁判所主導の判決と，当事者主導の訴訟上の和解や訴えの取下げなどがある。訴訟上の和解は当事者間の対論をふまえた合意による解決である。実務では，裁判官が当事者の一方のみと面談したのち，他方のみと面談する交互面接方式でなされることが多いが，和解も公平公正な対論の成果として形成されるとすると当事者双方が対面する対席方式で行われるのが望ましい。訴えの取下げは原告による申し立てた訴えの撤回であるが，多く

の場合，訴訟外で和解がなされ訴訟を続ける必要がなくなったことでなされている。いずれも当事者の私的自治による紛争処理といえるが，その合計は終局区分の50％以上になる。

**対論過程を
反映した判決**　民事訴訟手続では，原則として裁判所の判決によって手続が終了するように組み立てられている。判決は権利義務の当否判断のかたちをとって行われ，当事者にとっては強制的解決となる。しかし，それは，当事者と無関係に強制されるものではなく，当事者が果たすべき負担を十分に果たした対論の成果を反映させたものである。すなわち，当事者は，主張立証する手続が保障され十分に争ったことによる自己責任として，判決の拘束力を受けるのである。

　訴訟において当事者双方が言い分を十分に述べる機会を与えられたことで，とくに敗訴当事者にとって判決は受容しやすくなるだろう。しかし，画一的な権利義務の当否判断では，必ずしも双方当事者の最適な関係づけにならない可能性もある。したがって，当事者は，先にみた嫌煙権訴訟の場合にように，対論を進めながら，訴訟終了後に不本意な判決を受けた場合であっても展望を得ることができるように，訴訟の外で相手方や関係者との関係調整を行うことがあるだろう。そうすることで，判決は各当事者の状況に適合した意味を与えられる。

和解的判決の可能性　このように考えると，当事者間および各当事者をとりまく社会関係の動きを活性化する対論過程が実現できれば，訴訟が生み出すのは，実体法に基づく判決であっても個別紛争の文脈にあった位置づけを与えられた個別具体的な解決になる。そうではあるけれども，実体法が予定している解決に過不足があるならば，判決でも対論過程をより反映できることが望ましい。そしてそのような判決も現行の制度枠組内で一定は可能なのである。少額訴訟手続では，支払猶予判決や分割払判決が認められている（民訴375条）。また，近隣関係における廃棄物差止訴訟で一定の猶予期間を設けた差止請求認容判決のように，紛争の経緯をふまえて近隣住民間での話し合いのための時間を設けたとも思われる，将来への展望を組み込んだ柔軟な解決の余地は皆無ではない（東京高判平成8年2月28日判時1575号54頁など）。こうした判決は，訴訟終了後も視野に入れた将来志向の和解的判決ということ

ができる。

Ⅳ　民事訴訟手続をめぐる課題

1　多様な紛争処理制度へのアクセス

前節では，紛争当事者が整序された対論を経て私的自治の動きを再生させることを民事訴訟の機能と捉えて，その対論過程の特徴を具体的にみてきた。社会が自前で対立の調整を図る非公式の調整システムが衰弱しているとすると，訴訟だけでなく多様な裁判外紛争処理もまた紛争当事者の私的自治の再生のために手軽に利用ができるように整備される必要がある。これを具体化するのが「司法へのアクセス」政策である。司法はもともと社会への介入に謙抑的な機構である。しかし，そのことによって実質的に司法制度を利用できない人々も出てくる。そこで，まず，経済的に困窮する人々も弁護士サーヴィスを受けられるように法律扶助が実施された。次に，消費者紛争や環境紛争など個別には小さくても社会に広く人々への侵害が生じている場面でこれを訴訟にもちだすことのできるような代表者や団体の制度が整備される。最後に，多様な紛争に対応できるよう，これまでの施策も含めて調停や仲裁など多様な紛争処理機構が包括的に制度化されるのである。このように展開してきた司法へのアクセスは福祉国家的な性格をもっている。

わが国では，こうした思想を具体化した機関として2006年に法テラス（日本司法支援センター）が設立された。全国に配置される法テラスの主要業務は，紛争当事者に適切な第三者機関の情報を伝える情報提供業務，資力の乏しい人へ無料法律相談を行ったり弁護士費用を立て替えたりする民事法律扶助業務，司法過疎地域にスタッフ弁護士が常駐する法律事務所をおく司法過疎対策などである。法テラスを経由して，人々がわが国にも多数設置されている裁判外紛争処理機関も活用することが期待されるが，利用状況に限っていえばこれらの機関は現状ではまだ十分な役割を果たしているとはいいがたい。

2　弁護士の役割

民事訴訟は行き詰まった私的自治を再生させる対論過程を保障する制度で

あった。しかし，弁護士が代理人のとき，民事訴訟では代理人がすべての訴訟活動を行うのがふつうである。民事訴訟は専門的で複雑であるから，実質的には代理人が民事訴訟での対論を行うことになる。ここで重要なのは，仮に代理人がついたとしても，紛争当事者が紛争処理のプロセスにつねにかかわっている状態を維持することである。民事訴訟が終了すればそこでの結果をもって紛争当事者は社会生活へ戻っていかなければならない。紛争当事者には，民事訴訟の進展とともにこれからの見通しや手ごたえも得ていく必要がある。したがって，弁護士は，本人の話をよく聴き，進捗状況を丁寧に説明しなければならない。また，本人を前面に立てて素人の言葉で対話ができる機会をつくることがあってもよいだろう。

このように弁護士は本人と密接なかかわりをもって紛争処理にあたるが，そのプロセスは容易なものではない。いうまでもなく弁護士は本人の選択を尊重し要望を実現できるように活動する。しかし，本人の要望は，相手方の言い分とつきあわせてみると過大であったり，不当であったりするかもしれない。しかも自分に都合のいい情報に力を得て，強く主張してくることもあろう。弁護士は，そうした本人には辛抱強く妥当な法的手段を説明する必要があり，対立緊張関係を引き受けることを覚悟しなければならない。弁護士には「党派性」と「中立性」が求められると抽象的にいわれてきたことではあるが，紛争当事者を紛争処理の主体として重視するならば，そのあり方は紛争処理のプロセスに即して具体的に考えていくべき課題である。

3　裁判の IT 化

近年，民事訴訟手続の IT 化が進められている。具体的には，訴状や準備書面などをデータでインターネットを介して提出したり，裁判所に出席しなくてもウェブ会議で期日に参加したり，訴訟記録へはオンラインでアクセスしたりできるように段階的に環境整備が行われている。訴状などを紙で作成したり，保管したりするコストは削減されるし，情報処理が効率的に行えるようになる。また，期日がウェブ会議になれば，遠隔地に居住している人にとっては移動時間が不要になる。そのような利点は，利用者の司法へのアクセスを高めるといわれている。しかし，大幅に民事訴訟手続で IT を活用するようになれ

ば，セキュリティ事故が発生する危険も出てくる。そうした IT 技術に付随する問題に加えて，コミュニケーション様式がまったく変わることで，これまで実践してきたような物理的に「一堂に会する」民事訴訟での紛争処理にも影響があるかもしれない。改めて訴訟の本質について考える必要が出てくるのではないだろうか。

📖文献案内

福永有利・井上治典（中島弘雅・安西明子補訂）『アクチュアル民事の訴訟〔補訂版〕』
　　（有斐閣，2016年）

川嶋四郎・松宮孝明編『レクチャー日本の司法』（法律文化社，2014年）

井上治典編『ブリッジブック民事訴訟法〔第2版〕』（信山社，2011年）

〈引用・参考文献〉

安西明子・安達栄司・村上正子・畑宏樹『民事訴訟法〔第2版〕』（有斐閣，2018年）

井上治典『民事手続論』（有斐閣，1993年）

加藤新太郎編『民事司法展望』（判例タイムズ社，2002年）

新堂幸司『民事訴訟制度の役割』（有斐閣，1993年）

田中成明『現代裁判を考える──民事裁判のヴィジョンを索めて』（有斐閣，2014年）

山本和彦・山田文『ADR 仲裁法〔第2版〕』（日本評論社，2015年）

和田仁孝「裁判モデルの現代的変容」棚瀬孝雄編『現代法社会学入門』（法律文化社，1994年）

第**5**章

現代国際法の機能と特徴

I　現代の国際法はどのような法か？

　「現代の国際法はどのような法か？」と問われたとき，私たちはどのように応答するのが適切であろうか。もしかすると，「国際法とは主権国家間の相互関係を規律する法である」という古典的な定式を踏襲するのが適切であると考える人が多いかもしれない。しかし，実際のところ，このような応答は問題をはらんでいる。この定式では，たとえば2つの世界大戦の終焉，旧植民地の独立，冷戦構造の終結，そして近時のグローバル化【→第3部第4章I】といった国際社会の構造の継続的な変容と歩調を合わせるように発展してきた現代の国際法のあり方を捉え損ねかねないからである。現代の国際法は，このような発展を反映するような形で，さまざまな側面において複雑化している。手がかりに主体と法源という2つの側面における変化を取り上げてみよう。

主体の多様化　　かつては，国家という，一定の条件（領土・国民・実効的政府）を具備するという事実によりその法主体性が認められる存在のみが，国際法における唯一の主体として位置づけられていた。しかし，国際法が漸進的に発展していくなか，この原則には綻びが生じている。現在では，たとえば国際組織や個人，さらには私企業やNGOなどについても，限定的ではあるものの必要に応じて国際法上の法主体性が承認され，加えて，国際法の新たなる発展，そしてその十分な実施のための実質的な関与者としてふるまうことが増加した。その結果，特定の事項をめぐって国家とのあいだで協調的な，ときに競合的な関係を形成するといった場面が，少なからずみられる。

> **法源の多様化**

かつては，国際法における法源とされるのは，主として，法的信念を伴った諸国家の一般的な慣行により形成される慣習法と，特定の諸国家のあいだでの明示的な合意を通じて締結される条約であった。しかし，上述のように国際法の形成過程への関与者が複雑化した今日では，このような変化を反映する形で，これらとは形式の異なる，しかしながらその影響力が決して看過されえないような種類の法源が台頭することとなった。たとえば，国際組織における決議や決定，私企業のあいだで受容された行動基準，さらには，NGO などが策定した規格などもまた，国際法上の法源として認知されることが少なくない。

このような変化を真正面から肯定するとして，私たちは現代の国際法をどのように描き出すのが適切なのか。現代の国際法が内在させている2種類の，半ば相反するような指向を手がかりに，この問いに答えることを試みたい。ここでは，これらの指向性を，それぞれ「共存（coexistence）」と「協働（cooperation）」と呼んでおこう（この用語法についてはウォルフガング・フリードマンの著作『国際法の構造転換（*The Changing Structure of International Law*）』〔1964年〕を参考にしているが，その内容を厳密に踏襲しているわけではない）。大雑把にいえば，現代の国際法は，全体としてみれば，主として共存指向性の影響のもとで構築された古典的な国際法の体系に対する，協働指向性の影響を通じた変型の産物として理解されるだろう。そして，古典的な国際法から現代の国際法への移行，そして国際法の複雑化は，これら2種類の指向が国際法の内部で発揮する影響力の比率の変化に起因するものであるといえよう。

以下では，次のような順序で話を進めたい。まず，「共存」と「協働」という2種類の指向性を明確にするため，それらが各々に構想する国際法のあり方を示す（II・III）。なお，そこで提示されるのは，あくまでも分析のために独自に定立された，非常に図式化されたモデルにすぎないという点には注意を要する。とはいえ，そのモデルを比較的明瞭に体現する，つまり片方の指向性を色濃く反映する国際法上の制度が存在し，それを例示として参照する（IV）。もちろん，これらの諸制度にも反対の指向性の影響がみられることは指摘されねばならない。現実の国際法は，制度ごとに異なる2種類の指向性の反映のあり方を表現し，その意味でニュアンスに富んでいる。しかし，全体的として，国際

表5-1　国際法の特徴

	共存指向	協働指向
社会像	プルラリズム	ソリダリズム
法機能	諸国家の自由の保障	地球大の公益の実現
法構造	国際法と国内法の分離 国際法の内部での一体性	国際法と国内法の融合 国際法の内部での断片性

法には共存指向性から協働指向性への重心の移動という傾向が見られる。最後に，このような傾向が生み出すいくつかの論点を指摘し，そのうえで国際法の今後の展望について言及したい（Ⅴ）。

Ⅱ　現代国際法における共存指向性

　共存を指向する国際法とは，端的にいえば，上述の古典的な定式に示される，近代において確立され，時代の趨勢とともに多少の修正は加えられたものの，現代に至るまで維持されてきた国際社会の秩序形成の様式から浮かび上がるモデルである。その内容は，その秩序像・法機能・法構造という3つの観点から，次のように説明できるだろう。

1　プルラリズム

　国際社会は，主権を備える諸国家のあいだでの対等な，共通の権力のみならず共通の価値や目的，利益の存在を条件とせずとも成立するような並存状態をその本質とする，というのが共存を指向する国際法のモデルが背景とする社会像である。何よりまず注目されるべきは，国際社会が主権国家の並存体制として理解されているという点である。このような体制を，私たちは慣例的に「ウェストファリア体制」と呼んできた。この呼称は，宗教戦争であった三十年戦争の講和のために締結されたウェストファリア条約により，この主権国家の並存体制が成立したとする通俗的な見解に由来する（なお，この見解には歴史学的な観点から重大な疑義が提起されているという事実は，ここで言及されるべきであろう）。

　加えて，このような共通の権力の不在のみならず，特定の価値や目的，利益の共有もまた，国際社会の存立の基盤として求められていないという点が重要である。国際社会とは，さまざま異なる価値観をもち，さまざま異なる目的を掲げ，さまざま異なる利益を追求するような国家の寄り合いとして理解されているのである。このような社会像を一言で表現するならば，「プルラリズム（pluralism）」が適切であろう（この用語法については，その対立項である「ソリダリズム（solidarism）」も含め，ヘドリー・ブルを中心とする，いわゆる英国学派の国際政治理論の著作群における議論を参考にしているが，その内容を厳密に踏襲しているわけではない）。

2　諸国家の自由の保障

　上述のように，共通の権力が欠如しており，それぞれに異なった価値や目的，利益をもちうる複数の対等な主権国家のみから構成される社会に生成することになるのは，これらの国家がお互いに調和して共存することを可能にするような最小限の枠組みだろう。「共存指向性」とは，まさに，国際法におけるこの特徴を表現するために導入されたものである。たとえば，ある国家がある特定目的を追求するにあたり，他の諸国家の保持する一定の利益を侵害しないようにその行動を等しく規制し，実際に侵害が発生した場合には一定の措置を講じるように一般的に義務づけ，あるいは，他の国家とのあいだに合意を通じた協力関係を構築することを可能にするといった要素が，この観点から当然に国際法に含まれると想定される。

　これらに加えて，さらには，その前提として重要となるのは，個々の国家が自由に行為できる範囲を包括的に確定するという要素である。あらゆる国家は，主権というその固有の属性に基づき，その内部に属するものと位置づけられる事柄について，他の諸国家を含めたあらゆる外部の主体に対して介入しないことを請求する権利が法的に認められている。たとえば，政治，社会，文化，そして経済にかかわる制度の構築など，国家の自由な選択に属するものとされる事項につき，他の諸国家が強制的な様態で干渉を行うことは不当であるとして禁止される。このように，このモデルにおいて国際法は，国際社会において「諸国家の自由の保証」を打ち立てるものであると理解することができる。

3　分離と一体性

　上述のように，国際法は国際社会を構成する主権国家による共通の実践に基礎をもち，その相互関係の調整を図るために存在する。それに対して，国内法は個々の主権国家に固有の構築のあり方に支えられており，その内部で生じるさまざまな事項を規律するために存在する。つまり，国際法と国内法は各々に異なる存立根拠の上にあり，異なる機能を担うのである。それゆえ，この両者はともに別々の自己充足的な単位を構成する独立の法体系であり，両者のあいだには，規律事項の重複や事実上の義務の衝突などは個別的に生じるとしても，法的かつ体系的な重なり合いは決して存在しないものと理解される。この意味で，国際法と国内法の関係について，このモデルは「分離」を指向する。

　他方で，このモデルのなかで国際法が単独で取り上げられる場合，それは「一体性」を備えるものと理解される。もちろん，その一体性は，私たちが通常，国内法の体系において見いだすような類のものとは趣が異なる。法規範の階層性や権限の序列化といった国内法に特徴的な体系構築上の諸原理を，共存を指向する国際法はそもそも含んでいないからである。この国際法は等しい階層に位置づけられるさまざまな法規範の緩やかな集合であり，その内部で時折生じる複数の法規範のあいだの衝突関係は，具体的に問題が生じた場面で，それらを調和的に解釈することを通じて，もしくは，法規範の適用関係をめぐる一般的な諸原則を援用することで解消され，全体としての一体性が保全されるものとされる。

　つまり，共存を指向する国際法のモデルでは，国際法は，多様な価値や目的，利益をもちうる複数の対等な主権国家のみから構成される国際社会の平面で，この諸国家に各々が自由に行動できる範囲を確定し，その相互関係を調整することをめざす，一体性を保持する最小限の枠組みとして理解される。

Ⅲ　現代国際法における協働指向性

　協働を指向する国際法とは，古くから潜在的に存在していたものの，2つの世界大戦の終焉，冷戦構造の終結，旧植民地の独立，そして近時のグローバル化などの国際社会の構造変容に合わせて徐々に顕現してきた秩序形成の様式か

ら浮かび上がるモデルである。その内容は，共存を指向する国際法のモデルの
説明との対照により明確化できるだろう。

1　ソリダリズム

　国際社会は，地球大で共有された特定の価値や目的，利益の実現に関係する
活動を展開するさまざまな主体の共同性をその本質とする，というのが協働を
指向する国際法のモデルが背景とする社会像である。先ほど挙げた，共存を指
向する国際法のモデルが抱く社会像との関係でいえば，このモデルでも国際社
会は共通の権力を欠くとの理解が支持されているという点で，両者のあいだに
は共通性も存在する。それに対して，重要な差異は，何よりまず，国際社会の
存立の基盤として特定の価値や目的，利益の共有が前提とされている点に見い
だされる。たとえば，安全保障や人権保障などの公益が，この文脈において挙
げられるのが適切であろう。

　さらに，国際社会を構成する主体が国家に限定されていないという点が，も
う1つの重要な差異である。このモデルでは，地球大で共有された特定の価値
や目的，利益の実現に関連する活動を展開する，たとえば個人や私企業，
NGO，さらには国際組織などもまた，国際社会の主体として組み込まれる。
もちろん，国家もまたその重要な，おそらくは主要な主体であることは認めら
れるものの，その排他性までは肯定されない。むしろ，地球大で共有された特
定の価値や目的，利益の実現に向けて，先に挙げたような主体とのあいだに協
調的な，ときに対抗的な関係を形成しながら，国際社会を形成するものと理解
される。以上のような特徴をもつ社会像を一言で表現するならば，「ソリダリ
ズム」が適切であろう。

2　地球大の公益の実現

　上述のように，共通の権力が欠如しており，しかし特定の価値や目的，利益
を共有するさまざまな主体から構成される社会に生成することになるのは，こ
れらの主体がそれぞれに協働的な活動をとることでこの共通の価値や目的，利
益を実現することを可能にするような枠組みである。「協働指向性」とは，ま
さに，国際法におけるこの特徴を表現するために導入されたものである。その

枠組みのなかで，国家や国際組織，さらには個人，私企業，そして NGO など
の主体には，この共通の価値や目的，利益を実現するのに必要とされる役割を
割り当てられることになる。つまり，このモデルにおいて国際法は，国際社会
における公益の追求に向けた主体の組織化をその任務としている。

　ところで，協働を指向する国際法は，地球大で共有された特定の価値や目
的，利益との関係でいえば，その実現のために用いられる手段として理解され
る。そのため，ある制度の対象となる共通の価値や目的，利益の追求に資する
ようなものであるならば，いかなる手続により，いかなる形式で，いかなる効
果を伴うものとして策定されたものでも，その内部で法源として認められる。
たとえば，国際組織による決議や決定，私企業のあいだで受容された行動基
準，さらには NGO などが策定した規格なども，上述の観点からある制度にお
いて有用性が認められる場合には，国際法のなかでその地位を獲得することに
なる。このように，このモデルにおいて国際法は，「地球大の公益の実現」の
ための道具としての役割を果たすものと理解される。

3 融合と断片性

　上述のように，地球大で共有された特定の価値や目的，利益のための道具と
して機能する国際法は，その実現に向けてさまざまな主体を組織化するもので
あるがゆえに，その主体の1つである国家も当然にこの組織化のなかに組み込
まれる。その意味するところは，国内法もまた，この共通の価値や目的，利益
を実現するための道具の1つと位置づけられるということである。そして，国
際法と国内法は，国際社会における公益の実現に向けて協働するパートナーと
して，その追求の方法等をめぐってときに個別的な衝突を生じさせうるとはい
え，全体として構造上の連結関係をもつものと想定される。この意味で，国際
法と国内法の関係について，このモデルは「融合」を指向する。

　他方で，このモデルには国際法の「断片化」という事態が組み込まれうる。
国際社会は共通の権力を欠いている社会である。つまり，地球大で共有された
特定の価値や目的，利益を実現するための単一の体系化された装置は，国際社
会には存在しないのである。その結果，安全保障や人権保障など個々の問題領
域ごとに，それを追求するための特別の制度枠組みが形成されるとき，それら

は各々，国際法内部の自律的な部分として機能的に分化していくことになる。むろん，複数の部分のあいだで協調的な関係が形成される場合には，衝突は回避されるか，生じたとしても個別に解消される。しかしながら，このような関係がつねに形成される保障はなく，それゆえ，国際法はその内部に無秩序を潜在させることになる。

つまり，協働を指向する国際法のモデルでは，国際法は，さまざまな共通の価値や目的，利益を抱える国際社会において，その問題領域ごとに形成される，国家を含むさまざまな主体を適切に組織化し，その追及を促進する道具となるような，機能的な観点から多様に分化した個々の制度的な枠組みの総体として理解される。

Ⅳ　現代国際法における諸制度

現代の国際法は，そのさまざまな制度のなかで，この「共存」と「協働」という2種類の志向性を現実に具体化している。そして，そのなかには，片方の指向性をより色濃く反映するものが存在する。ここでは，いくつかの具体的な制度を示し，そのことを確認する。もちろん，これらの諸制度にも反対の指向性の影響がみられることもまた，同時に確認しよう。

1　共存指向的な制度

このカテゴリに属するものとして，たとえば，国家領域，管轄権，国家承継，条約，国家責任，外交・領事関係，武力紛争などといった，きわめて古典的な規律事項をめぐる国際法上の諸制度を挙げることができるだろう。ここでは，そのなかから管轄権，条約，そして国家責任の制度を取り上げてみよう。

管轄権　複数の主権国家がお互いに調和して並存するために，個々の国家が自由に行為できる範囲を包括的に確定することは国際法にとって最も基礎的な役割の1つであるが，この自由な行為を，たとえば国家による統治に関係する行為，つまり国内法の規定・適用・執行にかかわる行為であると理解するならば，その範囲の包括的な確定とは，すなわち国内法の規定・適用・執行という統治作用をめぐる「管轄権」の分配の

規律を意味する。なお，国家の管轄権の範囲は基本的にその領域に対応しており，その領域外での行使は例外的にのみ認められるとともに，他の諸国家の統治にかかわる行為を対象とする場合には，その領域内であっても原則的には行使が制限されている（主権免除）。

| 条　　約 |

目的や利益を個別的に共有する特定の諸国家のあいだで，自由な合意を通じた協力関係の構築を可能にするという機能を担うのが，「条約」の制度である。条約とは，それを締結する諸国家が，その共通の目的や利益を追求するために，そのあいだで権利と義務，権能と責任を個別的に新しく設定するための国際法上の様式である。それゆえ，ある条約の内容がある慣習法とのあいだで衝突する場合には，それは特別法として扱われ，優先的に適用されることで国際法全体の一体性が維持される。さらに，ある条約の内容と衝突する国内法がそれを締結した国家の内部で定立される場合にも，国際法と国内法の二元性ゆえに，この条約への違反が正当化されるという効果も，また，この国内法が当然に無効となるという効果も基本的には認められない。

| 国家責任 |

ある国家が国際法上の義務に違反した場合，それにより損害を受けた国家に相応の救済を請求する権利を付与し，それに対応して，前者に相応の救済を行うように義務づけるのが，「国家責任」の制度である。国家責任は，国際法上の義務に違反した国家が，その違反行為により法的に保護された利益が侵害された国家に対して負うものである。それゆえ，この違反行為が国家のものではない，つまりその国家に帰属しえない主体や性質の行為である場合，国際法上の責任は発生しない。また，この違反行為が他の国家の市民の生命・身体・財産等を侵害するものである場合，この枠組みにおいてその侵害に対する相応の救済を請求できるのは，基本的にはその国籍国である（外交的保護）。

　これら諸制度は，現在でもなお，国際社会を支える土台としての地位を譲り渡してはいない。しかしながら，かねてから潜在していた協働指向性がその発展とともに顕在化した結果，これらの諸制度に対してもその影響が少なからずみられる。たとえば，条約制度における，国際社会全体が受容する不可侵の価値や利益をその内容とする「強行規範（*jus cogens*）」の概念，そして，国家責

任制度における，国際社会全体に対する「対世的義務（obligation *erga omnes*）」の概念の導入などが，その顕著な例であろう。今日では，これらの諸制度を理解するにあたり，単に「諸国家の自由の保障」という機能の観点のみに着目するのではもはや不十分であるということを，私たちは知っておく必要がある。

2　協働指向的な制度

このカテゴリに属するものとして，たとえば，安全保障，人権保障，環境保護，自由貿易，重大犯罪処罰，開発支援など，非常に現代的な課題に取り組む諸制度を挙げることができるだろう。ここでは，そのなかから人権保障，環境保護，そして自由貿易の制度を取り上げてみよう。

人権保障　人権保障は，第2次世界大戦終結の終焉とともに，世界の平和と安全の維持のために必要なものと位置づけられ，1948年の世界人権宣言の採択により明確に国際社会の共通目的となった。それ以降，さまざまな種類の国際的枠組みが構築されている。そこでは，自由権規約体制に代表されるように，個々の当事国が保障措置を実施し，条約機関である委員会がその実施状況の報告を定期的に受けて検討を行い，その報告に所見を付すとともに，引き続き履行状況を確認するという継続的な過程が組まれることが多い。加えて，国家または個人による人権侵害の通報を適宜受けて審査を行うことにより監督を図るという構造も広くみられる。さらに，近時では NGO がこのような枠組みの構築および運用に積極的に関与する事態も増加している。

環境保護　環境保護は，20世紀以降の越境環境汚染を契機にその必要性が意識され，1972年の人間環境宣言の採択により明確に国際社会全体の利益と認識されるに至った。それ以降，さまざまな種類の国際的枠組みが構築されている。そこでは，オゾン層保護をめぐるモントリオール議定書体制に代表されるように，個々の当事国が義務履行のための措置を実施し，専門機関である委員会がその実施状況の報告を受けて検討を行い，適切な措置の実施能力に欠けると判断される国家に対しては適当な援助が与えられるなどして遵守が促進されるという構造が広くみられる。さらに，気候変動をめぐる京都議定書体制のもとでの共同実施やクリーン開発メカニズム

など，私企業の関与を予定するような制度も存在する。

自由貿易　自由貿易もまた，第2次世界大戦終結の終焉とともに，世界の平和と安全の維持のために必要なものと西側先進諸国により提起され，冷戦終結とともに地球大で共有される価値となった。現在では，世界貿易機関体制が，この価値の実現を担う最も重要な枠組みである。そこでは，自由市場へのアクセスを阻害するさまざまな種類の措置が一定の例外を除き禁じられ，国家間で紛争が生じた場合には，事実上の強制管轄権をもつ紛争解決機関が判断を下すことが予定されている。なお，この枠組みの内部では，たとえば衛生植物検疫措置の適用，そして貿易の技術的障害をめぐる規律のなかで，政府間組織である食品規格委員会やNGOである国際標準化機構の採択した規格が参照され，個々の当事国が依拠すべきものと位置づけられている。

　これらの諸制度は，現代の国際法の非常に特徴的なあり方を示すものである。とはいえ，その背後には，依然として共存指向的な要素が控えていることが無視されてはならない。それらがいくら「地球大の公益の実現」に資するものであるとはいえ，実際のところ，諸国家の合意の上に構築されるか，少なくとも国家の関与がなければ実効性をもつことはしばしば困難である。さらに，国家の同意を抜きに地球大の公益を実現する試みが容認されないこともしばしばである。いわゆる「人道的介入（humanitarian intervention）」を例に挙げると【→第3部第4章Ⅲ3】，ある国家の内部で深刻な人権侵害が発生していても，人権保護を目的として他の諸国家が同意なく強制的にその内部に立ち入ることは，国際法上はなおも基本的には容認されていないのである。

　このように，現代の国際法とひとくちにいっても，「共存」と「協働」という2種類の指向性の濃淡という点に着目すれば，その内部には多様性がみられるということがわかる。とはいえ，一般的な傾向としては，国際法は共存の要素を縮減させ，協働の要素を拡充させるという方向で発展を続けているものと理解するのが適切であるように思われる。

V　現代国際法をめぐる諸論点

　現代の国際法をめぐっては，その協働指向性が大きく増長した結果として，古典的な国際法をめぐる考察からはあまり浮かび上がることのなかったような種類の，いささか法哲学的な問題に我々は直面することになった。ここでは，そのなかから，重要度の比較的高いものと思われる2つの論点を取り上げることにしよう。

1　グローバルな正義との接続？

　国際法は，いまや主として地球大で共有された特定の価値や目的，利益を実現するための手段として理解されることとなった。そして，この点に「グローバルな正義（global justice）」【→第3部第4章Ⅲ】，つまり，世界全体での人々のあいだの利益と負担の公正な分配の方法，そして，その方法を実現する制度的な枠組みのあり方に関する議論を現代の国際法をめぐる考察に接続する可能性が見いだされる。というのも，国際社会における公益がどのような内実を有するものであるべきか，そして，この公益を追求するための道具である国際法がいかなる内容をもつべきであるか，という問題を考察する手がかりとして，「正義」という規範的な概念に訴求することは非常に有望な選択肢であると思われるからである。

　しかしながら，国際法をこの種の正義の観点から論じるにあたっては，いくつかの越えられるべき障害が存在している。そもそもの前提として，グローバルな正義ははたして観念することが可能であるのか，そして，可能であるとして，その内容はいかなるものであるのか，といった問題が存在している。それに加え，この障害が克服されたとして，選び出されたある特定の正義の構想が，現実の国際法の思考様式や実践，さらには制度的な枠組みとうまく接合されうるか，とりわけ，いまだに残存する共存の要素とも適切に折り合いをつけることは可能かという，いわばその実現可能性をめぐる問題もまた存在する。さて，私たちはいかなる正義の構想を携えて，現代の国際法と連携することができるであろうか。

2　覇権的支配の成立の危険性？

　以上の論点が現代の国際法の「正の可能性」を扱うものであるとすれば，次に取り上げるのはその「負の可能性」である。上述のように，現代の国際法の特徴は，国際社会の公益を追求するための道具として，あらゆる主体をその枠組みに構造的に取り込むという点にある。ここに，1つの問題がはらまれている。すなわち，ある特定の主体が，自身の抱く個別的な価値や目的，利益をして，地球大で実際に共有されたものであると主張し，国際法上の枠組みに浸透させることで，他の主体を実質的に支配するという危険性である。カール・シュミットによる「人類を語る者はみな詐欺師である」という挑発的な警句は，このような様態での「覇権（hegemony）」の成立の危険性に対するものとして受けとることもできるだろう。

　この問題につき，いくつかの対応策が思い浮かぶ。たとえば，ある主体が国際社会の公益を追求するものとしてなんらかの行動や措置を講じる場合には，それが他のあらゆる主体が受け入れ可能な理由に基づかなければならないとする「普遍主義からの制約」が考えられる。あるいは，この措置や行動に利害関係をもつ主体にそれに反する態度を取る一定の余地を認めるという「対抗可能性による制約」，さらには，この措置や行動に利害関係をもつ主体をその準備段階に関与させるという「参加による制約」なども挙げられよう。もちろん，これらは相互に排他的ではない。さて，私たちはいかなる対応策が現実の国際法上の枠組みのなかで実践可能であり，かつ望ましいと考えるべきか。

3　グローバルな立憲主義の構想

　最後に，国際法の今後の発展を展望するにあたり有益であると思われる構想の1つとして，いわゆる「グローバルな立憲主義（global constitutionalism）」という考え方を挙げておきたい。グローバルな立憲主義とは，大雑把に要約すると，今日における国際法の諸実践のなかに立憲主義的な諸原理の体現を見いだすとともに，そのような諸原理を基礎とした国際法のさらなる発展を志向する見解である。このような立場を支持する学者たちは，主として欧州連合や世界貿易機関，さらには国際連合における諸実践に注目し，あるいは「人権」・「法の支配」・「民主主義」（いわゆる，リベラルな「立憲主義的トリニティ」）をこの諸

原理の具体例として挙げる傾向がある【→第4部第2章I】。

　このような構想は，上述の論点について一定の方向性を示してくれる。一方で，立憲主義の諸原理は，グローバルな正義を実現する方法を模索する手がかりを（たとえば，ある学者が論じるように，社会的な次元への配慮というかたちで）与えることができるだろう。また，立憲主義の諸原理は，「対抗可能性」や「参加」を可能とする諸原理を（たとえば，また別の学者が論じるように，適正な手続きの保障というかたちで）組み込むことにより覇権的支配を抑制する手立てを提供しうるであろう。

　とはいえ，この構想，そしてその基礎となる国際法の協働への指向を脅かすような事態が目下進展していることにも留意すべきである。現代の世界の変化は目まぐるしく，世界各地でポピュリズムが伸張し，権威主義的な政権が誕生するなかで，グローバル化への反動と国家主権への回帰，そしてその帰結として協働を促進する国際組織に対する抵抗，さらには離脱の機運が高まっている。今日の新型コロナウィルスの感染拡大という危機的な事態は，このような機運に拍車をかけるかもしれない。このように世界が共存の国際法への指向を強めているような状況のなかで，国際法の協働への指向やグローバルな立憲主義の構想はどこまで維持されるのか，また維持されるべきなのか，真剣に考える必要があるだろう。

📖文献案内

酒井啓亘・寺谷広司・西村弓・濱本正太郎『国際法』（有斐閣，2011年）

フォーク，リチャード（川崎孝子監訳）『顕れてきた地球村の法──ポスト・ウェストファリアへの視点』（東信堂，2008年）

最上敏樹『国際立憲主義の時代』（岩波書店，2007年）

◇コラム2　法哲学史における国際法

　法哲学の歴史を紐解いてみると，そこには国際法の取り扱いをめぐる大きな変遷を見いだすことができる。大雑把に要約すれば，国際法は，かつては多くの思想家から関心を集める対象だったものの，そのような関心は次第に薄れていき，もはや理論家たちの視界の外に放逐された存在へと成り下がったところ，近時になって再び理論的な注目を集め始めているのである。

　近代の法思想において，国際法は（いまだにそのような名前では呼ばれてはいなかったものの）哲学的な思索における重要な主題の1つであった。たとえば，「国際法の父」とも称されるフーゴ・グロティウスは，その主著『戦争と平和の法・三巻』（1625年）において，自らの自然法論の体系のなかに国際法を位置づけ，その性質について論じている。あるいは，ドイツの哲学者イマヌエル・カントは，その道徳哲学の一部分を構成する法理論のなかで国際法を論じて，『永遠平和のために』ではその制度化にまで踏み込んだ考察を展開している。

　その後，国際法をめぐる法哲学的な議論は次第に退潮していく。「国際法」という名称の生みの親である哲学者ジェレミー・ベンサムの影響を受けたイギリスの法理学者ジョン・オースティンが，その『法理学領域画定論』（1832年）のなかで法理学の対象となる「実定法」を主権者の命令という観点から限定的に捉え，そのような性質を備えていない国際法を「実定道徳」へと分類したのが，その大きな契機の1つといえるであろう。

　20世紀に入ると，法哲学の領域において国際法は周縁へと追いやられる。国家法と比較していまだに「原初的」な段階にあるものと位置づけられる国際法をめぐっては，ドイツの法哲学者ハンス・ケルゼンが，その主著『純粋法学』（第一版 1934年／第二版 1960年）において「強制」の要素の存在を踏まえて法として捉えようと試みたのに対して，イギリスの法理学者 H・L・A・ハートは，その主著『法の概念』（1961年）の最終章で，「2次ルール」とそれに基づく制度化の不在を根拠として，その法的な性質に疑問を投げかけたのだった【→第4部第4章Ⅱ❶】。

　現代の法哲学者たちにとって，その主たる理論的な関心は国家法にみられる諸性質の探求にあり，国際法はもはや考察の対象としてまったく意識されていない。たとえば，現代を代表する法哲学者であるジョセフ・ラズやロナルド・ドゥオーキンの主著には，国際法を主たる検討の対象として取り扱うような箇所はほとんど見当たらない。

　しかし，近時になって，国際法をめぐる法哲学の議論状況は徐々に変化しつつある。ニュージーランド出身の法哲学者ジェレミー・ウォルドロンがこれまでの法哲学者たちによる国際法の無視を「恥ずべきもの」と喝破し，あるいは『国際法の哲学』（2010年）という論文集が法哲学者たちの手により出版され，さらにラズや

ドゥオーキンもまた国際法を主題とする論稿を公表したことに示されるように，法哲学の領域における国際法への関心は回復の兆しをみせている。それゆえ，今日において国際法は法哲学の重要な主題の１つとして返り咲いたと述べるのも，あながち間違いではないであろう。

　ところで，このような法哲学における国際法の取り扱いの変化は，なぜ生じたのだろうか。１つの仮説は，国際法とそれを取り囲む状況の変化である。すなわち，主権国家体制の形成期には，国際法の性質や構造は哲学的な関心を惹起するのに十分な問題であったのに対して，この体制が確立され，ひとたび国際法が安定期に入ると，理論家たちの視線は次第に国家法へと集中したものの，近時のグローバル化など国際関係の状況変化を通じて主権国家の地位が脅かされるに至って，国際法は再び理論的な関心を集めることとなったのだ，と。

　もちろん，これはあくまでも仮説であって，その妥当性については厳密な検討が必要となる。実際のところ，この説明は過度な図式化・単純化という誹りを免れえないだろう。ともあれ，法哲学的な探究はしばしば時代状況に左右されるのであって，国際法をめぐる法哲学の議論状況の変遷もまた，たとえば国際法やそれ取り囲む時代状況の変化など，文脈的な観点から理解される必要があるとはいえるだろう。

第 3 部

法と正義

第1章

正義とは何か

I　法の目的と正義

法哲学の主題
としての正義
「法とは何か」と並ぶ法哲学の中心的な問いは「法は
何のためにあるのか」あるいは「法はどのようなもの
であるべきか」である。法が実現すべき価値や法の目的を問うことから，この
問題領域は法価値論と呼ばれてきた。

　もちろん，現行法システムは事実として一定の目的を担って組み立てられて
おり，個々の法令にもそれぞれ固有の立法目的がある。また，法と付き合い，
法を用いるにあたって個々人が法に認める意義や価値も多様だろう。だが，法
哲学が問うのは，現行法がどのような目的で作られているのかとか，人々がど
のような価値や存在意義を法に認めたり求めているのかといった事実問題では
なく，法の目的はそもそも何であるべきなのかという，すぐれて規範的な問い
である。というのも，法の価値や目的の考察が，現行法の立法目的や人々が現
に法に与えている価値の解明に尽きるなら，たとえば法令の文言や立法資料を
読んだり法意識調査を行ったりすることで明らかにすることができ，哲学的省
察は不要だろう（もっとも，これらも法の目的の規範的な考察にとって無関係ではな
く，そのことは，人々の意識とまったく乖離した法は，その実効性が疑われるだけでな
く，そもそも望ましい法といえるのか疑問視しうることからもわかる）。

　では，規範的な意味で法の目的とは何であり，法は何のために存在するのだ
ろうか。一言でいえば，それは「正義」であり，古くから正義こそが法の実現
すべき基本的価値だと考えられてきた。法哲学もまた西洋起源の学問だが，そ
の西洋では，しばしば同じ語が法と正義を意味している。たとえばラテン語の

jus は法と正義を指し，ドイツ語の Recht も法，権利，正義を意味し，周知の
ように英語の justice は正義と同時に司法や裁判官を意味するといったように。
また，やはり西洋では正義をつかさどる女神が裁判官の似姿で描かれてきた。
その図像によると，正義の女神は，片手に秤を，もう一方の手に剣をもち，目
隠しをするか目を閉じている。このように言葉やイメージからも，法と正義が
密接な関係にあると考えられてきたことがうかがえる。「法は何のためにある
のか」という問いは，「正義とは何か」という問いに置き換えることができ，
だから法価値論は正義論とも呼ばれる。

> 正義の対象の多様性

しかし，正義とはいったい何だろうか。まず，実に多
くの対象について正義・不正義がいわれうる。たとえ
ば現代の規範的正義論の立役者ジョン・ロールズは「多種多様なものごとに関
して，正義や不正義という形容表現が使われている。法律や制度といった社会
のシステムについてだけでなく，意思決定，判断，責任の非難といった多くの
種類の特定の行為に関しても，正義にかなっているとか反しているとかが語ら
れる。さらに私たちは，人々の態度や性向・構え，その人自身をも正義や不正
義であるとみなす場合がある」（ロールズ 2010：10）と述べている。このよう
に，法を含む諸々の社会制度，人間の行為，さらには人となりや心のあり方
（美徳）が，広く正義判断の対象となりうる。ロールズ自身が考察対象としたの
は「社会の基本構造」であり，法哲学における規範的正義論が主として問う
のも法という制度の正義なのだが，たとえば裁判で問われる被告人の行為や裁
判官の判断は法的な観点からの正義・不正義にかかわるものといえるし，法と
向き合う市民の姿勢についても正・不正が問題にされうるため，行為の正義や
美徳としての正義も法の世界とまったく無縁ではない。

　もちろん何を対象にするにせよ最も重要なのは正義の中身である。法哲学に
おいても正義にかなった法のあり方をめぐって古くから問われ，争われ続けて
きたのであり，今日でもさまざまな理論が論争を繰り広げている。その主なも
のについては次章以下で取り上げる。

Ⅱ　正義の諸観念

　正義論の焦点は法の実質的な内容の正義にあるが，実は正義には多様な意味ないしは次元がある。ここでは，どのような場合に正義・不正義が問われるかを考えてみるという視点から，適法的正義，形式的正義，手続的正義，実質的正義の4つを中心に，法とのかかわりで重要ないくつかの正義観念を眺めてみよう。

1　適法的正義

　誰かが法に反した行為をするのを見聞きするとき，われわれはその人物の行為が正義に反していると非難することがある。ここでは「法に従うことが正義だ」という意味での正義理解が働いている。これが適法的正義である。

　アリストテレスの適法的正義　しかし，一口に適法的正義といってもその理解は一様ではない。古代ギリシャの哲学者アリストテレスは『ニコマコス倫理学』で正義を他者との関係における徳の総体とされる一般的正義と徳の1つとしての特殊的正義とに大別し，前者を適法的正義と呼んだ。だが，そこで遵守されるべき法とは実定法に限られずポリス国家における道徳の全体であり，またポリスの法は良き市民を育むことを目的とする善きものとされたから，アリストテレスのいう適法的正義は，法が善きものであるがゆえに法を遵守しなければならないという趣旨とみることができ，後述する実質的正義にかなった法に従う徳と理解できるだろう。われわれが違法な行為を行う者について正義に反すると判断するとき，たとえば殺人を禁じる刑法規定を正しいと受け止めるがゆえにその違反を難じていることも少なくないだろうが，これは「正しい法に従うのは正しい」といういわば自明のこととともいえ，この理解では適法的正義のもつ固有の意義と問題は見落とされる。

　純粋な適法的正義　他方，価値相対主義の立場をとる20世紀の法実証主義法哲学者ハンス・ケルゼンが，正義の唯一の形態は適法的正義だと述べたとき，そこで意味されていたのは，内容の是非を問わず実定法が実定法であるがゆえにそれを遵守することである。これがいわば純粋な

適法的正義であり，こちらのほうが一般的な理解だろう。純粋な意味での適法
的正義は，法による社会秩序と平和の維持という意味での法的安定性と深くか
かわっている。もしも人々が好き勝手に法を無視してよいなら，社会は混乱
し，悪くすると解体してしまうかもしれないからだ。また，裁判官などの公職
者が職務の遂行にあたり法を遵守しなければ，法の支配も成り立たないだろ
う。あるいは，われわれが他者の違法行為を非難するとき，自分たちは好むと
好まざるとにかかわらず法を守っているのに1人だけ守らないのはフェアでな
いという理由で非難しているかもしれない。このような場合を考えると，適法
的正義は公正という価値とも関係しそうだ。

> **適法的正義の限界**

このように適法的正義は法的安定性をはじめ一定の価
値に資する重要な正義であり，単に自分が支持しない
法だからといって守らなくてよいわけではないとしても，適法的正義を絶対的
なものとみるべきでもないだろう。正義にもとる内容の法に従うことが常に正
しいとは言いきれないからだ。学校という部分社会の法ともいえる校則には根
拠薄弱なものも少なくないようだが，どんな校則であれ校則である以上従うこ
とが正しいとは思われないだろう。場合によっては，校則に反したり，あえて
校則に反旗を翻すことのほうが正しく，むしろそれが校則と学校という社会を
よりよいものにするのにも役立つかもしれない。同様なことは法についてもい
えそうだ。適法的正義について考えることは，法哲学の難問である違法義務の
問題，とくに悪法に従う義務があるのか，法に対する市民的不服従や良心的拒
否はいつ許されるのかといった問題について考えることでもある【→コラム6】。

2　形式的正義

今日のように人間は基本的に平等とされ，人種や性別などによる差別に対し
て否定的な社会では，法がこれらの属性に基づいて人々に異なる扱いをしてい
る場合，われわれはそのような法は正義に反すると考えるだろう。あるいは，
法自体は差別的な内容ではなくとも，法の適用にあたり裁判官がこれらの属性
に基づき同じ罪に異なる判決を下した場合も同様だろう。

> **形式的正義**

こうした法や法的判断が疑問視されるのは，同じであ
るはずの人々や行為に異なる扱いがされているからで

ある。ここで働いているのが，「等しきものは等しく扱え，等しからざるものは等しからざるように扱え」という形式的正義の観念であり，やはり古くから正義が意味するものとみなされてきた。この定式からもわかるように，形式的正義は単純に平等な処遇を法に求めるわけではなく，異なるものについては異なった扱いを求める。たとえば刑法が重罪と軽罪に対して同じ刑罰を規定していたり，裁判官が凶悪な殺人犯と軽微な窃盗犯に同じ刑罰を科すなら，これも形式的正義に反する。

　形式的正義は法と法にかかわる活動のあらゆる場面に通底する基本的・普遍的な要請であり，「正義の理念の核心的要素」（ハート 2014：253）を表しているが，誰と誰が，何と何が等しいものとして同一のカテゴリに属すのか，また等しいものを具体的にどのように等しく扱うべきか，逆に異なるものをどのように異なって扱うべきかといった実質的な問題を棚上げにした正義であり，そうした事柄にかかわる実質的正義の基準によって肉付けされてはじめて完結する正義である。既述のように現代社会では人種によって異なる扱いをする法は一般に形式的正義に反すると考えられるが，たとえば古代ギリシャや南北戦争前のアメリカのように奴隷制が肯定された社会では，市民と奴隷を同等に扱うことのほうがむしろ正義に反することになるだろう。

形式的正義は無意味か

　そこでケルゼンのように，形式的正義はどんな内容でも許容する空虚で無意味なものだとみる否定的な評価もあるが，形式的正義は，ルールの存在とその一般性，および，ルールの公平な適用を含意しており（デニス・ロイド），エゴイズムや場当たり的な御都合主義を排除する点で法の内容にも一定の制約を課したり，公権力行使における恣意的な判断を抑止して社会生活における予測可能性を確保する機能をもつといった固有の意義があるとする見解（田中成明）も有力である。

衡平について

　なお，アリストテレスも挙げている正義観念の1つに「衡平」がある。あらゆる事態を想定できないため法は一般的なものになりがちだが，一般的なルールを厳格に適用すれば不当な結果になるような場合にルールの適用を制限して個別的な正義を実現することを求めるのが衡平である。たとえば茶髪を一律に禁じる校則を元々茶色がかった毛髪の生徒にも機械的に適用して校則違反と断じるのは不当だろう。もちろ

ん，どのような事情があるとき衡平が求められるか判断するためには実質的な考慮が必要になる。

　衡平は，裁判における具体的妥当性の要請によく表れているが，法に含まれる例外規定も衡平の発想の一般化とみることもできるかもしれない。また，一般的な人間像や事態を想定して抽象的・一般的な正義原理の提示に傾きがちな規範的正義論のなかにあって，具体的・個別的な人間関係に着目したケアの倫理を重視するフェミニズムや文化的マイノリティのおかれた特殊な状況や文化的アイデンティティに対する特別の配慮を求める多文化主義にも通じるところがある。

　衡平は一見すると形式的正義と対立するようにみえるが，ルールの厳格な適用が排除される事例Aと同様な別の事例BにおいてもAと同じ扱いがされるべきだから，形式的正義と衡平は矛盾するものではなく，ここからも形式的正義の基底性がうかがえる。

> 法の内在道徳

　形式的正義はルールの体系としての法に内在する正義であるが，これ以上のものが法内在的な正義に含まれるという見解もある。たとえばロン・L・フラーは，人間はルールを理解し服従することができる責任ある行為主体だという人間観に立って，人間の行動をルールの統治に従わせようとする企てと法を捉えることから，法の一般性，法の公知性，法の明確性，法の無矛盾，法の実行可能性などの8つの条件が法に内在する道徳として法の成立にとって不可欠だと主張し，これをリーガリティ（法の資格）と呼んでいる【→第4部第4章Ⅱ1】。

3　手続的正義

　たとえば裁判官が審理の過程で当事者の一方の言い分だけに耳を傾けて相手方に弁論の機会を与えずに判決を下した場合，あるいは手続法自体がそのような偏った仕組みになっている場合，たとえ判決内容が正しいものであっても，われわれは審理過程が正義にもとっていると考え，これが目に余る場合は判決自体も無効にすべきだとさえ考えるのではないだろうか。ここで働いている正義観念，法令や判決などの法的決定の内容の正義とは区別された手続過程の正しさにかかわるのが手続的正義である。

　手続的正義は，「相手方からも聴くべし」，「何人も自分の事件の裁判官となるなかれ」などの英米法における自然的正義の要請や，いわゆる適正手続の観念を基礎に形成されてきた正義観で，田中成明によれば，手続的正義の基本は，①手続の透明性，②当事者の対等性と公正な機会の保障，③第三者の公平性・中立性，および，④理由に基づく議論と決定という手続上の要請にある。手続的正義も法にとって重要な正義観念であるが，この正義が求められるのは，それ自体として価値があるからなのか（その場合の価値とは何か），それとも，正しい結果を導く（あるいは少なくともその可能性が高まる）という帰結主義的根拠によるのか，つまり，手続的正義は独自の意義をもつ正義か，それとも実質的正義のための手段なのか，争いがありうる。

　このように手続的正義は，当事者主義的な裁判手続をモデルとした正義観念ではあるが，この意味での正義が求められるのは裁判の場だけではない。立法過程や行政過程などにおいても，何らかの手続の正義が求められるだろう。現在，政治哲学を中心に民主主義のあり方が問いなおされているが，そこでクローズアップされているのも，市民やその代表による熟議の過程を民主政治の核心とみる，手続重視の熟議民主主義論（熟議民主政論）である（もっとも熟議の手続が重要である根拠について，たとえば個人に対する平等な尊重を基礎にする見方もあれば，正しい結果に導くがゆえに民主的熟議が重要だとみる認識的民主主義論などの道具的理解もあり，ここでも手続と結果の関係をどうみるかは一様ではない）【→第3部第3章Ⅳ3・第4部第5章Ⅲ】。また，実質的正義論においても，後で触れるロバート・ノージックなどのように，正しい手続ないし過程から生じる結果は正しいとみる手続主義的な発想もみられる。

4　実質的正義

　われわれの多くは，たとえば個人の基本的自由を侵害したり，貧困にあえぐ人々に何ら救いの手を差しのべないような法システムが正義に反すると非難するだろうが　ここでは法の内容の実質的な評価基準として正義の観念が用いられている。これが実質的正義である。今日の規範的正義論の主題はこの意味での正義にあり，次章以下も主にこれをめぐるものである。なお，手続的正義と実質的正義は対比的に捉えられるのが通常だが，前者も手続法の内容の評価に

かかわる正義として広い意味では実質的正義の1種といってよい。するとここでいう実質的正義は実体法の実質的内容にかかわる評価基準としての正義のことで，狭義の実質的正義ないしは実体的正義とでも呼べるだろう。

アリストテレスと正義
実質的正義がどのようなものかイメージする際にもアリストテレスが手がかりになる。アリストテレスによれば，徳の1つとしての正義（特殊的正義）は均等ないし平等を意味するが，それはさらに，ポリス国家の市民に各人の価値に比例した財貨や名誉の分配を求める「分配的正義」と，契約違反や不法行為など個人間の関係で均等が損なわれた場合に，各人の価値にかかわらず同等の賠償や返還を求める「匡正的正義」に分けられる。なお，犯罪に対する同等の刑罰を求める応報原理が匡正的正義に含まれるかについては解釈上の争いがあるが，「応報的正義」も1つの実質的正義の観念である【→第2部第2章Ⅱ】。また，アリストテレスは，財物の交換における等価交換を求める「交換的正義」にも触れている。経済活動における市場交換原理のごく素朴な原型とみることができる。このように実質的正義は法の活動のさまざまな側面にかかわる複数の下位観念に分解できるが，その共通項は，財貨にせよ刑罰にせよ「各人が受けるに値するものを受けるべき」という考え方である。何が値するものか，逆に何が値しないかが大問題なのはいうまでもない。

　ちなみに，今日では，現代社会の問題状況に呼応して，さまざまな形容を付した正義観念が新たに登場し，それぞれ盛んに論じられている。数例だけ挙げれば，体制変革の過渡期における「移行期正義」，これとも関連する「修復的正義」，国境を越えた「グローバルな正義」，「環境正義」，あるいは「世代間正義」などであり，また，フェミニズムやマイノリティの視点から知のゆがみや排除を告発する「認識的（不）正義」もいわれており，正義観念が増殖している。そのいくつかについては後の章が取り上げる【→第3部第4章】。

分配的正義
ここからは今日の正義論の主要争点でもある分配的正義に的を絞ろう。もちろん分配的正義が問題となるのは法の世界に限られない。職場における給料の分配や家庭内でのおやつの分配，スポーツ競技における金メダルのゆくえ，窃盗集団内での分け前ですら，その正しさが問われ争われうる。

　法における分配的正義の問題とは，財を人々のあいだでどのように分配する法や政策が正義にかなっているのかという問題である。ここで財とは，人々が欲するものの総称で，金銭，諸々の資源や物品・サービス，権利や自由，機会，あるいは快楽や欲求充足といった主観的な財など多種多様なものが含まれうる。もちろん，愛情や友情それ自体のように，その性質上分配の対象になりえない財は除かれるが，法がどのような財をどんな基準に従って人々に分配するのが正しいのかをめぐって古くから論争が繰り広げられてきた。先ほどみたようにアリストテレスの分配的正義は各人の価値に比例した財の分配を求めるが，何をもって価値とみるかは国制によって異なると考えられた。

> **多様な分配原理**　ここではノージックの分類枠組を参考にして，多様な分配的正義の原理を大まかに整理してみよう。彼は正義原理を2つの軸で区別する。1つは，結果状態原理と歴史的原理の対比軸である。結果状態原理とは結果的な財の分配状態に着目した原理（〜という結果になるように分配せよ）であり，歴史的原理とは，各人の過去の行為や事情を考慮し，そうした行為や特徴などに対応した分配を求める原理である。もう1つの軸が，パターン化された原理とパターン化されていない原理で，前者は，分配の正しさを何らかのパターンで捉える原理，後者は，分配パターンを問題にせず，分配状態に至るプロセスに着目した正義原理である。2つの対比軸を組み合わせると，①結果状態原理かつパターン化された原理，②歴史的原理かつパターン化された原理，③歴史的原理かつパターン化されていない原理の3タイプの正義原理が考えられる（結果状態原理であってパターン化されていない原理は考えにくいため空集合だろう）。

　まず①には，功利主義の効用最大化原理や，ロールズの格差原理など今日の正義論で盛んに論じられる分配原理が分類されるが，これらについては次章で取り上げる。②には，功績原理，努力原理，必要原理，各種の平等原理などさまざまなものが含まれ，アリストテレスの分配的正義の原理もこのタイプである（なお平等原理は，平等な結果状態に着目した原理とみれば①に分類できるだろう）。③は，市場原理やギャンブルの仕組みなどを考えるとわかりやすいが，ノージック自身が唱える歴史的権原理論が含まれる。彼は，①や②のような従来型の正義原理は個人の権利を侵害するとしてことごとく退け，初期の正当な所有

状態から他者の権利を侵害することなく個々人が行う契約などの財の自由な移転プロセスを経て生じる結果はどのような内容になっていようと正義にかなうと主張する。分配的正義を手続的な交換的正義に解消する発想といえるが，ここでも生命・自由・財産への不可侵の権利という財の平等な分配が前提されてのことである【→第3部第2章Ⅵ2】。

　このように分配的正義の原理には，どのような基準に従って何を分配すべきか，個人主義的なものから平等主義的，社会主義的なものまで多様なものがありうる。また，功利主義のように単一の基本原理からアプローチする一元論もあれば，ロールズのように基本的自由については平等な分配，富や所得の分配については格差原理といった具合にいくつかの原理を組み合わせた理論もあり，さらには，マイケル・ウォルツァーにみられるように，財の共有された社会的意味に基づいて財ごとに異なる多様な分配原理や分配主体があり，それぞれが領域侵犯しないことを重視する多元論的正義論もある。

Ⅲ　正義論の可能性

1　法の目的は正義か

　これまで法の目的は正義だと当然のように語ってきたが，「法は正義の実現のためにある」と聞かされても何だか釈然としないかもしれない。こうした違和感があるとすればその原因はどこにあるのだろうか。

日本人と法・正義　　1つの要因として日本人の法意識が考えられる。冒頭でも触れたように西洋では法と正義は概念レベルで関係し重なりもするが，歴史的にみると日本では法は正義や権利の観念と結びついておらず，伝統的に日本人にとって法や裁判は，お上（公権力）が押しつける強制的命令と捉えられ，法はかかわりを避けるべき厭わしいものとみなされてきた。このような理解には批判もあるが，こうした伝統的な法意識ないし法文化が今日でも何ほどか根づいているとすればその限りでは，「法は正義の実現のためにある」という命題は日本人にとって馴染みにくいところがあるのかもしれない。

　正義についてはどうだろうか。ためしにいくつかの国語辞典を引いてみる

と，決まって最初に登場する「正義」の意味は，「人がふみ行うべき正しい道」，「人が従うべき正しい道理」，あるいは「人の道にかなっていて正しいこと」といったもので，挙げられる用例も「正義を貫く」，「正義の味方」，「正義の人」などが多く，日本語の正義は何よりもまず，法とは無関係な，個人の美徳にかかわるものと捉えられてきたことがうかがえる。こうした事情もまた先の違和感に作用していることが考えられる。

　しかし，このような概念的・文化的要因がありうるにしても，われわれの多くが法に何らかの正しさを求めていることも事実だろう。だからこそ人々は法を批判したり法の変革に努めたりするのである。すると，法の目的は正義だということに違和感が残るとすれば，それは，現行法が正しいとは思えず不満があるために，事実命題としての「法は正義の実現のためにある」に対する疑念とみたほうがよいかもしれない。

　　法の目的は正義だけか　しかし，正義が法の目的に含まれるとしても，正義だけが法の目的なのだろうか。たとえば20世紀前半を代表するドイツの法哲学者グスタフ・ラートブルフは，法の目的には正義のほかに法的安定性や合目的性もあり，正義だけではないと主張する。ここで正義とは形式的正義を意味しており，法的安定性は秩序と平和を指し，合目的性は法のめざすべき実質的価値のことで実質的正義に相当するが，（ナチ時代を経て転向したとされる以前の）価値相対主義者ラートブルフにとって実質的正義は個人の世界観などの違いによって異なるもので，正義の意味としては形式的正義しか考えられなかったのである。

　このように法の目的が正義に尽きるか否かは，正義をどの意味で捉えるかにも依存するが，重要なことは法が実現すべき価値の中身であり，ここで，人々が法に求めているのは，何よりも自由や平等，個人の幸福や自身と社会の豊かさと繁栄，あるいは平和と安全などの基本的価値そのものではないのかという疑問が投げかけられるかもしれない。これらの重要な価値と正義とはどのような関係にあるのだろうか。日常言語の用法に着目したハートの分析がこうした疑問の存在を示唆している。彼によると，われわれが法を評価する際，たとえば，子どもを学校に通わせるよう親に求める法についてそれは「良い法」だといい，政府に対する批判を禁じる法を非難してそれは「悪い法」だということ

はあっても，通常これらの法を「正義にかなっている」とか「正義に反している」という表現で評価しない。「正義にかなっている」という表現がふさわしいのは，富に応じて税を配分する法を肯定するような場合であり，「正義に反している」という形容が適切なのは人種差別的な法を非難する場合である。これは，ある法が正しいから良いとか，不正だから悪いとはいえても，その逆は成り立たないこと，したがって法の実現すべき価値が正義に尽きないことを示唆する。

正義論がめざすもの　ハートの挙げる例からもうかがえるように，正義の核心には「人々を公平・公正に扱う」という要請があり，正義はその意味で関係的な概念である。すると，先に列挙した基本的諸価値のうち，やはり関係的概念である平等には正義と重なるところがあるとしても，他の諸価値と正義の関係はどうだろうか。

　正義を諸価値と並ぶ1つの価値として狭く捉え，法が人々を公平に扱いさえすれば正義にかなうとみるなら，たとえば人々の自由を公平に・等しく抑圧する法も，自由という価値を損なう悪法ではあっても正義に反してはいないことになる。だが，この法を「正義に反してはいないが悪い法である」ということと端的に「正義に反した法である」ということのあいだにはどれほどの違いがあるだろうか。ロールズは，自身の正義論の主題は，社会の基本的諸制度が個人の基本的な自由や権利・義務をいかに割り当て，社会的協働から生じる利益や協働のための負担をどのように分配すべきなのかという問題であるとして，公正な財の割り当てや分配という関係的視点から表現しているが，ここではもちろん一定の自由や利益が人々にとって重要な基本財として手厚く保護されるべきことが前提になっており，社会制度が実現すべき諸価値を統括する概念として正義が用いられている【→第3部第2章Ⅲ】。現代の正義論が「正義」の名で追究しているのは，社会がどのような価値に重きをおき，それらをどのように調整して，人々のあいだでどのように割り当て，法において実現すべきなのかにかかわる公共原理なのである。

2　正義に正解はあるか

　法はその内容が正しくあることを求められてきたけれども，次章以下で登場

するさまざまな正義の理論の存在からもわかるように，とくに実質的正義については激しい論争があり，容易に決着がつく気配はない。正義に正解はあるのだろうか。

　　メタ倫理学　　　この難問について考えてみるために，メタ倫理学に話を移そう。伝統的に倫理学は，善とは何か，正義とは何か，普遍的な道徳原理とは何かといった規範的な問いに取り組んできた。この規範的倫理学に対して，1歩引き下がって距離をおいた姿勢で，善や正義などの概念の意味を分析したり，そもそも道徳判断や価値判断一般の正当化や道徳的真理の認識可能性を考察するのがメタ倫理学である。第3部の主題である規範的正義論が規範的倫理学の一部であるのに対して，正義に正解があるかという問いの考察はメタ倫理学に属す。メタ正義論とでも呼べるだろう。

　　認 知 主 義　　　ごく大まかにいえば，メタ倫理学においては，道徳判断や価値判断における正解の存在とその認識可能性を肯定する客観主義あるいは認知主義の立場とこれに否定的な立場が対立してきた。前者には，①正義や善といった価値は世界に存在する事物や行為の性質であり，したがって事実判断と同じように感覚経験によって正義や善を認識し，道徳判断や価値判断の真偽を判定できるとみる自然主義（ジェレミー・ベンサムの功利主義の前提には，善を快楽という人間の心理的事実で定義できるとみる自然主義的なメタ倫理学がある），②善などの倫理的概念は自然的概念では定義できないが，道徳的性質は客観的に存在し，直観（道徳感覚）によって認識することができるとするG・E・ムーアのような直観主義，③やはり直観を手がかりにして，われわれの倫理的直観を整合的に体系化した道徳理論が真理とみる整合説（ロールズの正義論の基礎にある反省的均衡という手法も一種の整合説とみなしうる）など，さまざまな見解が競ってきた。

　　非認知主義　　　だが，正義論の可能性にとって深刻なのは，科学主義・実証主義的思潮も背景に，道徳的性質は主観的なものであり，道徳判断や価値判断の真偽は認識できないとする主観主義あるいは非認知主義である。その系譜をごく簡単にたどると，①価値判断は客観的な事態を記述しているのでなく，苦痛の叫びや「アイスが大好き！」といった表現と同じように話し手の感情や態度の表現にすぎず検証不可能なため真偽を問

えないとする論理実証主義者 A・J・エイヤーの情緒主義，②その亜種ともいえるが，「Xは善い」という判断は「私はXを是認する。あなたもそうしなさい」ということを意味し，話し手の心理的事実を記述する前半は検証可能であっても，倫理的判断の本質である後半部分は，聞き手の態度に影響を与えようとの主観的願望の表明にすぎないとみる C・L・スティーヴンソンの情動主義（①と②を合わせて情緒主義あるいは情動主義と呼ぶことも多い）【→第3部第3章Ⅲ2】，さらに，③道徳判断は普遍化可能性を伴う規範的行為命令だとみる R・M・ヘアの指令主義などがある。

　これらは道徳判断や価値判断といった言語実践においてわれわれは何を行っているのかを説明する試みだが，いずれも正義をめぐる合理的な議論の可能性に消極的である。もちろんそこには重要な相違もあり，情緒主義が規範的正義論の可能性を端的に退けるのに対して，とくにヘアの場合，判断の普遍化可能性の要請が道徳判断に組み込まれており，たとえば「Xという行為は道徳的に正しい」と主張する人は，類似の行為Yについても正しいと判断しなければ矛盾を犯すことになる。ここにはまた，XやYを正しいとする何らかの理由の存在と理由による道徳判断の吟味の可能性がある程度までは含意されている。これは大きな前進だ（実際ヘアはこうした道徳言語の分析を出発点に後に独自の功利主義理論を展開した）。とはいえ，ヘアの場合も，1人の判断者における道徳判断とその理由の一貫性については吟味することはできても，異なる人々のあいだでの道徳判断の相違を合理的に議論することはできず，やはり基本的に非認知主義である。

> 価値相対主義

こうしたスタンスは，正義は個々人の視点によって相対的であり，道徳や価値の問題に普遍的真理は存在しないという（メタ倫理学的）価値相対主義に帰着する。価値相対主義の理論的基礎には，真偽を問うことのできる知識は，論理学や数学のような命題間の論理的演繹にかかわる形式科学と，観察などの感覚経験によって検証可能な経験科学だけだとみる論理実証主義や，事実判断と価値判断は論理的に異なる世界に属しており，後者は上位の価値判断からしか導けないため最上位の価値判断の真偽は証明できないという方法論的二元論などがあり，価値観の多元性という社会的事実の力もあずかって，価値相対主義の魅力は少なくないようにもみ

える。

　しかし，価値相対主義は多くの批判や疑問にもさらされてきた。理論的にみると，形式科学と経験科学だけが真偽を語りうるなら，価値相対主義という主張自体も真偽が問えず破綻するのではないかとか，われわれはしばしば事実判断を根拠に価値判断を行っており，事実判断と価値判断の峻別は実践理性の捉え方として狭すぎるのではないかなどの批判がある。また，価値観の多元性という事実の重みについても，方法論的二元論の論法を逆手にとって多元性の事実から価値相対主義は論理的に導けないとか，一見すると価値判断の相違にみえることが事実に関する理解の違いの反映にすぎない場合も少なくない，と批判されている。さらに，たとえ正義や善については対立があっても不正義や悪については一致の可能性があるため，こうした消極的視点から客観的な正義を論じることができるという見解もある。こうしてみると，価値相対主義には案外脆弱なところがある。

　なお，価値相対主義者ケルゼンやラートブルフは，究極的な価値や規範の優劣の判断は各人の良心の決断や選択に委ねざるをえないとみる一方で，価値相対主義は異なる究極的諸価値の等価性を含意するため寛容や民主主義に通じるとも主張するが，これはもはや価値相対主義というより1つの価値判断だろう。また，もし究極的な価値判断が個人の決断の問題なら，価値相対主義は寛容や民主主義ではなく，むしろ逆に自己の判断の絶対視につながり，プラトンの『ゴルギアス』に登場するソクラテスの論敵カリクレスの説くような「力こそ正義」に行き着くかもしれない。

　　ハーバーマスの　　こうした思潮に対して，現代ドイツを代表する思想家
　　討議倫理学　　ユルゲン・ハーバーマスは，人間の言語コミュニケーション行為のあり方に着目して認知主義的な討議倫理学を展開する。ハーバーマスによると，われわれは規範的言明を発するにあたり，道徳問題には正解があると前提し，自己の主張が他者に受容されうるものであり，もしも他者が疑問を投げかけたときは理由を挙げて自己の主張を立証できるという妥当要求（正当性要求）を暗黙のうちに掲げている。ここには理由に基づいた相互了解という意味の合理性が働いている。そこからハーバーマスは，自由で対等な理想的条件のもとでの実践的討議を通じて得られる合意によって道徳規範の正当性

が判定できるとする討議倫理学を展開する。

　道徳的言語を用いるわれわれの営みの説明として，エイヤーなどのような非認知主義とハーバーマスのどちらが真相を言い当てており，どちらに納得ができるだろうか。もちろん決着はついておらず，ここで触れたよりもはるかに複雑なかたちで現在もメタ倫理学上の論争が続いているが，少なくともわれわれの内的視点からは，正義を語ることでわれわれが正解の存在を暗に肯定し，正解を求めていることは否定できないのではないだろうか。何より正義をめぐる真剣でそれなりに合理的な論争の存在がそれを示唆している。たとえ大いなる錯誤に基づいているかもしれないとしても，われわれが正義・不正義の感覚をもち，正義という観念を用いて法を評価することは——人間が正義やそれに類する道徳言語に取って代わる思考・言語枠組を獲得しない限り——人間にとって逃れることのできない根源的事実なのかもしれない。

3　正義論の課題

　すると，正解の存否について理論的にどのように考えるかにかかわらず，また，正解を明かす確かな手立てがなくとも，われわれは，法の実現すべき正義とは何かをめぐって思索と議論を続けざるをえない。「正義とは何か」という問いはきわめて実践的な問いなのである。もちろんこれが，規範的正義論が今日まで取り組んできたことであり，今後の課題でもある。

　だが，ことによるとそれ以上に重要な課題は，何が正義かが大きく争われ，誠実な議論に努めても不一致が残るとき法はどうあるべきなのかという問題である。同じく論争の尽きない分野の1つに美学・芸術学がある。ここでも美的価値あるいは芸術的価値とは何かをめぐって，また，個々の芸術作品の解釈や評価をめぐって争いが絶えないが，これに決着をつける社会的必要性はなく，好きなだけ議論し続ければよい（もっとも芸術政策にかかわる場合はそうも言えないが）。しかし，法の世界ではそうはいかず，争いがあってもそのつど何らかの公共的決定が求められる。もちろん現代社会では，民主的手続と多数決によって，というのが自然な制度的解答だろうが，その民主的手続とはどのようなものであるべきなのだろうか。法哲学は，現行制度を当然視するのではなく，正義の論争性をふまえた「あるべき法」の理論化にも取り組まなければな

らない。ここでは，法が各人からみて完全に正義にかなってはいなくても，少なくとも正統性をもつものとして受容できるためには，法はどのように公共的に正当化されなければならないかについての考察が鍵になるだろう。これもまた広い意味で正義論の課題といってよいだろう。

　だから正義論は，正義に関する正解の探究と，正義をめぐる不一致への対処法の理論的な考察という二段構えの課題を抱えている。

🕮文献案内

平井亮輔編『正義──現代社会の公共哲学を求めて』（嵯峨野書院，2004年）

宇佐美誠・児玉聡・井上彰・松元雅和『正義論──ベーシックスからフロンティアまで』（法律文化社，2019年）

佐藤岳詩『メタ倫理学入門──道徳のそもそもを考える』（勁草書房，2017年）

〈引用・参考文献〉

アリストテレス（高田三郎訳）『ニコマコス倫理学（上）』（岩波書店，1971年）

ウォルツァー，マイケル（山口晃訳）『正義の領分──多元性と平等の擁護』（而立書房，1999年）

田中成明『現代法理学』（有斐閣，2011年）

中山竜一『ヒューマニティーズ法学』（岩波書店，2009年）

ノージック，ロバート（嶋津格訳）『アナーキー・国家・ユートピア──国家の正当性とその限界』（木鐸社，1995年）

ハート，H・L・A（長谷部恭男訳）『法の概念［第3版］』（筑摩書房，2014年）

ハーバーマス，ユルゲン（三島憲一・中野敏男・木前利秋訳）『道徳意識とコミュニケーション行為』（岩波書店，1991年）

ロイド，デニス（川島武宜・六本佳平訳）『現代法学入門──法の観念』（日本評論社，1968年）

ロールズ，ジョン（川本隆史・福間聡・神島裕子訳）『正義論〔改訂版〕』（紀伊國屋書店，2010年）

第**2**章

リベラリズムと正義

I　はじめに

　リベラリズムという思想は，16世紀から17世紀に至る宗教戦争や18世紀の市民革命などを契機として生まれたといわれ，これまで多くの理論家がさまざまな立場からこの思想にかかわる議論を行ってきた。このことは，ソビエト・ロシアの崩壊に伴う共産主義の衰退をもって，リベラリズムの勝利あるいは「歴史の終焉」ということが語られた1990年代以降も変わらないし，あるいはこの思想をめぐる議論状況はさらに複雑になったといえるかもしれない。

　この章では，そのような現代のリベラリズムに関する議論の状況について，いくつかの理論をもとにみていくことにしよう。

II　功利主義

1　功利主義の特徴

> トロリー問題

刑務所内での囚人の処遇の改善，女性の権利の拡大，さらには虐待からの動物の保護等，さまざまな社会改革をリードし，また多くの法制度の理論的基盤を提供してきた思想として，功利主義がある。この思想については，18世紀末にその代表的な理論を展開したジェレミー・ベンサムらが用いた「最大多数の最大幸福」という言葉によっても知られるところであるが，近年ではトロリー問題のストーリーを通じてこの思想を知る者も多いかもしれない。

　トロリー問題とは，暴走しているトロリー（路面電車）の前方に線路が二股

に分かれるポイントがあり，片方の線路の先には人が5名倒れており，もう片方の線路の先にはやはり人が1名倒れているという状況で，もしあなたがポイントを操作することができるとしたら，あなたはトロリーをどちらの線路に誘導するだろうか，という哲学者のフィリッパ・フットが考案した思考実験である。いずれにせよ死者が出ることが避けられないのだとしたら，死者の数が少ない選択肢の方がよい，と考える者も多いのではないだろうか。功利主義はまさにそのような選択を推奨する。

評価の枠組み　功利主義は人々の行為や制度の正しさの評価を，①帰結主義，②厚生主義，③公平原則，および④最大化主義に基づいて行う理論である。

　ここで帰結主義とは，行為や制度の評価をそれらの帰結の観点からのみ行うというものである。約束を例に挙げれば，約束を守るべきなのは約束の遵守がそれ自体として正しいからではなく，約束を守った場合の結果の方が守らない場合の結果よりもよいからである。仮に守らない場合の結果の方がよいと判断されれば，帰結主義はむしろ約束を破ることをすすめる。

　次に厚生主義とは，結果のよさの評価を行うための指標として，人々が得る「効用」だけを考えるというものである。評価の指標としてはほかにも，人々が享受する自由や権利の多さなどさまざまなものがありうるが，厚生主義はそれらの指標を拒否し，ただ効用の増大にどれだけ貢献したかという点からのみ評価を行う。

　さらに公平原則とは，効用計算において各人の効用に等しいウェイトがおかれるべきことを求めるものである。ベンサムの格言としてJ・S・ミルが述べた，「誰をしも1人として数え，1人以上として数えてはならない」という文章は，この原則を端的に表現したものとしてよく知られている。

　最後に最大化主義とは，個々人の効用をすべて足し合わせたものの大小により，行為・制度の評価は行われるべきとする考えである。たとえば複数の案のうちのいずれかを公的制度として採用するという場合，この考えのもとでは，すべての人の効用の合計が1番大きい案が公的制度として採用されるべきことになる。

2　功利主義への批判

効用の中身

このような功利主義はさまざまな批判にさらされてきた。たとえば，効用の中身の問題がある。ベンサムら初期の功利主義者らは「快楽」こそが効用として最大化されるべき唯一の内在的な善であると考えた。だがそうすると，大きな快楽がしかも長い時間続くのであれば，人々は芸術作品に触れるよりも泥んこ遊びに興じるべきなのだろうか。それともミルが述べたように，快楽には質の差があり，「満足した豚であるよりも満足していない人間である方が善く，満足した愚か者であるよりも満足していないソクラテスである方が善い」のだろうか。あるいはまた，効用とは快楽ではなく「欲求の充足」を指すのだとしよう。だがその場合，ある人が欲求したことが仮に自分の知らないところで実現したとしても，場合によっては自分が死んだ後に実現したとしても，当人の効用は増加したといえるのだろうか。

効用の個人間比較

また，効用の個人間比較の問題もある。初期の功利主義者らは，効用とは光や熱と同じように一定の単位によって測定可能な自然の量であると考えた。これによると，たとえ特定の状況下での効用の増減の幅は個々人で異なるにしても，効用の単位は客観的なものであるから，彼らの効用の大きさは相互に比較可能だし，また複数の人々の効用を足し合わせることも可能であるとされる。だが実際にはそのような想定の現実的妥当性は疑わしい。苺とミカンのどちらをどれだけ好きかということは1人の人間の内部ではある程度語りうるにしても，複数の人々のあいだでそのような比較を客観的な数値のもとで行うことがはたして可能であろうか。

一部の人々の犠牲

さらに，全体の利益のために一部の人々を犠牲にすることの問題もある。我々はしばしば，将来の負担を軽くするためにあえて現時点で多くの負担を引き受けようとする。たとえば志望大学への入学をめざして，高校時代はひたすら勉強に専念するというように。これは明日の自分のために今日の自分を犠牲にするものといえるかもしれないが，多くの人はこのことで当人がより幸せになるのならとくに問題はないと考えるだろう。だが，この同じ理屈は複数の人々のあいだでも妥当するだろうか。つまり，一部の人々の負担をそれ以外の人々の負担よりも格段に重くする

ことは，それによって人々全体の幸福が増大するのであれば，問題はないのだろうか。もしこのことに問題があり，それぞれ別の人生をもった複数の人々のあいだでの効用のトレード・オフは同一個人内のそれとは別のものなのだとすれば，このことを無視し個人内での負担の配分と個人間での負担の配分を同じ理屈で説明する功利主義は，人々を別個独立の自律的な人格をもった平等な主体として扱っていないのではないか。

3　功利主義とリベラリズム

戯画化？

もっとも，これらの批判は功利主義を戯画化している部分もある。実際，功利主義者らはこれまで，これらの難題をクリアするためのさまざまな取り組みを行ってきた。たとえば，効用の個人間比較の問題についていえば，誰の効用も低下させることなしに誰か1人以上の効用を増加させることができない状態を効率的とするパレート原理の採用は，個人間での効用の比較をすることなしに，効率的で望ましい政策について決定することを可能にしている。

　また，全体の幸福のための一部の人々の犠牲という問題についても，現代の功利主義者の多くは，そのような犠牲を許容することはないだろう。ウィリアム・ゴドウィンのような初期の功利主義者が，人々はつねに最大多数の最大幸福をめざして行為する必要があるという立場であったのに対し，現代の功利主義者の多くは，人々は結果として全体の効用を最大化するような仕組みに従ってさえいればよく（間接功利主義），そのような仕組みとしては道徳の諸ルールが重要である（規則功利主義）と考えている。その場合，人々の権利を尊重するような内容の道徳ルールが，効用原理によって基礎づけられる二次的な規則として採用されるのなら，一部の人々の自由や権利が全体の幸福のために犠牲にされるといったことは，通常考えにくい。

　こうしてみると，功利主義とリベラリズムとは近い関係にあることがわかる。実際，リベラリズムの古典である『自由論』において，ミルは他者危害原理を功利主義のもとでの二次的規則として位置づけていたし，現代においても功利主義はしばしばリベラリズムの1バージョンとして捉えられているのである。

Ⅲ　公正としての正義

1　原初状態

社会の基本構造の正義

しかしながら，現代のリベラルな理論家の多くは，功利主義を批判の対象として扱ってきた。この節では，功利主義を批判しつつ効用ではなく権利をより根本的なものと位置づける規範的正義論の枠組みを構築することで，そのような功利主義対リベラリズムという議論の構図を作り出した，ジョン・ロールズの理論についてみてみよう。

正義の理論を考える場合，その対象にはさまざまなものがある。たとえば，我々は人格高潔な人を「正義の人」と呼んだりあるいは人々の特定のふるまいを「正義にかなった行動」と述べたりする。だが，ロールズがテーマとしたのはそのような数多くの対象のうちでも社会の基本構造，つまり基本的な権利・義務を分配し，社会的協働から得られるさまざまな財を分配する仕方，さらにはそのために必要な背景的な制度的枠組みについての正義であった。彼はそのような社会的協働のための公正な基盤はいかにして確立されるかを考え，そのための正義原理を公正な手続的条件のもとで正当化しようとする自らの理論を，「公正としての正義」と名づけるのである。

正当化の２つの枠組み

公正としての正義において，ロールズが正義原理の正当化のために用意した議論は大きく分けて２つある。１つは，「原初状態」と呼ばれる仮説的な状況を考え，そのような状況におかれたならば人々は社会の基本構造を規制するものとしてどのような原理を選択するだろうか，ということを検討する枠組みであり，もう１つは，そのようにして導出された正義原理の妥当性について，我々の熟慮のうえでの道徳的判断とすり合わせて検討する「反省的均衡」と呼ばれる枠組みである。

このうち原初状態という手続においてロールズが意図したのは，「純粋な手続的正義」という観念を正義原理の導出に応用することだった。ここで純粋な手続的正義とは，正しい結果を識別する独立の基準がない場合でも，公正な手続に従って導出されたものであれば，それは正しい結果とみなせるという考えである。この考えに基づけば，いかなる原理が正義の原理として妥当なもので

あるかを識別する独立の基準がなかったとしても，公正な手続のもとで導出された
ものであるならば，それは妥当な正義原理として承認することができるだ
ろう。このことから，ロールズはそのような公正な導出手続として，原初状態
という仮説的な（歴史上実際にあったわけではない）概念装置を用意したのであ
る。

> 無知のヴェール

原初状態を公正な導出手続として特徴づける要素には
次のようなものがある。①原初状態の当事者たちは人
間社会に関する一般的事実しか知りえないとの想定。当事者たちが自分自身や
愛する者に有利な原理を選択するのを許せば，選ばれた原理は偏ったものに
なってしまう。そこで，彼らの選択を公正なものとするために，自分が何者で
あるかの情報，たとえば自分は健康か病弱か，裕福か貧乏か，どのような生き
方を善いものと考えているか，といったことを知らない状態に彼らをおこうと
いうのである（このような情報の剥奪の仕組みは「無知のヴェール」と呼ばれる）。
②当事者たちは合理的にかつ他人の利益には無関心に自分の利益の最大化をめ
ざし，嫉妬やうらみによっては動かされないとの想定。無知のヴェールの背後
にいる当事者は何が自分に特有の利益になるかを知らないが，いかなる人々で
あれ権利と自由，機会と権力，収入と富，さらには自尊といったものについて
は，より多くを望むのが合理的であると考えられる。そこで，当事者たちはこ
れら基本財と呼ばれるものを指標とし，自らが得られるだろう基本財が最大に
なるような原理を選ぶものとされる。③正義原理への合意手続において，原初
状態の当事者たちには完全に平等な権利として拒否権が与えられるとの想定。
これは上の2つの想定とともに，当事者たちが自然的・社会的偶然に左右され
ずに正義原理を選択することを保証したものである。

　これらの条件が満たされた場合，原初状態の当事者たちは，「石橋をたたい
て渡る」式の慎重な検討を行い，考えられる最悪の結果を少しでもましなもの
にしようとすることが想像される。そうだとすれば，功利主義的な原理などい
くつか考えられる正義原理案のうちでも，自身が提唱する「正義の二原理」が
選択されることになるだろうとロールズはいう。

2　正義の二原理

最大限の平等な自由　このようなやり方でロールズが正当化しようとする正義の二原理とは，次のようなものである。

第1原理（平等な自由原理）：各人は，すべての人に対する同様な自由と相容れる，最も広範な基本的諸自由の全体系への平等な権利をもたなければならない。

第2原理：社会的・経済的不平等は，次の2つの条件を満たすものでなければならない。①正義にかなう貯蓄原理と矛盾せずに，最も不遇な立場にある人の期待便益を最大化すること（格差原理）。②公正な機会の均等という条件のもとで，すべての人々に開かれている職務や地位に付随するものであること（公正な機会均等の原理）。

ここで第1原理が扱っているのは，政治的自由，言論および集会の自由，思想・良心の自由や身体の自由といった，一般に人権のカタログに含まれる基本的な諸自由である。この原理はこれらの基本的な自由がすべての人に平等にかつ最大限に保障されるべきことを要求し，またこの原理は第2原理よりも優先的に適用されるべきものとされる。このことにより，社会全体の利益のために一部の人々の基本的自由が制約されるという恐れはなくなる。功利主義にみられた少数者の犠牲という問題は，ロールズの正義論においてはこのような仕方でその克服が図られている。

格　差　原　理　これに対し第2原理が意味するのは，責任を伴った職務へのアクセスがすべての人に認められるという条件のもとで，社会のなかで最も不遇な状況にある人々の利益を最も高めるのに必要なものであるなら，社会的・経済的不平等の存在を例外的に許容するというものである。この原理は多くの理論家の関心を呼んだが，とくに彼らが注目したのは，第2原理のうちでも格差原理と呼ばれる部分であった。

格差原理の根底にあるのは，出自や知的能力等といった自然的・社会的な偶然によって人々の所得や富の分配が左右されるのは，道徳的にみて恣意的であるという考えである。そのうえでこの原理は，それらの偶然に起因した不平等な分配を一切否定するのではなく，むしろ偶然の産物たる人々の才能を社会的な共同資産とみなし，社会の最も不遇な状況にある人々の利益になるような仕

方でそれらの才能を活かそうとするのである。このような格差原理は，福祉国家的な諸政策を基礎づけるものとして理解され，現在でもリベラルな平等主義に関する議論のなかで重要な位置を占めている【→第3部第3章Ⅲ**1**】。

Ⅳ　平等な配慮への権利

政治理論の3区分

ロールズの理論の登場は，メタ倫理学の隆盛の一方で規範的正義論が停滞していた1960年代までの議論状況に一大転機をもたらし，多くの理論家がさまざまな立場から正義に関する議論を行う土壌を作りだした。そんななか，ロールズ同様，効用ではなく権利に重要な位置づけを与える議論を行ったのが，ロナルド・ドゥオーキンである。ドゥオーキンの正義論は，妊娠中絶や環境問題等，具体的な法的・政治的問題に関する議論のなかで展開されており，必ずしも体系的な形で提示されてはいないが，しかしその権利基底的でまた平等主義的な理論は，現代の法哲学者に大きな影響を与えている。

　ドゥオーキンは，目標，義務，および権利のいずれが政治的決定の究極的な正当化理由として扱われるのかに応じて，政治理論を功利主義や全体主義などの「目標基底的」理論，カントなどの「義務基底的」理論，そしてロールズや彼自身の「権利基底的」理論という3種類に区分する。ここで，目標基底的とは，一般的福祉の増進や特定の善き生の構想に従った理想社会の創造などの目標が，それらを実現しようとする政治的行為の正当化理由として扱われるということを意味する。また義務基底的とは，何らの目標も一切考慮することなしにただ神への崇拝を人々に求める場合のように，いかなる目標の実現にもつながらない行為をそれにもかかわらず人々に求めることが，正当な行為として理解されるということである。これに対して権利基底的とは，促進されるべき何らかの目標を阻害することが明らかな行為であっても，これを人々に認めないのは不正なことだと理解されるということを意味する。その場合，人々の行為は必ずしも無条件に諸目標に優先するというものではないけれども，権利基底的理論ではそのような行為の自由が，諸目標に対する「政治的切り札」としての権利という形で，その強さはさまざまであるにせよ人々に認められており，

これにより社会全体の利益のための少数者の犠牲はある程度回避されることとなる。

| 資源の平等 |

権利基底的理論としてのドゥオーキン正義論において，彼が根底に据えるのは，「平等な配慮と尊重を求める権利」という非常に抽象的な権利概念である。これは立法に先だって存在するとされる道徳的権利であり，信教の自由や表現の自由などの基本的自由はみなこの権利に由来するのだという。興味深いことには，ロールズの原初状態論などもこの抽象的な権利を前提するものだと主張されている。原初状態から導出される正義原理の妥当性は，ドゥオーキンによれば，当事者による選択という事実よりもむしろ，原初状態という仕組み自体が平等な配慮の権利を具体化している点に求められるというのである。

　この権利のもとで求められる平等な配慮について，ドゥオーキンはこれを「資源の平等」として特徴づけている。これは，人々がそれぞれ善いと考える生き方を追求するうえで必要となる，財・機会等の資源の分配に着目した平等概念である。各人がそれぞれ望む人生を自由に送ったことの結果として生じた不平等な分配状況については，国家はあえてこれに手を加える必要はないが，しかし家庭環境や生得的な才能などの偶然から生じた不平等な分配については，そのような偶然による作用がなかったならば各人が置かれていたであろう状況へと近づけるよう，国家は積極的な措置を講じる必要があるというのである。

　この平等概念からは，たとえばアファーマティブ・アクション（積極的是正措置）【→第3部第4章Ⅱ1】を支持する議論が導かれる。ドゥオーキンによれば，これまでアメリカで不利な立場に置かれてきた者に大学入試や就職の場面で特別な優先枠を設けるといった措置が，本当に彼らに有利にはたらくかどうかはわからないものの，その種の措置を講じた入試方法を合憲とした連邦最高裁判決については，資源の平等の観点からも正当化することができるのだという。

V　ケイパビリティの平等

1　何の平等か

平等の重視

　ここまでの節からもわかるように，現代のリベラルな理論家の多くは，社会的正義の根底に平等という価値をおいた議論を行っている。平等な配慮を基礎に置く理論としてリベラリズムを定義するドゥオーキンなどは，その典型といえるだろう。もっとも，平等という価値の重視は，彼らリベラルな平等主義者に限った話ではないだろう。このことを指摘したのは，ノーベル賞経済学者のアマルティア・センである。

　センによれば，大部分の正義の理論は，何らかの点で平等を重視している。すべての人を平等に配慮するのでなければ，その理論は恣意的な差別を行うものとして，正当化が困難になるからである。たとえば，功利主義においてはたしかに人々の効用についての平等は求められていないが，しかし効用計算の際に各人の効用の増分に与えられるべきウェイトは平等でなければならないとされている。また，次の節でみるリバタリアニズムについても，国家による所得の再分配を個々人の権利侵害として批判するものの，そのような権利の分配については人々のあいだで平等でなければならないとされているのである。

　要するに，諸々の正義理論はいずれも何らかのレベルの平等を求めているのであって，その違いは「平等を重視するか否か」ではなく，「どのレベルの平等を重視するのか」にある。これは，「いかなる要素が人々のあいだで不平等なものとして残ることを容認するのか」，という点についての違いともいえるだろう。このことを考えれば，平等の重視を自説の優越性の根拠にしたり，あるいは他説における平等の欠如を批判しても意味はない。問われるべきはむしろ「何の平等か」，つまりどの要素を人々のあいだで平等であるべきものとして重視するのか，なのである。

2　ケイパビリティの平等

資源を利用する能力

　ではセンは何の平等を重視するのか。それは「ケイパビリティの平等」である。

図 2 - 1　選択可能な機能の範囲を規定する要素

　人々が特定の目的の実現を考えるとき，そのための手段としていかなる行為が選択可能であるかは，彼らがもつ財産等の資源に左右されるだろう。たとえばある人物が特定の場所に向かう場合，彼がとても貧しいなら，高額なタクシーでの移動は困難なため自転車あるいは徒歩での移動を強いられるかもしれない。また，その選択には彼の健康状態や運動能力等もかかわってくるだろう。彼が重い身体障害を患い車椅子に乗った生活を送っているのだとしたら，自転車での移動などは無理かもしれない。

　要するに，人々が選択可能な行為や状態（機能）のリストにいかなるものが含まれるかは，彼らがもつ資源だけでなく，さらにそれらの資源を利用する彼らの能力にも依存している。多くの資源やそれらの資源を利用する十分な能力をもつことは，選択可能な機能の組合せの数を増やすという意味で大きなケイパビリティ（潜在能力）を当人にもたらすだろう。またケイパビリティが大きく，多くの選択肢のうちから機能の組合せの選択を行うことができるほど，その人物は多くの自由を享受しているといえるだろう（図 2-1）。

機 会 均 等

　　センによれば，正義の諸理論は，社会制度を評価するにあたりこれらの要素のいずれかに注目している。たとえば，人々の効用の最大化という観点から社会制度の是非を論ずる功利主義は，機能の一部として含まれる「快楽」や「欲求の充足」などの心理的尺度を，社会制度評価の情報的基礎として用いている。もっともセンによれば，これは自由を無視し機能にのみ注目するものであるだけでなく，それらの心理的尺度で測れない機能を無視するという点で問題がある。他方，ロールズやドゥオーキンの理論は社会制度の正義を人々の機能ではなく彼らがもつ資源によって評価しており，その点で功利主義よりも人々の自由を重視するものといえる。ただし，自由を重視していること自体は評価できるものの，ロールズらは人々の自由をそのための手段としての資源の観点からのみ捉えている点で十分

ではない。仮に社会の最底辺にいる2人の人物に対して格差原理に基づき同等の資源を（再）分配したとしても，一方は精神的・肉体的に健康で他方は深刻な身体障害を抱えているならば，それらの資源をもとに彼らが行いうる選択，つまり彼らの自由の大きさには差が出るだろう。

　つまるところ，人々の自由を等しく尊重しようとするのであれば，資源を利用する人々の能力をも考慮に入れたうえで諸施策が進められる必要がある。このようなケイパビリティの平等，とくに社会生活において不可欠な基本的諸機能の選択を可能にする基本的ケイパビリティの平等があってはじめて，人々は自らにとって価値ある生活を選ぶ自由を等しく手にすることができる。センによれば，これこそ真の意味での機会均等であるという。

基本的なケイパビリティ　　ところでセンは，基本的な機能の例として，「適度な栄養状態にあること，健康であること，自尊の達成，共同体の生活への参加」などを挙げるものの，他にどのようなものが含まれるかを明らかにしていない。しかし，必ずしもすべての機能が平等に充足される必要はない（たとえばバイオリンを弾くという機能をすべての人が充足できるように，社会は予算などの面で取り組むべきだろうか）以上，社会制度のもとで平等化が図られるべきケイパビリティはいかなるものであるかを明らかにすることは必要だろう。このような観点から，ケイパビリティ・アプローチを継いだマーサ・ヌスバウムは，基本的ケイパビリティのリスト化を積極的に行っている。彼女によれば，そのような基本的なケイパビリティとしては，「生命，健康，身体的保全，感覚・想像力・思考，感情，実践理性，社交性，動植物や自然との共生，遊び，自己の環境の管理」が挙げられるという【→第3部第4章Ⅲ1】。

Ⅵ　リバタリアニズム

1　リバタリアニズムの特徴

自由の尊重　　これまでみてきたような，人々の人格的自由を尊重しつつも国家による再分配等を通じた平等化の施策を許容する思想は，20世紀に進展した福祉国家化の流れのなかで生まれたものであり，現代では（とくにアメリカにおいて）「リベラリズム」といえばこのような

思想を指すものとされている。もっとも，福祉国家化が進む以前には，リベラリズムとはむしろ，小さな国家のもとで人々の人格的自由と同時に経済的自由についても尊重する思想を指す用語だった。そして，ジョン・ロックやアダム・スミスに代表されるこの「古典的自由主義」に沿った考えは現代においてもみられる。それらの思想は，（福祉国家的）リベラリズムと区別する趣旨から，一般に「リバタリアニズム」（自由至上主義や自由尊重主義と訳される）と呼ばれる。

　リバタリアニズムの特徴は，経済的自由を含めた人々の自由を最大限に尊重することにある。とくにこの理論による財産権の尊重は，現代リベラリズムとの最大の対立点として，つねに論争にさらされてきた。もっとも，リバタリアンと呼ばれる人々の理論は必ずしも一枚岩というわけではない。たとえば，許容可能な国家形態についても，国家の役割としては暴力，盗み，詐欺からの人々の保護や契約の執行は正当なものとして許容されるもののそれ以外の役割は許容できないとする「最小国家論」や，それらの役割に加えて一定程度の福祉サービスの提供も許容する「福祉リバタリアニズム」，さらには国家とは個人の財産を強制的に没収（課税）し特定地域内における実力と意思決定権力を強制的に独占する主体として道徳的に不正な存在であり，それゆえ一切の国家は許容できないとする「アナルコ・キャピタリズム」（無政府資本主義）まで，さまざまな考えがある。

左派リバタリアニズム　さらに近年では，福祉国家的な再分配は否定する一方で無主物の財産に対しては人々の平等な権利を認める，「左派リバタリアニズム」と呼ばれる思想も登場している。これは，人々の自己所有権をもとにした労働の成果については財産権の対象として認めるものの，それ以外の外界の資源については社会全体のものとして各人に平等な権原を認め，取り分の不平等に対する国家による是正を要請するものである。もっとも，このような左派リバタリアニズムの考えに対しては，（福祉国家的）リベラリズムの1バージョンであって，財産権の最大限の尊重を唱えるリバタリアニズムとして分類されるべきものではない，との批判もある。

2　ノージックの最小国家論

| 横からの制約 |

そのようなリバタリアニズムに関する諸理論のうちでも，とくに重要なものとして，ハーバード大学哲学科でロールズの同僚だったロバート・ノージックの理論がある。ノージックはロック的な自然権論を承認する立場から，それぞれの個人はその生命・自由・財産を他人に侵害されない権利をもつと主張し，それらの権利にきわめて強い保護を与えようとした。彼によれば，人々がもつ権利とはさまざまな目的志向的な活動に対する「横からの制約」であって，一般的な福祉の増進などのような社会的目的と個々人の権利とのトレード・オフは認められない。さらに，社会全体としての権利侵害を最も少なくするための方法として，特定個人に対して権利の制約を求めることさえも許されないというのである。

ノージックによれば，権利に対するこのような強い保護の根底にあるのは，個々人は目的として扱われなければならず，単に他人の目標達成のための手段として扱われてはならないというカントの道徳原理である。個々人の生命や自由，財産は他の誰でもない彼ら自身のものであって，社会の利益になるという理由でそれらを彼らから奪えば，それは彼らを他の人々のための手段として扱うことを意味する。そうである以上，いかなる形であれ生命・自由・財産に対する制約は許されないというのである。

| 再分配への疑問 |

このことから帰結するのは，現代の福祉国家においてさまざまな形で行われている平等主義的な再分配政策に対する疑問である。というのも，たとえば貧困層の人々への生活保護の財源として所得税や相続税などを累進課税方式にすれば，自身のものとして本来奪われるべきでない財産が富裕層から奪われるのであり，それは彼らに強制労働を課すのと同じことを意味するであろう。NBAのスタープレイヤーは年間数十億円の収入を得るかもしれないが，それは彼らが自分自身の持ち物である自らの身体を鍛錬し続けてきたことの結果である。むろん社会的・経済的弱者の救済は望ましいことであるだろうけれども，これは人々が自発的に自らの意思で行うべきものであって，国家がその権力を用いて強制的に行うべきものではない。

かくしてノージックは，国家の正統な役割とは暴力・詐欺・窃盗などから

人々を守る夜警国家的な作用のみをいうのであり，このような「最小国家」の機能を逸脱した国家権力の行使は正統な国家作用ではないと主張する。彼はこのことを，ロック的な自然状態におかれた人々が自発的な選択を行った結果，最終的に最小国家ができあがるというストーリーを提示することで示そうとする。

　このようなノージックにとって，国家が実現すべき正義とは，財の獲得・承継・修復に関する手続的なルールの遵守にのみかかわるものである。それらのルールに適切に従った結果として，人々のあいだにどのような分配状況が生じようと，それは国家の関心事ではない。(福祉国家的) リベラルは強制的な再分配により特定の分配状況を正義に適ったものとして実現しようとするが，ノージックからすれば，それらはむしろ人々から権利を奪う，正義に反する行為なのである。

📖文献案内

サンデル，マイケル（鬼澤忍訳）『これからの「正義」の話をしよう──いまを生き
　　延びるための哲学』（早川書房，2011年）
児玉聡『功利主義入門──はじめての倫理学』（筑摩書房，2012年）
神島裕子『正義とは何か──現代政治哲学の 6 つの視点』（中央公論新社，2018年）

〈引用・参考文献〉
関嘉彦編『世界の名著〈第38〉ベンサム，J. S. ミル』（中央公論社，1967年）
セン，アマルティア（池本幸生・野上裕生・佐藤仁訳）『不平等の再検討──潜在能力と自
　　由』（岩波書店，2018年）
ドゥウォーキン，ロナルド（小林公・大江洋・高橋秀治・高橋文彦訳）『平等とは何か』
　　（木鐸社，2002年）
ドゥウォーキン，ロナルド（木下毅・小林公・野坂泰司訳）『権利論〔増補版〕』（木鐸社，
　　2003年）
ノージック，ロバート（嶋津格訳）『アナーキー・国家・ユートピア──国家の正当性とそ
　　の限界』（木鐸社，1992年）
ロールズ，ジョン（川本隆史・福間聡・神島裕子訳）『正義論〔改訂版〕』（紀伊國屋書店，
　　2010年）
ロールズ，ジョン（田中成明・亀本洋・平井亮輔訳）『公正としての正義 再説』（岩波書
　　店，2020年）

◇コラム3　ベーシック・インカム論

　近年，平等論の文脈においてベーシック・インカム（BI）という考えがしばしば論じられる。BI は，最低限の所得保障を行う方法の1つで，すべての国民に一定額の金銭を定期的に支給するというものである。すべての人に関して，支給される BI の額と BI の財源として課される税金の額が同一であるというのでない限り（そしてその場合 BI を設ける意味はない），そこには所得の移転があるから，BI は所得再分配の一形態である。

　BI については，既存の社会保障制度のもとで生活保護等にアクセスできない人々にも確実に支給されるとか，社会保障制度を一元化する点でコストの削減につながるとの賛成論や，働かなくてもお金がもらえることから労働意欲の減衰や犯罪の増加をもたらすとする反対論などさまざまな意見があるが，その考えは古く，J・S・ミルなども BI に相当するものについての議論を行っている。

　現代の正義論においては，たとえばロールズの格差原理を BI の正当化根拠として援用する議論がしばしばなされている。もっとも，ロールズ自身は働くことができるにもかかわらずそうしない者に格差原理が適用されることを否定し，彼らは何とかして自活しなければならないと主張したのだったが。BI を正当化する理論としては，ほかにも左派リバタリアンのフィリップ・ヴァン・パリースの理論などもよく引用される。ヴァン・パリースは，人々が人生全般を通じて受け取る才能や教育その他の「ギフト」は可能な限り平等に分配されるべきだとしたうえで，彼らが多種多様なジョブを占有することでもたらされる超過所得（レント）への課税を財源とすることで，BI の支給がなされるべきことを主張している。

第3章

ポスト・リベラリズムと正義

Ⅰ　はじめに

　「リベラリズムと正義」と題された前章は，ジョン・ロールズのリベラリズム正義論による功利主義批判に触発されて多方面に展開するところとなった「正義」をめぐる論争状況，これを活写することを目的とするものであった。論争は今もなお継続中である。この第3章では，前章においてコアの位置にいた論者ロールズに対して放たれた，論争全体の様相そのものを新しいステージに移行させる契機となった2つの批判を眺めたうえで，哲学と民主主義がリアルにせめぎあう「法」の地に論争の場を移しおき，ポスト・リベラリズムの正義論のありかはどのような地点に見定められるか，これをどうにかさぐりあてることを試みてみたい。

　もっと具体的に述べておこう。まず次のⅡで，そもそも「正義」を語るにあたっては「哲学」としてのリベラリズムからの「脱^{ポスト}」，つまりは「民主主義」への復帰こそが第一義とされるべきではないかとする主張を取り上げる。続くⅢでは，その哲学としてのリベラリズム自体，十分に信頼のできるものとはなっていないのではないかということを，コミュニタリアン（共同体主義者）たちによる指摘を手がかりに確認する。

　では，「正義」はもっぱら「民主主義」にのっとって決めればよいことであって，「哲学」の出る幕はないと結論されるべきなのであろうか。しかし，事は実はそう容易ではない。そのことを，日本国憲法学を舞台に，フェミニズムと熟議民主主義論（熟議民主政論）の切り結びのなかで見届けよう（Ⅳ）。

Ⅱ 哲学と民主主義

1 哲学と民主主義

ある実は深刻な基本をあらためて指摘することから始めよう。

「哲学者」たちには
敬礼すべきなのか？　　みなさんは今，「法哲学」の教科書を読んでいる。目下，「法と正義」と題された部の中盤あたりだ。さまざまな「哲学者」（「法哲学者」を含む）たちが，さまざまに「正義」の「哲学」を披露している。前章では，功利主義者ベンサム，「公正としての正義」の論陣を張るロールズ，平等を大事にする姿勢をみせるドゥオーキンとセン，自由こそが尊いとするノージックらが登場した。みなさんの今の率直な心境は，さすがにみな「哲学者」だ，どの人のいうことにも説得されてしまいそうだ，といったところであろうと推測する。そして，誰のいうことに一番信頼ができそうか思案中，というところなのではなかろうか。

ところが，同じ「哲学」の業界の住人たちのなかには，こんなことをいう人たちがいる。みなさん，そもそもそういった，「哲学者」先生たちの語ってみせることをやたらとありがたがる「受け身の」態度で本当によいのだろうか。国家社会を律する法は，「正義」が実現されることをめざしている，ということ自体は，前提として認められてもよいかもしれない。しかし，ひと事としてではなくわが事として考えてみるとき，その「正義」は，みなさん自身が決めるべきことだ，とはならないだろうか。「哲学者」先生たちのなかの誰かの意見が，一意見以上の格別の重みをもつ，などとひどくかしこまって受け止めるべき理由，そんなものがはたしてあるだろうか。

現代の規範的正義論の活況の一大立役者は疑いもなく，ロールズである。その「公正としての正義」論の中身については，前章において説明されているとおりである。「原初状態」におかれた人々が決める「正義」ならば，その「正義」はどの人も納得して受け容れることのできる，どの方面からも文句の出ようのない「正義」となる仕掛けに，ちゃんとなっているようにみえる。みなさんのなかには，すごい発想力だと驚いた人たちも多いのではなかろうか。

ところが，ロールズが結論として示す「正義」が，「哲学者」ロールズ一個

人の頭のなかを駆けめぐったまさに「発想力」の産物であること，そうであるからこそロールズ説に賛成することはできないとする「哲学者」たちがいるのである。こうした哲学者たちとしてはたとえば，マイケル・ウォルツァー，ユルゲン・ハーバーマス，リチャード・ローティらが挙げられるが，彼ら自身の思想的立場がとうてい同じとはいえない点がそれ自体興味深い。ウォルツァーは，あとで触れるコミュニタリアンと呼ばれる一派の陣営に属する１人とされる。ハーバーマスは，近代という時代のもたらした成果を強く肯定的に捉える論者として著名であり，やはりあとで触れるいわゆる熟議民主主義論の立ち上げにも有力な論者の１人としてかかわった。ローティは，いわゆるポスト・モダンの論者の１人とみられている。

哲学に対する民主主義の優先　ロールズ正義論に対してそろって不同意の意向を示す上記３名が挙げる理由には，はっきりと共通項がある。すなわち，国家社会を律する法が，「正義」が実現されることをめざしていることは確かだとしてよいけれども，その正義はその社会に実際に暮らす人々自身が民主主義的に決めた正義であるべきであって，「哲学者」が書斎で頭をひねって結論として出した「正義」が，あたかも特別の傾聴に値するものであるかのようにありがたがられる理由はまったくない，という主張である。このようなスタンスは一般に，「哲学に対する民主主義の優先」というフレーズで理解されている。哲学者たちのなかには，われわれ「哲学者」はせいぜい，社会で実際に生活を営んでいる人々に対し試みにいろいろのアイディアを投げかけてみる役を引き受けるだけで十分で，あえて日本的にいえば，「世間」に対してはむしろそのようにつつましやかな態度をとるべきだと，そのように主張する人たちもいるということだ。この主張を逆にいえば，「哲学」は〈出しゃばる〉べきではない，という主張となろうか。

　もしみなさんが，賢帝の独裁と衆愚政治のどちらかを選べといわれたら，おそらくは極端な選択のさせ方だと感じつつも，結局は後者のほうがまし，とするのではなかろうか。ところが，ロールズ『正義論』公刊（初版1971年）がその号砲を鳴らす形となった現代の規範的正義論の盛り上がりかたは，少なくともある時期までは一面では，〈神々の争い〉とまで形容するのは大げさかもしれないが，〈賢帝たちの争い〉といった感じのものではあったのである。そし

て，民衆の意見が第一だとはせず，賢い人たちだけが独走して繰り広げる「正義」論は，正義論の基本を外しておりそもそもからしておかしい，とする声は，そうすぐには上がらなかった。

2　〈ロールジアン・パラダイム〉の正義論──正義の善に対する優先

　このように，哲学者たちが自らの「正義」論をもって人々を説得しにかかる姿勢をみせている場合，おそらくは，とりあえずは眉に唾をつけてみる心がけでいることが，むしろ健全な態度だということになろう。しかし他面，単独で懸命に思考する哲学者たちが頭脳を振り絞った末に，「民主主義の優先」に対してたたきつける「哲学」の挑戦状を，はなから全部無視するという態度もまた，何か大切なメッセージを受けとり損なうことにつながってしまうかもしれない。

　〈ロールジアン・パラダイム〉　21世紀の今日になってもなお下火になる様子のまったくみえない現代の規範的正義論の，出発点以来の基本的な議論構図を，現代という時代についての1つの診断に基づいて打ち出したのがほかならぬロールズのリベラリズム正義論であるので，これが設定する座標軸をまず確認することから始めよう。それは，〈正義の善に対する優先〉と集約的に表現される。この座標軸の影響力はきわめて大きく，ロールズの正義論に対して賛否いずれの態度をとるにせよ，この座標軸を度外視して何がしかの正義論を語るような論者は，まず１人もいないといってよい。それをここでは，〈ロールジアン（ロールズ流の）・パラダイム〉と呼んでおこう。

　さて，ロールズの正義論がどう組み立てられているかをつかむにあたり，まずはみなさんに，自分がおかれている状況を眺めなおすとすぐに気づくであろうと思われることから説明を始めたい。みなさん１人ひとりはもちろん，それぞれがそれぞれの価値観をもち，それを軸として生を送っているはずである。このこと自体はおそらく，人が人として生きるということについての，いつの時代でも当てはまる真理であろう。ところが，この現代にあっては非常に特徴的なことが1つある。周囲を見渡してみよう。自分の価値観とは異なる価値観の持ち主が，それこそいくらでもいることに気づかされるのではなかろうか。この日本も含まれる現代の国家社会とは，歴史上かつてないほどに価値観の多

様性に満ちている社会であるといえるのである。

　このような状況は歴史的にみると，前章冒頭でも簡潔に触れられたように，近代以降の西洋圏における，宗教戦争の終結と市民革命の成就に代表される一連のリベラルな国家社会構造の変革に端を発し，そのグローバルな規模の大きな流れのなかにあるものであるといえる。そこに示されているリベラリズムの思想の要点は次のとおりである。国家社会の統合原理は，特定のたとえば宗教的価値観や道徳的価値観に立って社会全体をその色に染め上げようとするようなものであるべきではない。むしろ，人々それぞれの抱く多様な価値観の共存を可能にするようなものでなければならない。これをやや立ち入って言い換えると，国家社会の統合原理は，次の3つの要件をクリアするようなものでなければならないということになる。1つには，人々それぞれが多様な価値観を自由に追求することを可能な限り許容すること。しかし他方で，そのような多様な価値観の共存を可能にする，それらの価値観が共通に服すべき規範的な規律原理を供与し，価値観相互の衝突を適切に調整すること。そして最後に，そのような規律原理が，人々の抱く多様な価値観のうちのいずれか特定のものに立脚しこれを社会全体に押しつけるようなものではなく，むしろそれらのいずれからも独立に正当化可能なものであること，である。

　このようなロールズ流のリベラリズムの考え方において設定されている座標軸が，〈正義の善に対する優先〉なのである。ここで「正義」が，上で述べたような性格の，国家社会の規律原理に相当する。他方で「善」とは，人々それぞれが「善しとして」選びとる自分の価値観，自分の生き方のことであり，「善き生」と呼ばれることもある。先に述べたとおり，日本も含めて現代の国家社会にあっては，この善がきわめて多様化するに至っているわけである。

　要はこういうことである。善の多様性は可能な限り尊重されなければならない。しかし多様な善のあいだでのありうべき相互衝突を適切に調整し，それらの共存を図る正義が導入されなければならない。しかし善の多様性が尊重されなければならず，特定の善が格別に優遇されるようなことがあってはならないから，正義はいかなる善も引き合いに出さずに正当化されうるようなものでなければならない。

　しかし，そうはいうものの，これはそれ自体非常に困難な課題設定であると

いわざるをえない。そもそもそのような「正義」は，どこからどのようにして
探し出してくればよいのか。正義は多様な善のあいだでの相互衝突を「適切
に」調整する役割を担うというが，その「適切に」のよりどころのあてはある
のか。

〈ロールジアン・パラダイム〉の影響力　とはいえ，では，現代という時代の直視に努めたうえで上記のようなリベラリズムの性格を備えることを期
したロールズ正義論は，そもそもその議論の座標軸設定からして見立て外れの
誤りを犯していたのであろうか。そうはいえまい。〈ロールジアン・パラダイ
ム〉は今日的リアリティに満ちている。

　このパラダイム上で，ロールズ自身が打ち出した正義論とはその具体的な中
身が真っ向から対立する別の正義論（ノージックのリバタリアニズム【→第3部第
2章Ⅵ2】はその1つに数えられうるであろう）が，説得的な形で提示される可能
性は十分にあるであろう。ロールズ正義論がうかつにも目配りを十分には行わ
なかった点に焦点をあてる各論的な異説が，現に寄せられてもいる（たとえば，
公民的共和主義の主張【→第4部第5章Ⅱ】は，その1つとも解釈しうる）。しかし，
ロールズ正義論を批判する各様の主張をどう位置づけたらよいかを考えてみる
そのたびに，それらが〈ロールジアン・パラダイム〉の枠内のどこかに納まる
ことに気づかされるケースは，実に多い。現代の規範的正義論の論者たちの大
多数は今もなお，〈ロールジアン・パラダイム〉上のどこかで，論の細部の精
緻化に打ち込む（これはことに平等主義正義論の分野において著しい）とか，逆に，
論を世代間／地球規模の問題にも適用できるように拡張させる【→第3部第4
章】とかのことに取り組んでいるのだと，そのように理解しても決して間違っ
てはいない。

Ⅲ　脱・リベラリズム：リベラリズムからは脱すべきなのか？
——コミュニタリアンたちの視角から

　「民主主義」を尊重する気がないかのような「正義」論争という，「哲学」の
圏内での争いをめぐり，もうしばらく「哲学者」たちの業界の様子の移り変わ
りを眺めよう。というのも，ロールズ『正義論』公刊から10年ほど経ったのち

の1980年代に入ってから次々と，〈ロールジアン・パラダイム〉そのものをその根底のところで揺るがす，その意味で眺めがいのある思想動向の一群が現れたからである。この動向はやがて周囲から，〈コミュニタリアニズム（共同体主義）〉と呼ばれるようになった。以下では，マイケル・サンデルとアラスデア・マッキンタイア，この代表的な2人のコミュニタリアンのリベラリズム批判に耳を傾けてみることにする。〈ロールジアン・パラダイム〉のどこに無理があるとされるのか，とくにそこを確認しておくことが重要である。

1　マイケル・サンデルのリベラリズム批判

　サンデルは，〈ロールジアン・パラダイム〉においてなされている課題設定の理由をさかのぼっていくとみえてくる，リベラリズムの前提にある人間像を問題にする。

〈人〉をどうみるか　　リベラリズムにおいては，善は人々1人ひとりがそれぞれに選びとるべきものと考えられている。多様な善が尊重されるべきとされるのは，それらが各人によって各様に選びとられたものであるからであって，それら自体が尊重されるに値する価値を内包しているからではない。すなわち，リベラリズムにおいてそもそも尊重されるべきと考えられているものは，実はどの善でもなく，むしろどれであれ何らかの善を選びとる個々人の選択能力とその行使それ自体なのである。そしてここには，選びとられる善からはくっきりと区別される純粋選択主体としての人間という像が潜んでいる。この純粋選択主体としての人間は，自分にとっての善き生とはどのようなものかといったような，自分という人間の具体的な中身を彩る一切のものを，もっぱら自分の取捨選択によって形づくっていくような存在であると捉えられる。

　逆にいうと，必ずしも自分の取捨選択にはよらずに自分に及んでくる諸々の負荷，たとえば，自分が特定の環境（具体的には，高学歴の家庭環境であるとか，古めかしい考え方のしばりのきつい地縁血縁優位の社会であるとかなど）のもとで生きてくる過程のなかでいつしか自分を染め上げてくる何がしかの価値観の類の影響を，本当に完璧に振り払えているような存在，というふうにも描写できようか。サンデルはこのように捉えられた人間を，「負荷なき自己」と呼んでい

る。そしてサンデルによれば，〈ロールジアン・パラダイム〉はまさに負荷な
き自己という人間観に立脚することで規範的に成り立っており，同時にそこに
こそロールズ正義論の根本的な問題性が見いだされる。

　ロールズ正義論のポイントは，彼のいうところの正義の二原理の提唱と，前
出の「原初状態」，ならびに「反省的均衡」という独特の諸観念を用いたその
根拠づけにあるといってよい。ここでは，その正義の二原理の重要な一部をな
す「格差原理」【→第3部第2章Ⅲ】に照準を合わせて，彼の理論の最深層にあ
るものを明るみに出してみよう。

　およそ国家社会に生きる人々は，それぞれにさまざまの地位を占めている。
職業と結びついた地位，所属階層に由来する地位などがその代表例である。そ
して人々は，そうしたさまざまの社会的地位としばしば結びついている所得を
手にし，富を得ている。格差原理は，社会におけるそのような所得と富の分配
のあり方を規範的に規律しようとする正義原理である。それはこう命ずる。す
なわち，社会的・経済的不平等は，それらが社会の最も不利な立場にある人々
の利益を最大化することになるようなあり方をとるべきである，と。

　ロールズはこの格差原理の正当性を支える論拠として，次のような洞察を示
す。すなわち，上述のようにそれぞれにさまざまの社会的地位を占めて生きて
いる人々は，まさにそのそれぞれの地位に各自厳密な意味で「値する」といえ
るであろうか。ここで仮に，およそ人が各様に有利な社会的地位に到達するに
あたっては，各様の資質，それも生まれつきの資質がどういう水準にあるか
（たとえば，頭が「賢い」かどうか，努力をいとわず「根気強い」かどうかなど）が大
いに物をいう，という仮定が，現にそのとおりに当たっているとしよう。する
と，みなさんにまさに生来そのような資質が備わっていた場合には，事の実相
はその根底のところでは「何もしないで丸もうけ」ということであろうし，備
わってはいなかった場合には，「自分のせいでもないのに明日の生活にも追わ
れる毎日だ。理不尽だ」との嘆きにも十分に理屈は通っていることになろう。
この「造物主」の「気まぐれ」を放置しておくことは許されることであろう
か。そうした生来の資質は，その持ち主の特権的な所有物とみなされるべきで
はなく，むしろ社会全体の共同資産とみなされるべきなのである。そして共同
資産であるということは，そうした生来の資質のもたらす利益は社会のすみず

みにまで及ぼされるべきであるということを意味する。ここから格差原理が導かれるのだ，と。

〈人〉を尊重することになっているか

しかしこの格差原理に対しては，次のような批判がありえよう。すなわち，この原理の命ずるところによればとどのつまりは，ある個人の（恵まれた）生来の資質が（社会の最も不利な立場にある）ほかの個人の利益となるように用いられることになるのであるから，この原理はある個人をほかの個人のための手段として扱うものにほかならないのではなかろうか。そしてこのことは，先にみたように〈ロールジアン・パラダイム〉の基礎にある，個人1人ひとりをわけへだてなく尊重するという理念と矛盾しているのではなかろうか。このような批判である。

ここでサンデルは，ロールズはこのありうべき批判に対して，次のような論理で回答することになるはずだと主張する。すなわちロールズによれば，ある個人の諸々の生来の資質はその個人にたまたまもたらされたまさに偶然事にすぎず，その個人の自己そのものからは区別されるべきものである。そしてそこからは，ある個人の生来の資質がほかの個人のための手段として用いられたとしても，そのような偶然的属性からは厳然と区別される自己そのものが手段化されることにはならない，という見方がごく自然に出てくるのである。格差原理はまさに個人を手段化してはいないというわけである。

しかしそこに現れた，格差原理によって手段化されることなく尊重されるとされた個人の像には，人は当惑せざるをえないのではなかろうか。というのも，そこでいう個人は，自分のアイデンティティを一切の経験的属性とは無縁なところに保っている「徹頭徹尾具体性を剥奪された」存在であることになるからである。まさに極限まで「負荷なき」自己であるわけである。しかし社会に生きている1人ひとりの生身の個人を個人として尊重するということの意味を，このように抽象的に見定められた「自己」を尊重することとして捉えることが，はたして当を得たことであろうか。「その人本人はちゃんと尊重している。手段として用いているのはその人の諸々の属性だけだ」というのがロールズの言い分であるとすると，そこでいう「その人本人」に，いったいどのような人間としての中身が残されていることになろうか。いったい「誰が」尊重されていることになるのであろうか。

小　括

サンデルによる以上のようなロールズ正義論の読解は，体系的で隙のないものであるように思われる。〈ロールジアン・パラダイム〉の前提する人間像が，本当にサンデルがえぐり出したようなものでしかありえないとすれば，この〈パラダイム〉は実は，現実味の欠落した空中楼閣的なものではないのかと強く疑われることとなろう。

2　アラスデア・マッキンタイアのリベラリズム批判

　一方，マッキンタイアが展開する議論は，正義と善およびこれら相互の関係の仕方についてのリベラリズム流の考え方，つまりはまさに〈ロールジアン・パラダイム〉が，現に陥っている苦境の源を思想史をさかのぼって突きとめ，近代以前の「徳としての正義」の観念を復権させることを構想する巨視的なスケールのものである。このマッキンタイアの見解はきわめて首尾一貫したもので，思想史についてのオリジナリティある見立てから，現代の規範的倫理学に強い一インパクトを与えた実践的な主張にまで及ぶ。彼の主著は『美徳なき時代』（初版1981年）であるが，この著作の原題 *After Virtue* からは，彼一流の，〈徳の見失われた時代〉／〈見失われた徳を追いかけなおして〉という複合モティーフの重奏を聴きとることができよう。

今〈道徳〉は どうなっているか

マッキンタイアの下す結論から先にいおう。彼によれば，〈ロールジアン・パラダイム〉においては，正義と善はある種倒錯した，不毛な不協和音を響かせる関係に落とし込まされていると捉えられる。

　彼は事態を把握するにあたってまず，この〈パラダイム〉は実は，「情動主義」【→第3部第1章Ⅲ2】という名の，広く現代という時代に確認できるメタ倫理学上の一立場にその根をもつものであるとみなす。正義といい善といい，その基本属性は何らかの種類の当為判断であることに変わりはない。マッキンタイアはこれらを，〈道徳〉としてカテゴリ把握する。情動主義は，彼によれば，近代以降啓蒙主義の立場によって試みられてきた，近代以前の道徳についての考え方の枠組みを克服・転回しようとする企ての失敗をありありと示すものであるとされる。

　今日において，およそ道徳的主張ないし議論はどのようなあり方をとってい

るか，これを虚心坦懐にみつめることから始めよう。一例として，いわゆる人工妊娠中絶の問題を取り上げてみたい。よく知られているように，一方には，人工妊娠中絶は不当に胎児の生命を奪う殺人行為にほかならないがゆえに，道徳的に非難されるべきものであるとする立場がある。他方には，女性には自分が子を産み育てる生涯を歩むかそれとは異なる生涯を歩むかを自分の意志で決める権利があり，人工妊娠中絶はそのような自己決定権の１つの行使の仕方にほかならないがゆえに，道徳的に是認されるべきものであるとする立場がある。

　さて，これらの真っ向から対立しあう双方の道徳的主張の相違は，ある面では，それぞれの主張者の抱いている主観的価値観の相違として一般に受け止められている。〈ロールジアン・パラダイム〉において，現代の国家社会においては各人が各様に抱いている主観的価値観としての善が多元的に並存しているという見方がとられていることは，この点に対応するものであるといえる。しかし他面では，先の双方の道徳的主張はどちらも，「べき」という言い回し（当為言明）で自らを表現することによって，その主張内容が単なる主観的なものではなく，それを超えて客観的に妥当するものであることを，少なくとも標榜している。以上のように，今日において一般に道徳的主張は，主観的なものと捉えられていながらその一方で，客観的な装いをまとっているわけである。このような事情のため，主張相互間での議論となると，客観的な装いをまとった主観的な主張を互いにぶつけあうことに終始し収拾のつきようがないという，およそ有意味に機能しているとはいいがたいあり方をとることになってしまうのである。

　そして，この点を直視することから浮かび上がってくる考え方が情動主義である。これは，道徳的主張は客観的な装いをまとっていたとしても，その実は主張者の主観的情緒の表明以外の何ものでもないのだと正面から認めてしまうことを，気後れなしに提唱する立場である。この立場に立つと，道徳的な語法による主張ないし議論は，その本来の情緒的性格を覆い隠す偽りに満ちた営みにすぎないということになる。

今〈道徳〉はなぜこうなってしまっているか

しかしマッキンタイアによれば，道徳というものはかつて近代以前には，まったく異なった物事の捉え方の

枠組みのもとで，有意味な仕方で機能していたのだという。かつては，人が主観的に抱いている価値観は，端的に所与の事柄とはされなかった。そのような価値観を抱いているその人のあり方は「その人がたまたまそうであるところのあり方」にすぎないかもしれず，「その人が本来であればそうあるべきあり方」からはかけ離れているかもしれない，という視点がとられた。現代風の例を用いていえばこういうことである。ある人が人種差別的な心情をもっていて，それをあからさまに示す発言をしたとする。そして，それに接した人が，そのようないわれのない差別は許されない，人としてしてはいけないことだとたしなめたとする。この「人としてしてはいけないことだ」という言い回しには，論理構造の面からみると，差別発言をした当人の現状のあり方と，この当人が人として本来そうあるべきと考えられたあり方とを対比し，両者がかけ離れていることを指摘し，かつ前者を後者へと導こうとする独特の実践的な視点が含まれていると考えられる。マッキンタイアによれば，道徳というものはかつては，まさにこのような枠組みのもとで，人としての本来あるべきあり方，つまりは「善き生」の客観的理念を前提し，そこへと自覚の目を向けさせながら導いていこうとする機能を担うものであった。

　そして近代の啓蒙主義の立場が拒絶したもの，それがまさしく，このように人がそこへと向かうべき目的＝テロスとしての「善き生」の客観的理念を立てることをあえてする目的論的思考枠組み一般であったのである。啓蒙主義の立場は道徳の世界を，現に各人各様に抱かれている主観的価値観としての多様な善と，それらを共通に規範的に規律すべき普遍的な正義とに分裂させて再編成したうえで，後者を合理的に根拠づけることをめざした。カントの道徳哲学から現代のリベラリズムに至る歴史は，その努力を示すものである。しかしマッキンタイアのみるところでは，そのような正義の合理的な根拠づけは決して成功することがなかった。というのは，およそ上述したような目的論的思考枠組みが失われてしまうと，道徳の世界の実相は，各人が自分の意志を互いに突きつけあう事態以外のものにはなりえなかったからである。率直な情動主義は，そこに透けてみえる道徳の〈正体〉を，まさにただ率直に口にしただけのものにほかならない。

　しかしその一方で，現代においても当為言明は，かつて目的論的思考枠組み

のもとで帯有していた客観的なるものへの志向性を，抹消しがたい名残として残している（なぜ抹消しがたいのかは，それ自体１つの実に興味深い人間的な〈謎〉である，と目下は受け止めるにとどめておこう【→第３部第１章Ⅲ】）。このようにして現代における道徳の世界は，かつて有意味に機能していた思考枠組みが破壊されたのちに残された，断片化され無秩序化された世界であると診断されることになる。

　　┌─────┐　　そこでマッキンタイアは，近代以前の道徳についての
　　│ 小　括 │　　思考枠組みをよみがえらせることをめざすことにな
　　└─────┘
る。その枠組みにあっては正義は，彼流の，形式的ではあるが（それ自体で擁護可能という意味で）客観的な理念でありえている「善き生」についてのある１つの構想，これがまさに生きられるにあたり必要とされる諸徳のうちの１つに数えられる。このような構図立ては，多くの現代人には〈ロールジアン・パラダイム〉に比し，あるいはいかにも風変わりすぎるものにみえるかもしれない。しかしながら，現にまさにわれわれの周囲には，情動主義がはびこっているさまが見受けられるのではなかろうか。その源を，上述のように思想史をさかのぼったうえで見破るマッキンタイアの議論を，風変わりの一言で片づけようとするのは，先に言及した〈謎〉のことを考えると，軽率というものなのではなかろうか。彼からは，〈道徳〉の今についての貴重な省察を得ることができる。

Ⅳ　ポスト・リベラリズムの正義論のありかをさぐる
　　──日本国憲法学を舞台に

1　考察舞台

　以上みてきたように，まずそもそも，「民主主義」を尊重する気がないかのように「哲学」が，自ら実質的な「正義」論を説いて，国家社会のあり方をリードしていこうとする姿勢それ自体に対し，多様な名だたる幾人かの哲学者たち自身によって，強く否が唱えられている（Ⅱ）。

　その種の正義論のうち，哲学の業界で１つの〈パラダイム〉を敷いているとすらいえそうな巨大な影響力を有している理論が，ロールズのリベラリズム正

義論である。そこで続いて、そのロールズ正義論に対し、あるいは (1) そこに潜む人間観が少なくとも問題含みのものであるとの見地から、またあるいは (2) 大局的に思想史を眺め渡すとロールズ正義論は〈近代〉の破綻、より正確な描写を期すならばいわばその支離滅裂、そのまさに苦境にあるものとする見地から、ともども非を鳴らすコミュニタリアンたちの立論の要点を確認した（Ⅲ）。このことを通じて、ロールズ正義論は、民主主義に対する「越権」の問題をひとまず脇におき 1 つの哲学として独立にみた場合でも、少なくとも懐疑の目でみられうる理論であることは伝えることができたのではないかと思われる。

> **現行法と正義と民主主義**

　さて、これまでは「正義」をめぐる、かなり抽象的な次元での理論的・思想史的争点について、それでもみなさんが自身の実感に照らしてあれこれと考えをめぐらせることができるようにと工夫に努めつつ、説明をしてきた。しかし「正義」はその一方で、まさにわれわれの生きる現実を律している現行法の舞台上でも、時々刻々争われているということを想起したい。難しく考える必要はまったくない。国の唯一の立法機関である国会でも、現行法を解釈・適用する裁判所でも、まさに正義と民主主義こそが争いの的となっているのである。

　そこで以下では、この視角を意識することにして、「法的な」正義論についての学びを試みてみよう。現行法と正義と民主主義、そして〈現行法を超える正義〉、これらのあいだのかかわりについて考察してみよう。

　「哲学に対する民主主義の優先」の主張には、素朴なだけにむしろかえって説得力が感じられる。その点は十分にわきまえつつ、しかしあえてまさにその逆を行って、民主主義によってではなく哲学によってこそ根拠づけられるべき〈法的〉正義というものは確かにある、ということを、これから論じていく。むろん民主主義が大事であることは当然ではあるが、先の「優先」の主張にそのまま全面的に賛同するわけにも実はいかず、本当のところでは、法的正義を根拠づける哲学も少なくとも同様の重みをもって大事であることに、ぜひ気づいてほしい。以下ではこのような気づきを得てもらう試みに、みなさんにあってはすでに比較的おなじみかと思われる日本国憲法（以下、基本的にはこれを指して単に憲法と略す。ただし例外的にごくわずかの回、一般的な観念としての憲法に言及することがあるが、そのような場合は〈憲法〉と表記する）学を舞台として取り組

んでみることにしたい。

「国憲」の観念　　まずはこの現代日本の国家社会が実のところどのような あり方をしているか，それを確認するところから だ。少なくとも以下の諸点は押さえておく必要があろう。

すなわち，現在日本では，主権在民であり，民主主義が採用されており，立憲主義が採用されており，基本的人権の尊重が期されており，そして社会は資本主義経済のもと，私的自治空間としてある。

以上を，より法の論理に沿う形で述べなおすならば，こうなろう。すなわち，人権保障のために権力を制御する任にあたる憲法がある（近代立憲主義）。ただし，民主主義的正統性を備えた立法権力をも制御しなければならない。端的に換言するならば，民主主義そのものをも制御しなければならない。「民意」に基づく民主主義といえども，実は「無敵」ではないのである。のちに触れる熟議民主主義にあっても，この事情に変わりはない。この点に，近代立憲主義に固有の難しさがあるといわなければならない。

しかしながら，秩序の創出とその維持のために，権力は主として刑法を通じて発動されなければならない。いかに潜在的に危険なものであろうとも，権力は発動される必要があるのである。とはいえその一方で，その発動は罪刑法定主義の原則により制御されなければならないし，「応用憲法」ともいえる刑事訴訟法による制約も必須である。

ここまでの準備により初めて，私的自治空間という民事法の領分が開拓・確保される【→第2部第3章】。

憲法／民法／刑法が基本的法分野とされる理由は，以上のような有機的なつながりに求められる。しかし史的現代法段階にあっては，私的自治空間における必然事である社会的・経済的弱肉強食至上主義化の事実上の全面放置はもはや規範的に許されることではないとされ，経済法（そのコアをなすのは独占禁止法である）／社会法（そのコアをなすのは労働法および社会保障法である）が導入される。

以上が，現代日本の国家社会のいわば〈歴史的現在〉ということになる。

この歴史的現在を規範的に律しているその総体を，ここで試みに「国憲 (constitution)」と呼ぶことにする。これは，従来の憲法学において「固有の意

味における〈憲法〉」ないし「実質的な意味における〈憲法〉」として説明されてきたものにあたることになろう。

　以下では，わが国のこの「国憲」のありようにかかわらせながら，「哲学に対する民主主義の優先」の主張は本当に手放しでそのとおりといえることであろうかについて，考えをめぐらせてみることにしたい。

2　基本的人権論の一展開──法の下の平等原理とフェミニズム

　日本国憲法14条1項は，「すべて国民は，法の下に平等であつて，人種，信条，性別，社会的身分又は門地により，政治的，経済的又は社会的関係において，差別されない」と規定する。いわゆる法の下の平等原理を宣した条文である【→第2部第1章Ⅱ】。条文においては「差別されない」というように消極的に規定されているが，むしろ積極の方向で，「法の下においてフェアな処遇を請求しうる権利」としての1つの基本的人権が国民個人に存することを述べた趣旨に解されるべき規定である。

> **人権の観念**

　人権とは基本的には，いわゆる「自然権」として捉えられるべきものである。それは，現行憲法典がその保障を直接にうたっているからという理由のみによって，尊重される種類・性質のものでもなければ（超憲法典的権利），現行憲法典の表現する憲法規範から，その保障の含意が引き出せるからという理由のみによって，尊重される種類・性質のものでもない（超憲法規範的権利）。現行法規範秩序＝現行国憲から，その保障の含意が引き出せるという理由を決め手として，尊重される種類・性質のものですらない（超国憲的権利）。むしろ，以上のすべてを超えた次元に，その妥当根拠をもつところの種類・性質のものである。

　人権観念の究極をこのように捉えることを忘れないでおくことには，ほかならぬわが国自身の憲政史からぜひとも学ばれるべき1つの強い理由がある。その理由とはすなわち，この点を忘れることはいわゆる「外見的立憲主義*」化と背中合わせである，ということである。

　＊次のような考え方をいう。いわば表裏一対の形で，こう表現できる。すなわち，現行憲法典，あるいは広く現行国憲による前向きの保障の姿勢があってこそ，人権は保障される。人は人権を享受できる。しかし逆にいえば，仮に憲法典から人権条項が削除されれば，あ

るいは国憲が人権思想に背を向ける構えに転ずれば，人権保障は当然に雲散霧消する。人には人権などないことになる。

　大日本帝国憲法による「臣民権利」の保障は，いわゆる「法律の留保」の制約下にあるものであり，「天賦」ならぬいわば「国賦」人権の保障にとどまっていた。これでは，「国」が「賦」与することをやめるならば，「臣民権利」は当然に消失する，という帰結は不可避となる。この点に鑑みるならば，帝国憲法はまさに外見的立憲主義の一権化そのものであったと評されなければならない【→第2部第1章Ⅰ】。

　このような特殊な性格をもつ人権は，外見的立憲主義に事態が陥ることを確実に避けるためには，まさに「哲学的に」その根拠づけがなされなければならない，と考えられる。人権は，民主主義に対し，規範的に劣位にあるもの，否定されることもありうるものとはそもそも捉えられることの不可能な性格のものなのである。この局面は，法において「哲学」があえて「民主主義」に優先すべき一局面であると理解されるべきであろう。

　ここで法の下の平等原理に話を戻し，この原理が「法の下においてフェアな処遇を請求しうる権利」としての人権と言い換えられうることを踏まえたうえで，議論を〈ロールジアン・パラダイム〉にのっとって表現しなおすなら，この人権の保障は，善ではなく正義に属する事柄，ということになろう。すなわち，法の下の平等原理は，一正義原理と端的に把握されることが最も当を得ている。

フェミニズムの成果となお残る壁

　さて，わが国の憲法は先述のように，法の下の平等原理を14条1項において，いわば総論的〈正義〉の1つとして明確に打ち出したうえで，そこから派生すると理解できるこれもいうなれば各論的〈正義〉として，以下の2つをうたう。すなわち，1つには，15条3項において「成年者による普通選挙を保障する」と規定して両性の参政権平等をうたい，いま1つには，24条2項において「家族に関する事項に関して」「両性の本質的平等」を明言する。これらは，リベラリズムの理念の両性への普遍的適用の動向の具体化の一部として理解することができ，その点からまた，いわゆるリベラル・フェミニズムの永きにわたる権利獲得運動の諸成果として評価することができる。

　にもかかわらず，わが国においては今日なお，〈法の平面における男女平等と現実生活における不平等との落差〉が指摘される。いわゆる〈ガラスの天

井〉の相も変らぬ横行ぶりは，その種の落差の一大象徴であるといわれる。この〈落差〉の厳存する状況，〈天井〉の横行する事態は，すでに導入した〈国憲〉の観念を活用していうと，わが国においては憲法上両性の平等が保障されるところとなってはいるが，国憲上，国家社会の全面においてそのような保障がゆき届くところとはなっていない，それどころかそのような水準からはかけ離れている，と表現されうるということになろう。

＊目下の文脈に即していえば，女性は男性に引けをとらない活躍をみせても，それどころか男性を上まわる実績を挙げても，それに応じた評価を必ずしも得られない現実の理不尽さを，視覚的に印象深くたとえてみせた表現。制度上の決まりでは明朗に，性別にかかわりなくキャリア・アップが望めることになっているのに，実態は不明朗にも女性に対してのみ，上昇の途上のある地点でなぜか頭がつかえる格好にさせる，いってみれば目にはみえないまさにガラスのごとく透明な天井が設けられていることを告発するために，21世紀に入る若干以前の時期に案出され，各方面でよく口にされるようになったとされる。

史的現代法と家父長制　なぜこうなってしまっているのであろうか。その理由の説明の少なくとも1つは，先にみた史的現代法の成立史，つまりは史的現代国憲の成立史に求めることができる。この点については，そのような史的舞台で広く語られうるいわゆる〈公／私二元区分論〉の光と影が大きくかかわってくる。

　この公／私二元区分論はこの語順のとおりに呼称されるのが通例ではあるが，その意義の変転は，西洋近代におけるいわゆる〈私法／公法二元論秩序〉の成立とその変容の一連の流れとのかかわりをにらみ合わせること抜きには的確に理解することのできない事柄であるので，以下では少しのあいだだけ，私／公二元区分論，と語順を入れ換えることにする。

　さて，上記〈私法／公法二元論秩序〉とは一般に近代法秩序と呼ばれ，大略以下のような秩序である。すなわち，まず，およそ事柄を〈私の事柄〉と〈公の事柄〉に，手短にはまさに私／公に二元的に区分する。〈私の事柄〉には，〈純然たる私的なこととされた事柄〉と〈資本主義自由市場経済上の事柄〉とが割り振られる。ここで前者には，従来一般型の理解によれば，私人男女間で形づくられる家族の領域が対応する。後者には，自由・対等・独立の法人格の持ち主たちが契約の自由を行使しあう経済社会という意味における，市民社

会の領域が対応する。これらの領域は〈私法〉の領分とされる。

　一方〈公の事柄〉には，〈政治行政〉が割り振られる。参政権の行使される領域はここにあたることになる。ここは〈公法〉の領分とされる。

　そのうえで，自由で対等な独立者間関係をもって築かれる私的自治空間を保護する私法は，公法に優位するとされる。私的自治空間への公法による介入は，原則として認められない。

　しかしすでに述べたように，これは市民こそをその主役として立てる巧妙な麗しい秩序であるかにみえて，その実は社会的・経済的弱肉強食至上主義化を必然事化する。そこで，史的近代法は一定の修正を受け，現代法へと更新されて現在に至っている。

　ところが，ここまでの一連の，間違いなく１つの善意に基づいていたはずの努力には，ある構造的な是認しがたい面が伴われていた。すなわち，いわゆる「家父長制」の温存，それどころかその固定化的強化に加担することとなってしまっていたのである。史的現代法は，まさに女性における，一方では経済面での自立ではなく（「稼ぎ手」である男性への／いわゆる福祉政治行政への）依存の加速化，他方では，もはや道理の見いだしがたい性別役割分業意識の（同じく「稼ぎ手」である男性による／福祉政治行政による）いっそうの固定化，という，そうすぐには気づかれにくい機能を実は果たしていたことが「発見」されたのである。こうして，このからくりを見抜いたフェミニズムは史的現代法を，肯定できる面はたしかにあるけれども，拒まざるをえない面も負けず劣らず大きいとして，結論的には批判し斥けざるをえなくなるのである。これが事の複雑きわまる実相である。

　壁の打破をめざして　これはいったいどういう状況と理解すべきなのであろうか。すべては，このいかにも根が深そうな〈家父長制〉という正体不明のものがどうやってできあがり存続しているのか，が解明できるか，にかかっていよう。それは一般に，男女間の〈経済力格差〉，つまりは生きていくうえでの生命維持資源全般を得るルートの構造的な不公平に存するのであろうか（ここで注目されている対象は「下部構造」と呼ばれることがある）。それともやはり一般に，男女間をめぐる〈性別役割分業意識〉，つまりは旧来より社会化過程を通じて刷り込まれ居座りつづける固定観念に存するので

あろうか（同様に，ここで焦点をあてられている対象は「上部構造」と呼ばれることがある）。ここではあえてゆるく捉えていうと，前者に力点をおいて事態を把握しようとする立場は，「マルクス主義フェミニズム」と呼ばれる。後者こそが主因とみなす立場は，「ラディカル・フェミニズム」と呼ばれる。むろん現実は複雑で，いずれか一方の立場が，それこそ一方的に説得的であるなどということはありえない。

　ともあれいずれの立場も，〈正義〉をめぐって争う立場であることに相違はない。そのことを理解するためには，これまでの議論すべてが，法の下の平等原理にかかわる議論であったことを思い出せば足りる。いずれの立場にあっても，その原点はまさに「ジェンダー対等」の理念にあることははっきりしている。どちらも，ポスト・リベラル・フェミニズムという意味におけるポスト・リベラリズムをリードしていこうとする正義論上の一立場である。この点は明快に押さえておこう。

3　民主主義論の一展開── 熟議民主主義論

　さて，「哲学」としての基本的人権論の一展開を眺めたところで，次に，「哲学」優位懐疑派たちによればこれに対し「優先する」とされる「民主主義」，これをめぐるある1つの新しい理論展開に目を転じてみよう。それは，さしあたり手短に特徴づけるなら，「単独沈思黙考で得られる気づきは限られる。人間はそういうふうにできている。ほかの人たちのいうことに耳を傾けてみよう。きっと新しい景色がみえる。いきなり決を採るようなことはこの際控えておくことが賢明だ。まずは議論することから始めよう」と思慮深く誘う，熟議民主主義と呼ばれる理論展開【→第4部第5章Ⅲ】である。

> **民主主義の引き
> 受けるべき任務**

まず，事の前提についての認識を共有するところから始めたい。

　一般に，史的現代国憲下にあって〈民主主義〉は国民主権原理に発する事柄であるため，その実践は国憲の〈正統性〉の〈根拠〉の源としての意義を担う，と把握されるべきである。民主主義は，国憲のいわば屋台骨を支える任務を引き受けるきわめて重要な立場に位置しているわけである。立法権について憲法41条が，「国会は，国権の最高機関であつて，国の唯一の立法機関である」

と規定するのは，この理を表すものである。

　そのうえで，以下の2つの点を指摘しておきたい。

　まず1点目として，民主主義は一面でははっきりと，「権力の創出（と発動）」を志向している，という点である。たとえば，代表制民主主義下における議会選挙は，立法権力の創出の営みにほかならないといわなければならないであろうし，立法には国家社会規律を図る権力発動行為である面があることは，あらためて振り返れば実は自明のことだと簡単に気づけるであろう。

　ところが「哲学に対する民主主義の優先」論は，しばしばうかつにも，上記の点を看過しがちである。看過して，たとえば，「法哲学者」が一〈哲学〉として何らかの人権論を提唱すると，それは「越権」だとだけ非難して，それで一蹴しようとする。しかしながら，たとえば性表現の自由が人権として，あるいは，女性参政権が人権として，まさに一〈哲学〉として主張されたとき，それを上記の論法一本で「一蹴」しようとすることは，民主主義それ自体の権力性の過剰や不公平という論点を等閑に付すことにほかならない。それは，道理に沿った態度といえるであろうか。

　2点目として指摘しておきたいことは次のことである。すなわち，上記のように民主主義が権力の創出と発動を志向するものであることは自明であるとはいえ，この民主主義が潜在的にもっている規範的な懐の深さを把握し損なうこともまたあってはならない，ということである。

　飲み込みやすいところから話を始めよう。そもそも立法権力を創出する民主主義は理の当然として，その消極的創出，つまり抹消をあえてすることもできる。先に具体例として出した議会選挙の局面を再想起するとき，この点は，当たり前のことだとすぐに理解可能であろう。

　しかし，この素朴な点を出発点として，もう少し構造的に考察を押し広げるならば，民主主義の懐の深さは，次の2つの要素がその内部に潜在的に含まれているところにあるということができる。

　すなわち，1つには，民主主義は一段抽象の度の高い次元で捉えられるとき，国家社会を規範的に規律する立法権力の発動，これそれ自体を包括的に規律する任を担いうるポジションを占めている，ということである。

　いま1つはこの点の続きであるが，その規律の仕方としては，選挙の例から

わかるような，立法権力主体を交代させる可能性を手持ちにしておくといった素朴なオプションのみならず，それとは別の形で工夫を凝らしたオプションが構想可能である，ということである。それはすなわち，立法権力の発動のプロセスのクオリティのドラスティックな向上を構想する，という行き方である。この立場こそが，「熟議民主主義」と呼ばれる，近時台頭著しい立場にほかならない。

熟議民主主義論　本章では，この理論の基本性格は，立法についての1つの一般理論であると捉えられるとしておこう。この理論を説く人々は実際には，いわゆる公共圏論をまで視界に収める発展性豊かな立論を行っているけれども，ここでは，みなさんにとってその主張のコアの部分の把握が容易になるようにすることを期して，あえて立法の局面にだけ焦点をあてることにする。

　この理論の出発点は，いわゆる「選好」の端的な所与性を斥けるところにある。〈民主主義〉とは何であるかについては，種々の理解がありえよう。しかし，1つには，人々のあいだでの議論，ないし，ときにはそれを補完し，ときには代替する営為としての投票，に基づく意思決定方式によって，決めるべきを決めていくことを提唱する思想，と捉えることが可能であろう。このとき，人々は，自らの「善しとする」ところ＝選好に従い，議論においては意見を表出し，投票の場ではまさに票を投ずるものと考えられる。

　このとき，この選好が，「熟議」を経ることでより善くなる方向に変容する可能性を認めるか，それともそのような可能性を一切認めないかで，立場は2つに分かれる。このうちの前者，すなわち，積極の意義を付して認める，それも，その熟議当事者たちの選好の変容は究極的には，原理上の無理が指摘されえない以上は，〈共通善〉にまで至りうると主張することをもためらわない立場，この立場がまさに熟議民主主義にほかならない。

　熟議民主主義の論者によれば，人々の初期選好を所与とし，熟議を通じたその変容の可能性に背を向ける従来一般型の民主主義論は，貧困と形容され批判される。その理由は，その種の理論においては，共通善を見いだす可能性が当初から締め出されているので，得票総数とか効用総量とかといった，数量の論理のみがまかりとおる民主主義しかありえないことになり，民主主義の，〈共

通善に基づくより善き国憲規律〉をもたらすことに貢献する可能性が，本来民主主義にはそれが蔵されているはずであるにもかかわらず，打ち捨てられてしまう，とされるからである。

熟議民主主義論の意義　この熟議民主主義論であるが，さて，どのように受け止めたものであろうか。ここで，〈ロールジアン・パラダイム〉において，その基本的な理論的課題がどのようなものであったかをあらためて思い出してみよう。それは，多様な善が所与として多元的に並存するなかで，それらのどの特定の善にも排他的に依拠するようなことなく独立に正当化可能な正義はいかなるものとして構想されうるか，というものであった。ひるがえって熟議民主主義論は，熟議を通じた選好の変容の可能性にきわめて大きな意義を付与し，熟議当事者たちが，何が共通善であるかの認識に到達することは原理上可能であるという点に，民主主義論の刷新の希望を見いだす立場，と理解できるようにまずは思われる。このように対置すると，〈ロールジアン・パラダイム〉との関係では熟議民主主義論は，それが語る共通善の前では上記の性格の正義はその存在理由を失うことになるようにも思われることから，端的に対抗の関係に立つ立場，と位置づけられることとなりそうである。

　しかしながら，そのような対置は，事の根源にまで考えが至ってはいない皮相の把握である，といわなければならない。その理由はこうである。すなわち，先には基本的人権論の一展開動向としてフェミニズムの主張に立ち入ったところであるが，事を国憲がいかに構成されてあるかという次元で考えるならば，人権の保障こそを期した近代立憲主義（この理念は，国憲の保障する〈正義〉にかかわる─〈哲学〉であると考えられなければならない）も，国憲の〈正統性〉の維持と追求にかかわる〈民主主義〉も，いずれも国憲の枢要な構成要素である，というように捉えられなければならないからである。問題は，これらの両者がいかにして相互に整合的に把握されうるか，に存する。

4　哲学と民主主義──再論

ポスト・リベラリズムの正義論のありか　この最後のⅣは「ポスト・リベラリズムの正義論のありかをさぐる」と題されていたわけであるので，その

とおりに，さぐる概括的考察を以下，手短に行うこととしよう。その際，本章冒頭にて注目をした「哲学に対する民主主義の優先」の主張にいま1度立ち戻り，これにつき再考する，というスタイルをとることにする。本章はささやかな円環構造をなすことになる。

1つの結論 そもそも「哲学」に「優先する」とされる「民主主義」に，共通善をめざすといういっそう高い志を掲げさせることを構想する熟議民主主義ではあるが，この理論にあっては上記の優先順位が変わらず引き継がれ，熟議という人為，民主政治という人為の次元を超えたところに見定められる「哲学」に基づく事柄は，論の舞台上に上がってくることはない。

　しかし，まさにその人為の次元の現実に煮え湯を飲まされてきたフェミニズム・サイドとしては，選好の変容の可能性に駆動される造りとなっているこの熟議民主主義という企図それ自体に対し，そうやすやすと抜本的な変革の希望を託せるであろうか。熟議がなされるそのあり方を前提段階で規定する国憲のあり方が，仮に女性に対し不利に，さらには差別的に働くような，「（先にフェミニズムを論じた際に出した，上部／下部）構造」上の不公正を蔵しているような場合，これに対し熟議超越的に，民主政治超越的に，つまりは「民主主義」超越的に，まさに「哲学」に属する法の下の平等原理（「ジェンダー対等」の正義原理）に訴えかけて人権侵害として非を鳴らし，この国憲に端的に切開手術を施すことを迫るいわば〈メス〉は，本当にまったく不要であろうか。

　国憲の病理の切開手術のためにふるわれるメスでありうる「哲学」か，生ける国憲を成り立たせる主権者「民意」のうねりとしての「民主主義」か。いずれも大事であるに決まっていよう。しかし，あえて結論を述べるとすれば，「民主主義」といえども，ある意味で「人為を超える」次元を併せ手放さないでおくことは明確に重要である，というところに落ち着こうか。このことはそれ自体，人為の歴史から苦労して得た，しかし歴史を超える，ないし特殊的な歴史に従属するものではないことを宣言する1つの叡智，というべきであろう。日本国憲法97条は，「この憲法が日本国民に保障する基本的人権は，人類の多年にわたる自由獲得の努力の成果であつて，これらの権利は，過去幾多の試錬に堪へ，現在及び将来の国民に対し，侵すことのできない永久の権利とし

て信託されたものである」と規定する。これはまさに，ここで述べた理をそのまま率直に言明したものと無理なく解されうる。

「侵すことのできない永久の権利」の根拠づけの仕事は，哲学が引き受けるべき正義論上の仕事であろう。リベラリズム哲学発の正義論争が〈賢帝たちの争い〉めいた感じに傾きすぎているように思われるとき，そこからの「脱^{ポスト}」が，議論のあり方を真っ当と考えられる筋に戻そうとする意図で打ち出されている限りは，それはむしろ望ましいことであろう。その趣旨の限りでは，「哲学に対する民主主義の優先」の主張は見当外れではない。しかしながらそこに，哲学の締め出し，民主主義の一方的な優先までが含意されているとすれば，この主張に対してはなお慎重な態度でいるべきであると思われる。

□文献案内

植木一幹「共同体主義の挑戦──個人と共同体」平井亮輔編『正義──現代社会の公共哲学を求めて』（嵯峨野書院，2004年）

服部高宏「現代法をどうとらえるか　Ⅰ　近代法から現代法へ」田中成明編『現代理論法学入門』（法律文化社，1993年）

小嶋和司「第1講　憲法と憲法典」『憲法学講話』（有斐閣，1982年）

〈引用・参考文献〉

大越愛子『フェミニズム入門』（筑摩書房，1996年）

サンデル，M・J（菊池理夫訳）『リベラリズムと正義の限界〔原著第二版〕』（勁草書房，2009年）

田村哲樹『熟議の理由──民主主義の政治理論』（勁草書房，2008年）

田村哲樹『政治理論とフェミニズムの間──国家・社会・家族』（昭和堂，2009年）

ブライソン，ヴァレリー（江原由美子監訳）『争点・フェミニズム』（勁草書房，2004年）

マッキンタイア，アラスデア（篠崎榮訳）『美徳なき時代』（みすず書房，1993年）

ロールズ，ジョン（川本隆史・福間聡・神島裕子訳）『正義論〔改訂版〕』（紀伊國屋書店，2010年）

第**4**章

世代間正義とグローバルな正義

I 問題を捉える視点

　　グローバリズム　　高度な科学技術に支えられた「グローバルな社会」の
到来。それは，20世紀後半から21世にかけて高速の輸
送・情報通信システムの発展により，人・物・金・サービス・情報が，短時間
のうちに大量に国境を越えて，自由に行き来することが可能となった社会（世
界）である。今やすっかりおなじみの「グローバリゼーション（グローバル化）
〔globalization〕」という言葉の響きのなかに，何かより大きな世界に向けて進歩
発展する，自由で，開放的で，便利で，豊かな社会への楽観的な息吹を感じと
る人がいたかもしれない。しかし，1つ留意しておかなければならない点があ
る。この「グローバリゼーション」という言葉には，ある社会的な仕組みや構
造や状態について「そうであることが望ましい」「そうであるべきだ」「そうな
るようにしなければならない」という価値理念的な特別の意味合いが含まれて
いることである。端的にいえば，それは，シカゴ学派のミルトン・フリードマ
ン流の新自由主義（市場原理主義・自由貿易主義・金融資本主義）の世界経済全体
への浸透をもくろむ「グローバリズム（globalism）」を，別の表現で言い表し
たものにほかならない。ここではグローバリゼーションもグローバリズムも新
自由主義もみな同義なのである。

　もう少し具体的に説明しよう。それは，多国籍企業が自由に効率的に活動で
きるように，NAFTA（北米自由貿易協定），TPP（環太平洋パートナーシップ），
TTIP（環大西洋貿易投資パートナーシップ）などのような，特定の国や地域のあ
いだで結ばれる FTA（自由貿易協定）や EPA（経済連携協定）を通して，①各

国間で物品の関税障壁やサービス貿易等の非関税障壁を削減・撤廃し，②幅広い経済協力関係の強化を図るための投資や人的移動や知的財産権等に関する共通のルールづくりをめざし，③各国内においてはそのための構造改革（規制緩和や民営化）を強力に推し進めようとする「グローバリズム」なのである。この世界規模で拡大する自由貿易システムと国際金融ネットワークのもとで，巨額の資金を調達し，企業間の提携や合併や買収をくり返して巨大な産業複合体と化した多国籍企業は，偏狭な主権国家の垣根を乗り越えて（あるいは主権国家の政治権力を利用したり減殺させたりしながら）まさにグローバルに縦横無尽に躍動しうる存在となっている。開発途上国を巻き込みながら，先進国の多くがこの抗いがたいグローバリズム路線に沿って突き動かされ，その政治的・経済的・文化的な相互依存の度合いをいっそう強めている。これが今の世界の1つの様相なのである。

グローバルな諸問題　このような視点からみれば，自由市場経済のグローバル化によって不可避的に共通の構造的特徴をもつに至った社会（世界）は，まさにその理由で，それを起因として，国境を越えた同質同根の深刻な諸問題——貧困と格差，経済危機，移民・難民の流出と流入，ジェノサイド・人権侵害，内戦・テロ・戦争，環境破壊などの問題——に直面している。これには，いろいろな経済的要因が絡んでいる。まず，グローバルな金融・貿易・労働の自由化に伴う，資本・産業・人材の流動と株価・為替・金利の変動が，世界経済に及ぼす連鎖的影響の問題がある。また，これと関連して，グローバル企業の利潤追求のあり方の問題がある（たとえば，①世界市場における競争力強化と経営効率化の代価として，低賃金労働・非正規雇用などのコスト削減による労働条件の悪化やリストラの問題，②労働者の所得水準の低下が購買力低下，消費縮小，生産萎縮，工場閉鎖，企業倒産へと連動し，そのために企業の競争力強化と経営効率化がさらに進むという負の連鎖の問題，③もっと安価な労働力・生産拠点・天然資源を求めて開発途上国へ進出し自国産業の空洞化をきたす一方で，さまざまな理由から資本撤退し開発途上国の貧困化・治安悪化・抗争・内戦の起因となりうる問題，④自国の労働賃金を抑えるために外国人労働者や移民労働者を受け入れることの問題，⑤タックスヘイブンの利用による租税回避や不透明な利潤の流出が国家財政に及ぼす悪影響の問題などである）。その他，軍産複合体として軍需産業・民間軍事会

社が利益目的のために関与する国際紛争や地域紛争などの問題や，エネルギー資源開発と地球環境の問題等々も考えられるであろう。

＊グローバル企業の戦略や活動を制御しようとするアイデアとして，2000年に発足した「国連グローバル・コンパクト」が注目されている。これは，参加企業に対して，人権・労働・環境・腐敗防止の 4 分野における10原則の遵守や，その他ミレニアム開発目標（MDGs）などへの推進パートナーシップの参加を求めるものであるが，あくまでも自主的なイニシアティヴなので強制力をもたない。その成果はまだ不確実である。

グローバルな正義問題　規範的正義論の文脈では，これと関連して，「リベラリズムと共同体主義」「普遍主義と個別主義」「グローバリズムとナショナリズム」のテーマに通底する重要な問題がある。すなわち，グローバル化する社会（世界）における国家の存在価値や個人のアイデンティティの拠り所となるべき固有の伝統文化・生活様式・道徳的価値などの相対化・脆弱化の問題や，より根源的な人間存在それ自体の尊厳と価値を支える基本的人権の諸基礎や「善き生」のあり方をめぐる問題などである。

　「グローバルな社会」の正義問題は，このようなさまざまな要因が複合的に絡まり，国家単位で捉えうる問題と国境を跨いで捉えるべき問題とが時空間を越えて錯綜している。正義論の規範的射程が世代や国境の枠を越えて普遍的に拡大しうるかどうか。以下，この複雑な正義問題の時空的な広がりに焦点を当てて，「世代間正義」と「グローバルな正義」，あるいは，それらが実際に交錯する諸問題についてみていく。

II　世代間正義

　従来の正義論は，人がある社会のなかで生まれ，育ち，生涯を過ごし，やがて死んでいく，そうした一定の時空間のなかで，その社会の政治的経済的な基本的諸制度（ロールズのいう「基本構造」）のあり方を模索し，人々が生きるために必要なさまざまな「財」の分配に関する正義の問題に焦点を当ててきた。しかし，近年，国内問題だけでなくグローバルな問題としても，過去・現在・将来という異なる世代間における「財」の分配のあり方や，先行世代の負債に対

する後続世代の責任の問題，あるいは，先行世代が後続世代に対して負うべき
責任や義務の問題をめぐって「世代間正義」への関心が高まっている。

　以下，世代間正義に関する2つの問題を取り上げる。①過去の先行世代が
行った差別・抑圧・虐殺・侵略などの不正義に対して，現在および将来の後続
世代は謝罪し賠償すべき責任を有しているかという問題，②自然や伝統文化な
ど私たちが享受している資源環境の保全や失業・疾病・障害・老齢などの公的
社会保障制度等々に関して，現役世代が一定の配慮や措置を講じることで将来
世代に対して責任を果たすべきかという問題である。

　＊ここでいう「世代」とは，一般的に親子の年齢差である20〜40年程度を目安にしつつ，
　やや広い間隔で歴史的文化的な特徴や感性を共有しあう人々の時代的集合体として，おお
　まかに理解しておこう。

1　過去から現在へ

> 集合的責任論

一般的な問い立てになるが，過去世代がおかした不正
義に対して，現在および将来の世代は道徳的政治的な
責任を負わなければならないのだろうか。負うべきだとすれば，それはなぜ
か。個人単位で考えれば，私がとるべき責任は私自身が行った行為の結果に対
して向けられなければならない。過去世代に属さない私は，過去世代のおかし
た不正義に対して何の責任も負わないし，負わされるべきでもないはずだ。と
ころが，私個人がいま帰属している政治共同体（国家）という集合単位で考え
れば，国家が過去におかした不正義に対して現在の国家は責任を負わなければ
ならないようにも思える。しかし，国家という集合体のなかにいる個人は，各
世代において（血縁的つながりはありえても人格的存在それ自体としては）まったく
別の個人と入れ替わっており，現在を生きる私個人に責任はないのではない
か。もし現在の世代に属する私個人が過去の国家の不正義に対して責任を負う
べきだとすれば，それは私がその国家に帰属していることが重要な決め手にな
りそうである。

　たしかに国家（政府）は政治的共同体の規範的統合性を継承する1つの連続
的集合体である。過去の国家の行ったさまざまな政策的決定とその帰結につい
て，現在の国家は，その主権の全一性を継承する正統な国家として，過去の国

家の責任を引き継がなければならない。私がその国家に帰属しているということと，その国家の構成員であるということが，私自身もまた同胞たちとともにその責任を分かちあうべき道徳的・政治的・歴史的な特別の地位をもつ，と考えられるのである。これは，リベラリズムやリバタリアニズムなどの「個人的責任論」と対置しうる「集合的責任論」であり，マイケル・サンデル，アラスデア・マッキンタイア，チャールズ・テイラーなどが提唱する共同体主義な考え方になじむものである【→第3部第3章Ⅲ】。

不正義への対処　戦時下の被害者（個人や団体）が加害者（国家）に対して謝罪と賠償を求める事例を考えてみよう（といえば，いわゆる「従軍慰安婦」や「南京大虐殺」の問題を思い浮かべる人がいるかもしれないが，ここでは詳細について言及しない）。

　過去の不正義に対する処罰と賠償の問題は，第一義的に「匡正的正義」「応報的正義」の問題である【→第3部第1章Ⅱ4】。しかし，問題解決の前提となる事実認識が，係争当事者間で共有されることは，実際のところ容易ではない。ときとして政治外交上のカードとして利用され，「歴史戦」「情報戦」の泥仕合の様相を呈することも避けがたい。それは不正義の存否（事実問題）をめぐる係争当事者（過去・現在・将来へとつながる各世代）の名誉と尊厳にかかわるデリケートな問題（価値問題）でもあるからだ。正義の基本観念である「各人に彼のものを」「彼が受け取るに値するものを与えよ」に則して，事実判断の真理性に基づいた相応の対価配分がなされなければならない。もし謝罪と賠償が単に当事者間の政治的妥協としてのみ形式的かつ経済的（金銭的）に行われるならば，千年とまではいわないが長く禍根を残しかねないだろう。当該事案の歴史的事実に関する粘り強い客観的検証が不可欠である。

癒やしと和解　人種差別やジェノサイド（人種や民族や宗教など特定集団の抹殺を目的とした殺戮等の残虐行為）や内戦などに起因する人権侵害の事案に関しては，加害者の処罰だけでなく，被害者と被害者家族に対するさまざまな支援の取り組みが必要である。国連安保理決議によって設置される国際戦犯法廷の審理に委ねる以外にも，国連やカトリック教会やNGOなど各種団体の設置する第三者機関（たとえば「真実解明〔和解〕委員会」）が，事件の徹底した真相解明活動を通じて，被害者の名誉と尊厳を回復し，加

害者による誠意ある謝罪と賠償を促す粘り強い努力を重ね，「癒やしと和解」
——事件の記憶を忘れることなく将来世代に伝える記念碑事業などもその一例
とされる——の実現をめざしてきた。これは「修復的正義」の追求である。

　南米チリでは1973年から1990年までの17年間におよぶピノチェト大統領軍事
政権のもとで発生した人権弾圧に対して同様の委員会が設立された。南アフリ
カでも1996年にマンデラ大統領の呼びかけで委員会が設置されアパルトヘイト
時代の人権侵害の真相解明と和解が促進された。しかし，真実解明（和解）委
員会は，調査範囲が限定されたり召喚権をもたないなどの権限上の限界や，証
言と免責（恩赦申請）の取引などもあって，その認定された事実に対する信憑
性や信頼性を欠くといった脆弱性も指摘されている。

<u>積極的是正措置</u>　過去の不正義に対する賠償と救済の1つの具体的な方
策として「積極的是正措置」【→第3部第2章Ⅳ】があ
る。これは，ある集団が過去の不正義によって長年不遇な状態に放置されてき
た場合（たとえば，種族や部族の抹殺，人種差別や部落差別などによって何世代も不当
な社会的経済的不利益を被ってきたような場合），その集団に属する現役世代や将
来世代の個人に対して，税金の減免措置，生活支援金の給付，雇用優先枠や入
学定員枠の割当て，奨学金の無償貸与などの優先的な特別措置を実施し，そう
することで，過去の不正義を是正し，その放置されてきた不利な状態を現在お
よび将来にかけて改善・解消することを目的としている。しかし，この方策
は，他の集団に対する「逆差別」の問題を惹起するとの批判もあり，是正措置
の必要性や合理性や有効性などを十分に勘案する必要があるだろう。

2　現在から未来へ

<u>公共財の継承</u>　世代間正義の観点からとくに問題となるのは，公共財
である政治的・歴史的・文化的・産業技術的・自然環
境的な諸資源の過剰消費やその質的劣化を「負の遺産」として将来世代へ引き
渡す現役世代の責任問題である。現役世代は過去世代から継承した資源遺産を
維持し改善した状態で将来世代に引き渡す義務があるのだろうか。たとえば，
食の安全と自給の問題，国益を損ねかねない長期拘束的な国際条約や密約の締
結問題，領土保全問題，事実の改竄や曲解に抗すべき歴史教育問題，伝統芸

能・文化芸術・スポーツなどを維持促進するための予算や，最先端科学技術や新エネルギーの開発予算の配分問題，金融財政政策や環境対策の問題など枚挙に暇がない。政治的・経済的・社会的な諸政策が与えうる将来世代への影響を考えるうえで重要なことは，その諸政策の必要性・合理性・有効性・透明性等の諸基準をいかに担保しうるかということである。重要とはいえ単なる帰結主義的な成否の評価にのみとどまるべきではない。現役世代が下した選択・決定に対する将来世代による受容可能性が問われている。

　＊ここで「公共財」とは，国防・警察・消防，道路・橋・公園など誰もが不自由なく利用し消費することのできるモノやサービスだけでなく，私たちに共有されている伝統・文化・哲学・思想・科学・技術・慣習なども含めて，広義の「資源」と理解しておこう。

公正な貯蓄原理

異なる世代間の「財」の分配に関する正義の問題は，ロールズが『正義論』で論じた「正義にかなった貯蓄原理」という言葉で示される。ロールズは，「格差原理」【→第3部第2章Ⅲ】の適用に関して，最も不遇な人々の期待便益を最大化する社会的ミニマムの水準を設定するとき，「正義にかなった貯蓄原理」が，各世代に対して，現在および将来における最も不遇な人々の長期的な見通しを改善しうるような資本蓄積の適正量と投資規模を決定する，と論じた。この公正な貯蓄原理によって，各世代は先行世代から受け取るべきものを受け取り，後続世代のために自ら果たすべき負担を果たすことができるようになる。だが，各世代における適正な貯蓄率とは何か，という問いに答えることは思いのほか難しい。ロールズによれば，世代間の貯蓄率の問題に関して功利主義は回避されなければならない。なぜなら，功利主義は，豊かさを享受している将来世代の相対的利益をさらに増大させるために，相対的により貧しい世代の犠牲を正当化しうる考え方だからである【→第3部第2章】。

年金問題

ここで年金制度を例に挙げてみよう。個人ベースではなく異なる世代間の社会的扶助をベースとする「賦課方式」の年金制度は，現役世代の保険料を原資として，先行世代（老齢者）に給付する連帯方式をとるために，過去・現在・将来の世代は順繰りにその時点で受給資格者となった先行世代を扶助しなければならない。現役世代が支払う

保険料と先行世代の高齢者が受給する金額とのバランスが問題となる。少子高齢化という社会現象は，負担する者と恩恵を受ける者とのバランスを失わせしめ，世代間の社会的扶助を破綻させてしまう虞がある。負担率と受給率の均衡のとれた，持続可能で適正な貯蓄率とは，どのようなものであるべきか。

　かつて年金をめぐっては，年金保険料の納付記録漏れ，いわゆる消えた年金問題が取り沙汰されたが，昨今では GPIF（年金積立金管理運用独立法人）による約140兆円もの年金積立金の投資運用リスクが懸念されている。また，年金・医療・介護などの社会保障給付費は，2017年度には前年度比1.6％増の約120兆円を越え，負担と給付の不均衡は非常に悩ましい問題となっている。財源確保のための消費税率アップに関しては諸種の議論があり，将来世代のために消費税率アップが必要だとされる反面，逆に将来世代に大きな負担を押しつけるものになる——なぜなら，消費税率アップによって景気後退とデフレからの脱却が遅れ，失業率の上昇と有効求人倍率の低下が，若者（とくに新卒者）の就職見通しに暗い影を投げかけ，「若者の貧困化」を助長しかねないから——という議論もある。適正な税率の問題とも連動しながら，持続可能な経済的繁栄と社会保障制度のあり方が，世代間正義の問題として，いま根本的に問い直されている。

　＊年金という大事な国民資産については安全で確実な運用が望まれる。もし株価や国債が暴落すれば被る損失も大きくなるからである。ちなみに，GPIF によれば，2015年3月期の運用益は約15兆3000万円だったのに対して，株価急落による同年7〜9月の損益は約8兆円であった。結局，2015年度の運用実績は約5兆3000億円の損益であった。

　なお，公的社会保障制度に批判なリバタリアニズムの立場によれば，病気・失業・老後などの生活保障はあくまでも個人ベースで各個人の自己責任・自助努力によるべきであって，共同体主義的な社会的扶助方式（賦課方式）は責任の不明確化や負担の不均衡化をもたらすだけでなく個人の自由と権利に対する侵害ともなりうるとされる。

3 社会的排除

貧困と格差の連鎖

市場原理主義のグローバル化の影響で，労働賃金の低下や非正規社員の増加など雇用関係や労働市場も大きく変化し，国内の貧困や社会的格差が拡大してきた。これは，個人の自己責任の問題ではなく，社会システムの問題とみるべきか。「運の平等主義」によれば，貧困や格差は，ある個人が偶然生まれついた家庭の社会的地位や資産などの社会的初期条件の差異が，前世代から後世代へと継承され連鎖していくなかで発生する。たとえば，恵まれた家庭環境は，高学歴，十分な収入，良好な人間関係の形成などをうながし，失業や貧困に対するリスク回避に役立つ。しかし，そうでない環境に生まれ育った者は失業や貧困に対するリスクをより多くもつことになる。これが，世代間に跨がって貧困や格差の負の連鎖を生み出し，いまや6人に1人といわれる「若者の貧困化」と「シングル・パラサイト」，そして精神的・物理的な「社会的排除」という現象を顕在化させる要因ともなっている。社会保障給付費の窮迫とともに「老後破産」も懸念される昨今，この負の連鎖を断ち切る正義の剣とはどのようなものだろうか。

在日外国人と社会保障

やや異なる観点からではあるが，後続世代にも資格の継承が認められている「特別永住者」の問題も含めて，在日外国人の無年金問題とその救済つなぎ措置や，在日外国人の生活保護受給についても一考の余地があるだろう。社会的扶助の保護対象を在日外国人にまで拡大すべきか否かの問題は，国籍の異なる外国人を，現在から将来へ世代を越えて共助しあうべき私たちの同胞と認めうるかどうかという，国民としての連帯や帰属意識やアイデンティティの問題とも密接にかかわっているからである。これに関しては，最高裁で2007年と2009年にそれぞれ結審し原告敗訴となった在日外国人による「障害者無年金訴訟」と「高齢者無年金訴訟」の事案がある。また，生活保護についても，2014年に最高裁は，永住外国人を生活保護法の適用対象たる「国民」に該当せず，法的な保護対象とはならない旨の判断を下したが，同時に，別途行政措置による事実上の保護を容認した。実際1954年の厚生省社会局長通知により生活保護法に準じた取り扱いが始まり，今も在日外国人による生活保護受給が実質的に続いている。社会保障費の支出目的や財源確保に関する問題は，在日外国人の社会的包摂・排除の問題とも絡ん

で，将来世代に対しても大きな課題を残している。

　＊少子高齢化社会を見据えて，行政コストを抑えながらさまざまな社会的ニーズに対応し
　うる「共助社会」への取り組みとして，「社会的インパクト」というアイデアが注目されて
　いる。たとえば，元気な高齢者を増やす予防介護の公的サービス（厚生労働省では生涯現
　役社会をめざして2016年から「介護予防活動普及展開事業」が実施されている）を例にと
　れば，民間投資家から資金を調達して民間企業に予防介護サービスを委託し，その成果と
　して元気に働ける高齢者が増えれば，その分の削減できた社会保障費の一部を投資家にリ
　ターンするという仕組み（社会的インパクト債）である。民間資源の有効利用によって公
　的サービスの利害関係者たち（消費者・企業・投資家・行政）全員の効用増進を可能とす
　るおもしろいアイデアといえる。

Ⅲ　グローバルな正義

　現在のグローバル化には明暗２つの側面がある。一方で，輸送や情報通信
等々の科学技術の発展によってグローバルな交流の密度と速度が増したこと
で，多くの人々がこれまでにない物資的な豊かさと効率的で快適な生活を享受
できるようになり，自由，民主主義，人権，法の支配などの価値受容のグロー
バル化も進んだ。しかし，他方で，多くの人々がその恩恵にあずかれず，むし
ろグローバル化によって経済格差が拡大し貧困や差別や暴力などに苦しむ人々
の困窮状態がいまもなお続いている。グローバル化の暗部ともいえるこの悲惨
な現状に対する共感能力にすぐれた人々の不安や疑念や憤りが，グローバルな
正義に関する活発な議論を喚起したともいえるだろう。この問題文脈におい
て，主に実質的な議論対象となってきたのは，世界的貧困と格差，戦争と国際
的軍事介入をめぐる問題である【→第2部第5章Ⅴ1】。

1　世界的な貧困と経済格差

世界の状況　世界には貧困に起因する過酷な生活状態──たとえ
ば，水や食糧不足による飢餓，不衛生な生活環境，適
切な教育や医療・医薬品へのアクセス遮断などによって，職にも就けず不健康
で死に瀕した状態──に苦しむ多くの人々がいる。1990年〜2000年の10年間の
世界統計によると，貧困を起因とする死者は約１億8000万人，栄養失調者は約

9億人，2015年の国連報告（SOFI2015）では世界飢餓人口は約7億9500万人である。また，世界銀行が2015年に設定した国際貧困ライン（1日1.90ドル未満）の「絶対的貧困」は同年約7億200万人（世界人口の9.6％）で，およそ人間として生きる必要最低限の生活水準以下にあるとされる。地域別では，過去数十年間，東アジア・大洋州，南アジア，サハラ砂漠以南アフリカの3地域が世界の貧困の約95％（2015年にはサハラ砂漠以南アフリカが約50％，東アジアが約12％）を占めてきた。

　逆に，世界には恵まれた裕福な人々も当然ながら存在している。国際NGO「オックスファム」の年次報告書2016によれば，世界の最富裕者62人の保有資産は1.76兆ドル，世界人口の貧しい半分の36億人の総資産に匹敵するとされたが，同書2019では最富裕者26人の保有資産だけで下位38億人分のそれに相当するまでに格差が拡大している。すでに2015年時点で，世界の上位1％が残り99％よりも多くの資産を保有していたのである。

人間の安全保障と
ケイパビリティ　このような，個人の保有資産額や実質購買力，国の資源量や国民総生産（GDP）の数字で，個人の「生活の質」が適切に評価できるわけではない。アマルティア・センが提唱した「ケイパビリティ」は，個人が実際に何をすることができ何になれるのかという観点から，個人の生活の質や国家の開発度を評価するための有効な基準として注目された。世界的な貧困と経済格差に対する取り組みにおいて，国連開発計画（UNDP）は，1994年の『人間開発報告書』のなかで，センのケイパビリティに基づく「人間の安全保障」という基本概念を提唱した。人間の安全保障とは，1人ひとりの人間に着目して，犯罪・人権侵害・内戦・テロなどの「恐怖」と貧困・飢餓，医療・教育などの「欠乏」から個人を保護し，そうした脅威に対抗しうる能力を強化し，各個人の尊厳ある生をめざすという考え方である。「恐怖からの自由」に重点をおくカナダやノルウェー等の諸国は主に武力紛争下の人間保護や平和支援活動や紛争予防など「保護する責任」に基づいた人道的介入を支持してきたが，日本は「欠乏からの自由」の考え方に立って開発援助を重視する政策をとっている（ちなみに日本政府は1999年に「人間の安全保障基金」を国連に設立し，2016年までに総額約453億円を拠出している）。

　なお，ケイパビリティ・アプローチは，その後，マーサ・ヌスバウムによっ

て政治哲学の規範理論としても展開され，現代正義論の重要な理論の1つとして関心を集めている。第3部第2章でみたように，ヌスバウムは，「人間の中心的ケイパビリティ」のリストを10項目提示し，人間の尊厳に値する生活を確保するために「ケイパビリティの閾値（いきち）」（それ以下では人間らしい機能を達成できない最低水準）の制度的保障を提唱している。

> **グローバルな正義論**　従来，多くの論者はグローバルな困窮状態という道徳的に耐えがたい事実を看過しえず，いったい何に，誰に，なぜ救済の義務があり，どんな方策があるのかを論じてきた。もっとも，少人数用の救命ボートに過剰な人数を乗せるとボートそのものが沈没しかねないとする比喩で，少数富裕層による多数貧困層の救済に反対する議論——その典型例は EU の過剰な移民難民の受容政策に対する反対論——も提起された。ともあれ，以下でグローバルな正義論として展開されてきた主要な議論の一端をみていこう。

　まず，定番だが，子どもが池に落ちて溺れているのを見かけたときどうすべきかを考えてみよう。もし助けることが可能であり，自分にとって道徳的に重要でないもの（＝衣服が濡れたり遅刻する程度のこと）を犠牲にしてでもその犠牲に見合うだけの道徳的に重要なもの（＝子どもの生命）を喪失せずにすむ場合には，道徳的にそうすべきだろうか。これは「善きサマリア人の義務」とも呼ばれる道徳的義務である。では，もっと危険度の高い状況であっても，命懸けで溺れている子どもを救出すべきである，といえるだろうか。

　この事例との類比でグローバルな貧困問題を考えてみると，次の2つの問いを組み合わせることができる。第1に，①同じ国に住む同胞の貧困者のために，私たちは何か経済支援をすべきだろうか。②遠くの見知らぬ国の飢餓や病気に苦しむ貧困者に対して，豊かな先進国の裕福な人々はどうすべきだろうか。第2に，①と②のどちらの場合も，ⓐ過剰負担にならない程度のごくわずかの寄付を行うべきか，あるいは，ⓑこれ以上寄付すれば自分自身が彼らの貧困水準以下になってしまうような限界点まで寄付を行うべきか。

　＊救済義務の概念について簡単に確認しておこう。
　⑴ 一般的に裕福者は貧困者を救済すべき「道徳的義務」があるという場合，裕福者がこの

義務に反して救済しなくても（道徳的非難を受けることはあっても）強制的に義務履行を迫られたり処罰されたりすることはない。

⑵ 貧困者の悲惨な状態を見るに見かねて人道的観点から救済を行う場合，これは自発的になされる「慈善」（または「人道的義務」）であって，救済できなくても（落胆されることはあっても）不正と批判されることはない。

　道徳的義務と人道的義務は，支援者の側に貧困という不正な結果を引き起こした責任がないにもかかわらず，救済の必要な貧困者に対して自ら責任を引き受ける「積極的義務」である。

⑶ ところが，「正義」の場合は，第一義的に他者に対して危害（不正）を加えてはならないとする「消極的義務」が前提としてあるので，貧困（危害）という不正な結果を引き起こした者に対してのみ結果責任を負わせ，強制的に処罰や賠償（救済義務）を課するのである。正義の救済義務には法的拘束力・強制力が伴う。もしグローバルな法制度が存在すれば，それは紛れもなく「グローバルな法的義務」と呼ばれうるだろう。

> 積極的救済義務論

これらすべての問いに肯定的に答える立場はピーター・シンガーの「積極的救済義務論」である。貧困（苦痛A）は悪であり，悪の除去がより小さな寄付（苦痛B）で少しでも除去できるならそうすべきである，という功利主義的な考え方は，それなりの道徳的訴求力を有しているようにみえる。しかし，負担の軽重に関しては，「当為は可能を含意する（ought implies can）」という一般的な道徳原則によって，不可能なこと（無理なことや必要以上のこと）まで義務づけるのは理不尽であろう。無い袖は振れない。貧困に対する救済義務は，あくまでも慈善または道徳的義務の可能な負担の範囲内にとどまる問題とみるのが無難である。その範囲内にとどまる限り，強制的でない自発的な自由選択を支持するリバタリアニズムも，積極的救済義務論には反対しないだろう。

> 国内的正義論の拡張論

もっとも，国内外の貧困問題は，溺れる子どもの事例とは性質が異なり，貧困原因に関する構造的な問題をはらんでいる可能性もあり，むしろ社会経済的な財（あるいは負担や犠牲）の再分配システムにかかわる正義の問題として，捉える必要があるかもしれない。実際，ロールズを代表とする従来の国内的正義論は，これを社会の基本構造における財の分配的正義の問題として議論してきた。チャールズ・ベイツやトマス・ポッゲたちは，この国内的正義を拡張して，国境を越えたグローバルな貧困問題にも適用することが可能だと考えた——もっともロールズ自身は，分配

的正義は国内でのみ適用可能であるとして，そのグローバルな適用を否定する立場をとった。

制度的加害責任論　そこでポッゲは，「匡正的正義」の観点から，貧困状態を引き起こす原因となるグローバルな諸制度に加担・関与する個人や集団に，その結果責任と救済義務を課す「制度的加害責任論」を提唱した。もしグローバルな構造や制度が開発途上国の人々の生存を脅かすように（極貧状態を引き起こしうるように）設計されているのであれば，その構造や制度のもとで恩恵を受けている先進国の富裕な人々は，開発途上国の極貧状態にある人々の人権（生きるために必要な最低限度の生活水準への権利）を侵害し「危害」を加えていることになる。だから，加害者として，被害者への結果責任を負い，救済義務を果たさなければならない，というのである。

　貧困状態に対する救済義務の有無判定は，貧困者を救済する法的義務の優先順位や責任分配に関するグローバルな責任ルールの存在が前提となる。そのうえで不正な貧困状態の継続に対して「原因は元から絶つ」方式のより根本的な制度改革が求められる。要するに，慈善（人道的義務）や道徳的義務に立脚する積極的救済義務論では悲惨な状況を改善するための強制力や実効力が伴わないのである。強制的な救済義務を課すグローバルな正義が求められるのは，このような事情による。

グローバリズムとナショナリズム　同国人と外国人に対する義務の違いについては，ナショナリズムや共同体主義的な連帯意識や帰属意識にかかわる問題でもある。およそ主権国家たる存在は，少なくとも特定領域内における力の正当な独占（正統的権力）の達成と，その国民たる各個人の生命・自由・財産等の権利保障を確立しなければならないとされるので，国家は生存の危機に瀕した困窮状態にある自国民の権利を保障し救済する義務を負うはずである。自国民ファースト！　他国民よりも自国民を優先して何が悪いのか。

　功利主義的な考え方は，自国民と他国民を区別せず，およそ個人として平等に扱わなければならない，という普遍的な平等原則に立っている。個人として人間として同等の生命価値を有する以上，貧困問題について自国民か否かという点は道徳的に有意な観点ではないから，自国民と他国民に対して異なる扱いをすること（一方を救済し他方を救済しないこと）は恣意的な差別にあたり不正で

ある，と考える。これは「等しき者は等しく，等しからざる者は等しからざる
ように」という形式的正義の普遍的要請に合致する考え方である【→第3部第
1章 Ⅱ 2】。

　しかし，貧困救済に関して，国家ないし国民が支援者である以上，自国民と
他国民を区別することに合理性や必要性はないのだろうか。「どんな国家であ
れ優先的に自国民を保護すべきである」や「およそ国民は自国の政府に対して
優先的に自国民の保護を要求すべきである」という言明は，普遍化可能性の要
請を充足していないのだろうか。ここに普遍主義と個別主義，グローバリズム
とナショナリズムの対立がある。グローバルな正義論では，普遍主義の公平性
や寛大さが称讃される反面，ローカルな正義論としてのナショナリズムの恣意
性や偏狭さが糾弾されることになる。この点において，功利主義，リバタリア
ニズム，リベラリズムは，普遍主義とグローバリズムの陣営に位置している。

　結果責任と救済義務　　いずれにせよ，国内外の貧困に対して個別の結果責任
　　　　　　　　　　　　（帰責性）がないのであれば，裕福な人々は，たとえ個
人的に道徳的な負い目を感じるとしても，救済義務を背負わされることはな
い。ここで何かゲームのルールを思い浮かべてもらいたい。そのゲームのルー
ルのもとでプレイヤーたちが公正に行為した結果，勝ち負け（損得）の差が生
じるのは不可避なことである。というより，むしろその勝ち負けを競ってプレ
イするのがゲームの目的である。そのルールに積極的に参加したからといっ
て，ゲームの勝者は敗者に何か不正や損害を与えたことにはならない。これは
「純粋な手続的正義」の考え方である【→第3部第2章 Ⅲ 1】。もちろん，その
ルールそれ自体が不正であったり，あるいは，公正なルールでも不正なプレイ
があった場合にはその限りではない。制度的加害責任論が主張するように，も
しグローバルな構造や制度に関与する人々の個別的な活動に起因する不正が，
貧困という危害や貧困者に対する人権侵害を引き起こすのであれば，その不正
な結果に対して責任を負うべき者にのみ強制的な救済義務を課すべきであり，
また，不備のある不正な諸制度に対して何らかの改善措置を施すべきなのであ
る。

　**グローバルな
社会システム**　　ゲームの公正なルールのもとでは，公正なプレイの結
　　　　　　　　　　果として生じる勝ち負け（損得）の差が，何度もゲー

ムを重ねるなかでどんなに拡大しようと，「純粋な手続的正義」のもとでは
まったく問題にはならない。しかし，ゲームと実生活とは性質を異にする。
「生」の重さが根本的に異なる。生身の人々は，実際に社会システムのなかで
生き，その意味ある人生を過ごしていかねばならないからである。国内の社会
的経済的な不平等や貧困の場合，「純粋な手続的正義」のなかで不正がなくて
も，不平等や貧困の度合いが世代を跨いで看過しえないほど累積的に拡大した
なら，それを是正するために「純粋な手続的正義」の限界を超えた「背景的正
義」の観念が必要となる。ロールズが論じたように，背景的正義は社会の基本
構造に組み込まれる分配的正義の原理として格差是正の機能をもつ。国内には
そうした社会の基本構造が存在しているのである。

　しかし，グローバルな貧困や経済格差に関しては，国内のような確固とした
社会システムは存在していない。現在のところ，国連や多国間協定や国際
NGO などの活動を通して国境を越えた人々の相互依存と連携がどのように強
化されようとも，主権国家の存在とその働きを越えてグローバルな正義を捉え
ることは難しい，と考える論者も少なからずいる。

> 世界秩序の諸構想

では，正義にかなったグローバルな社会秩序を構想す
ることは可能か。どんな構想であるべきか。現在の国
連（もっとも第二次世界大戦の戦勝国による拒否権を有する連合体質を大胆に改革する
必要があるだろうけれども）を中心とするさまざまな主権国家の緩やかな連邦体
制，あるいは，無政府資本主義が主張するような主権国家を廃絶（あるいは離
脱）しそれから独立して存在する無国籍のコスモポリタンからなるグローバル
社会，あるいは，主権を独占する世界統一政府など，いくつかの構想が想起さ
れるかもしれない。

　ただ，各国の経済的な相互依存の深化や国際的な協力体制がどんなに確立さ
れようと，個人が最終的に拠り所としうるのは，自らが帰属し互いに共通の歴
史や伝統文化を分かちもつ同胞たちからなる自由で民主的な主権国家以外にな
いのではないか，という思いも完全には払拭しきれない。グローバリズムの体
現である EU の危機を眺めれば，統一政府と統一通貨をもつ EU 加盟諸国はそ
の主権を減殺されて国家単位で必要な行動に出られない（たとえば通貨発行権が
なく自国に必要な金融政策が打てないとか，シェンゲン条約やダブリン協定によって移

民や難民の大量流入に苦慮するなど）もどかしさがみてとれる。

カントとロールズ　かつて「一つの世界共和国という積極的理念」の次善案としてイマヌエル・カントが構想した世界秩序は，それぞれの共和制的な主権国家が「永遠平和のために」社会契約を締結し，世界市民法を遵守するような「平和連合」であった。ロールズも，世界国家や世界統一政府を支持せず，各国の人民たちがともに協働しあうさまざま形態の協同体や連邦を思い描いている。ロールズの国際秩序観は，中心部に「諸人民の社会」──「道理をわきまえたリベラルな諸人民」の社会と「良識ある諸人民」の社会──があり，その埒内に援助を必要とする「重荷を背負った社会」が，埒外に乱暴な「無法国家」が存在しているイメージである。原初状態で「リベラルな諸人民」の代表者によってのみ合意される「諸人民の法」の8原則（人民の自決と独立，協定の遵守，不干渉の義務，自衛の戦争，人権の尊重，限定的な援助義務など）が，この国際秩序の規範となる。だが，これは国内社会の基本構造に適用される分配的正義の原理を規定するものではない。「重荷を背負った社会」に対する援助は，その社会が人権尊重など秩序ある状態を達成するまでの限定的なものにとどまり，人権を侵害する「無法国家」への政治的・経済的・軍事的介入も，原理的問題ではなく政策的問題にとどまっている。

開発途上国への支援策　ともあれ，世界的な貧困や格差の問題に対処するために，現実問題として，巨額の資金を要する。とくに開発途上国の政府・銀行・企業は，貧困撲滅のためにも経済成長に必要な資金をまずは自前で調達する必要がある。しかし，国債の発行や先進国からの融資（投資）によって調達した資金は，いずれ返済しなければならない債務である。偶発的な事情（税収不足，内戦，災害，主要輸出品目の価格や通貨の下落など）で債務不履行の危機に陥れば，国際債権団（パリクラブとローマクラブ）にも影響が及びかねない。債務危機国を援助するIMF（国際通貨基金）と開発途上国の社会資本整備を支援する世界銀行は，資金調達が必要不可欠な開発途上国──たとえば，1980年代のソマリアや1990年のルワンダ，1990年代の南米諸国，旧ソ連，旧ユーゴ，1997年の通貨危機のアジア諸国など──に対して，融資条件として，「ワシントン・コンセンサス」に基づく債務返済と経済成長のための厳しい合理化案──新自由主義的な「構造調整プログラム」──の実施を要求し

た。基本的に、緊縮財政（公共事業・医療・福祉・教育等への支出削減）、政府系企業の民営化、規制緩和（為替・金利・投資・貿易・労働等の自由化）などが含まれている。

さまざまな分析や報告によれば、IMFと世界銀行の「構造調整プログラム」は、逆に、低賃金労働者や失業者の増加、国内投資の低下、外国資本による国内産業の買いたたきなどを招き、債務国の実物経済の悪化、累積債務の増大、貧富の格差拡大など国内にいっそうの混迷をもたらす要因となった。そして、それが貧困のグローバル化を進め深刻化させたとする批判も少なくない。実際、1994年時点で約190億ドルだった開発途上国の債務総額は2008年には約3兆3500億ドルにまで膨れあがった。そのためIMFや世界銀行は、債務返済の繰り延べ、債務削減、債務の証券化などの救済策も講じるようになり、アフリカ諸国など重債務最貧国（HIPCs）に対しては、1996年から「HIPC イニシアティヴ」（返済可能な水準まで債務削減）、2005年から「マルチ債務救済イニシアティヴ（MDRI）」（債権放棄）を実施してきた。しかし、その実質的な効果は薄く、債務返済の循環構造は残存しており、いまなお開発途上国の負担は軽減されていない。

国連のミレニアム開発目標（MDGs）とそれを継承する持続可能な開発目標（SDGs）のように、極度の貧困、飢餓の撲滅、その他の大きなグローバルな課題に対処するためには巨額の資金が必要となる。これまで資金調達に関して数々のアイデアが提案されてきた。

＊＜国際援助のための資金調達に関するアイデア＞
⑴ OECD・DAC（経済協力開発機構・開発援助委員会）のメンバー国に GNI（国民総所得）の0.7％の拠出を求める ODA（政府開発援助）資金。ただし、これは各国の政治経済的な事情によって左右され不安定である。
⑵ 国境を越えた経済活動から利益を得ているグローバルな経済主体に課税する、ある程度安定した財源の見込める国際連携税（グローバル・タックス）の資金メカニズムがある。具体的には、2006年にフランスで導入された①航空券連帯税（2010年の税収約179億円）、②環境税（炭素税）、③国際金融取引税（為替相場の安定化を目的とした為替取引税いわゆる「トービン税」、投機抑制ではなく開発目的の資金確保のために国際金融機関や投機家に課税する「通貨取引開発税」、投機目的の金融取引に課税する「ロビンフッド税」が含まれる）、④国際電子商取引税、⑤多国籍企業税、⑥武器取引税、⑦地球資源税などである。
⑶ 大富豪に１％課税する超富裕層課税案なども資金調達として期待する向きもある。2016

年時点でタックスヘイブンにあるといわれる総資産額は3300兆円とも推測されていた。

2　戦争とテロ

新しい戦争観と正戦論　戦争に関する議論は，日露戦争や日清戦争，あるいは，第1次・第2次世界大戦などのような（同盟国や連合国も含む）国家対国家を前提とする旧来の戦争観から，次のような新しい戦争観へと拡大している。第1に，2001年の9.11以降に本格化した国際テロリスト集団を交戦相手とする「対テロ戦争」，第2に，核兵器・生物化学兵器（大量破壊兵器）やAI殺人ロボット（自律型無人兵器）の開発と拡散という国家安全保障上の世界情況を背景として，敵国やテロ集団からの攻撃が急迫している緊急事態に際して，「明白かつ現在の危険」の法理に基づく必要最小限度の専守防衛のための先制攻撃（策動地攻撃）を加える「予防戦争」，第3に，内戦やクーデター等に起因するジェノサイドや，自由や人権の抑圧，生活破壊など大量難民の発生原因ともなりうる国家秩序の混迷・崩壊現象を来している国家に対する「人道的介入」（具体的には国際的な軍事介入や経済的な制裁と援助など）である。

　いずれにせよ「戦争」とは戦闘行為すなわち武力行使による殺人行為を伴うものであるから，何らかの制約が必要ではないかという議論が，戦争に関する正義，すなわち「正戦論」というテーマのもとで行われてきた。それは，戦争および戦闘行為の必要性と正当性に関する議論であり，基本的に戦争のあり方を批判的に見定めるためのものである。したがって，新しい戦争観に対応した正義の議論が必要である。以下では，対テロ戦争と人道的介入に関する2つの議論をみていこう。

　＊戦争に関する正義は，戦争の前中後，3つに分けることができる。(1)「開戦の正義（jus ad bellum）」は，戦争の目的にかかわる。どんな理由で戦争を始めるのか，正戦判定の基準となる戦争目的に応じて3類型の戦争概念が区別できる。①加えられる危害（不正）に対する自己防御のための「自衛戦争」，②自国の国益増進（他国の国益略奪）を目的とする「侵略戦争」，③十字軍や宗教戦争などのような宗教や聖者への絶対的信仰の普及やその冒涜に対する反撃のための「宗教的聖戦」と，自由や民主主義や共産主義といった価値理念やイデオロギーを実現するための「世俗的聖戦」である。(2)「戦時の正義（jus in bello）」は，戦争遂行手段や戦闘行為に対する制限や禁止の条件にかかわる。たとえば，非戦闘員

への攻撃，捕虜への虐待行為，病院や非武装地帯への攻撃，生物化学兵器・対人地雷・クラスター爆弾の使用などの禁止である。(3)「戦後の正義（jus post bellum）」は，治安維持・体制改編・復興支援などの戦後処理のあり方にかかわる。

　また，戦争の賛否を論じる戦争論はおおまかに4つ分類できる。(1)「反戦・非戦論」は，戦争そのものを不正とみなす戦争絶対反対論で，「殺されても殺すな」式の徹底した非暴力主義の立場をとることもある。(2)「自衛戦争論」は，不正な攻撃に対する必要最小限の防衛のための消極的戦争のみを認め，防衛の必要性や合理性の観点から集団的自衛権や予防的先制攻撃も容認しうる立場をとる。(3)「聖戦論」は，既述の宗教的聖戦論と世俗的聖戦論があり，熱狂的な殉教精神を発揮して戦う積極的戦争を容認する立場である。(4)「国益戦争論」は，国益追求のために必要な手段としての積極的戦争も怜悧で狡猾な外交の最終的な決着方法として容認する立場である。

対テロ戦争　一般に「テロ」とは，ある集団（および構成員）が何らかの主義主張に基づいて，銃器や爆弾等の暴力的な破壊活動による威嚇と実行を手段として，社会的な恐怖を煽りながら，何らかの要求を国家や特定の団体に強要することをいう。従来，テロは国内法上の犯罪行為とみなされてきたが，いまや戦争行為として一般の刑事手続とは異なる国家安全保障上の問題となっている。テロとの戦い（対テロ戦争）は，国際法上の交戦権を承認された戦争主体としての国家を相手とする国家間戦争ではなく，テロリスト集団という地球上のどこにでも存在しうる非国家的組織を相手にする戦争であり，戦闘行為の開始と終結，戦闘員と非戦闘員の区別なども不分明で，戦時国際法等のルールが通用しない期間・地域・対象を限定しない際限のない戦争である。

　もっとも，テロリストを養成したり支援する国家は「ならず者国家」「テロ国家」として対テロ戦争の対象となりうるので，国家間戦争の様相は残存している。しかし，テロの主体に応じて「テロ集団」と「テロ国家」を区別しても，組織や人員，武器・弾薬・資金など使用可能なテロ資源の豊富さの違いを除けばテロの手段や方法にそれほどの違いはないし，国家の公的機関が秘密裏にテロ集団に資金や武器を供与して破壊工作活動に関与する場合などには，その区別は実質的に意味をなさない。

国家テロと超限戦　しかし，1970年代の南米諸国の軍事政権が反体制的な自国民に対して行った大量の殺戮行為は明らかに「国家テロ」と呼びうるものであった。だが，国家対国家のハードな戦闘方式をと

らず，産業投資，企業買収，不動産買収，政治献金にロビー活動，工作員の潜入や移民による政府機関の多数派工作，要人暗殺や主要施設の破壊，脅迫・賄賂・ハニートラップ等々の懐柔策など，ありとあらゆる手段を駆使して社会的影響力を強め着実に国家主権を浸食していく「静かなる侵略」は，ある意味でソフトなテロといえるかもしれない。今や世界はあらゆる領域であらゆる手段をつかって熾烈な戦いの展開される「超限戦」と呼ばれる新しい戦争の様相を呈している。

> ## サイバーテロ

今日では，実弾の飛び交うリアルな戦場とは異なり，ヴァーチャルなサイバー空間のなかで24時間熾烈な交戦が行われている。国家機関（軍部のサイバー特殊部隊）が他国の政治・軍事・経済等々の機密情報をハッキングしたり PC ウィルスによる社会インフラ（銀行・鉄道・空港・原発など）のシステム破壊を狙ったりするサイバーテロは，インターネット犯罪どころか，まさに陸・海・空・宇宙につぐ第5空間での戦争である。攻撃はテロか戦争か不分明なほど無限定化している。そして，この空間で最重要な次世代型移動通信システム（5G）をめぐって，米中は激しい争いの最前線に立っている。

> ## AI 兵器の拡散リスク

2014年，ジュネーブの国連欧州本部 CCW（特定通常兵器使用禁止制限条約）非公式会合で，「自律型致死兵器システム」いわゆる AI 搭載殺人ロボットの規制に関する議論が行われた。また，2016年の「世界経済フォーラム（WEF）」年次総会（ダボス会議）でも，自律型攻撃兵器の開発競争やテロ集団への AI 兵器拡散に対する危機意識が共有された。今や戦術核兵器や生物化学兵器にとどまらず AI 兵器に至る最先端兵器のグローバルなテロ集団への拡散リスクが格段に増している。さらに近未来的には人間の遺伝子改変と AI を接合した超人類（トランスヒューマン）の誕生なども脅威となりうるだろう。

> ## テロと人権

国家安全保障上の問題としてテロに対する警戒や監視の強化が求められる反面，個人の自由やプライヴァシーなど人権侵害への危うさも増している。多くの先進国では，国家非常事態宣言（憲法一時停止）やテロ防止のための監視や統制がハイテク機器により過度に強化され，警察国家化（ビッグブラザー）というディストピア的な傾向も強まっており，テロ

に対する安全保障と国民の人権保障という調整の難しい価値問題が生じている。たとえば，アメリカでは，9.11以降に制定された「愛国者法」や「国防権限法」に基づいて，テロ防止を目的とした厳しい国民監視体制が敷かれた。「テロリスト」として嫌疑を掛けられた個人や集団（およびその関係者）の電話や電子メールなどの交信記録や内容が監視対象となった。2013年のエドワード・スノーデン事件では，アメリカのNSA（国家安全保障局）やCIAなどによる国内外の電話やネットの膨大な監視・諜報活動の実態の一部が暴露された。今や国内外における監視システムの強化は世界的趨勢である。

テロ資金の根絶　このような世界情勢を受けて，わが国でも2014年にテロ3法（犯罪収益移転防止法，テロ資金提供処罰法，テロ資産凍結法）が整備された。これらの法律は，近年，対テロ戦争の一環として国際的に取り組まれてきた「テロ資金を絶つ」手段の日本国内版として法整備されたものである。アメリカでは，すでに1977年に施行されたIEEPA（国際緊急経済権限法）や，外国資産管理法のOFAC（米国財務省外国資産管理局）規制によって，国家の安全保障・外交政策・経済を脅かす対象者をSDNリストにアップして金融制裁（資産凍結など）を課すシステムが機能している。

　テロ対策の国際協調の動きとして，1989年に設立されたFATF（金融活動作業部会）は，テロ資金対策とマネーロンダリング対策の国際基準を策定し公表している。このFATF勧告を受けてわが国のテロ3法が制定された経緯がある。国連でも1999年に国際テロ資金防止条約が採択されている。また，2014年に施行されたアメリカのFATCA（外国口座税務コンプライアンス法）は，米国納税者が海外口座を利用して脱税するのを防止するために外国金融機関に当該個人口座の情報提供を強く要請する（非協力的な金融機関には制裁を課すことができる）ものであり，多数の国と協定の締結を進めてきた結果，スイス銀行の伝統的な守秘義務を終焉へと追いやった（2015年のFIFA不正疑惑騒動はその成果の1つである）。OECD（経済協力開発機構）でもFATCAの国際版であるAEOI/GATCA（自動的情報交換制度）など多国間の共通枠組の導入を進めてきており，OECDやG20の各国税務当局でもBEPS（税源浸食と利益移転）プロジェクトとして国際課税ルールの見なおしなどが進行中である。なお，2013年に発効した税務行政執行共助条約なども，多国間の徴税情報交換等による課税

回避を防止するための枠組みの1つである。

　今後マイナンバー制度が預貯金口座と連結すれば，脱税，資金洗浄，年金等の不正受給の防止に効果を発揮すると期待されているが，個人のプライヴァシーの問題に危機感を抱く人も少なくないであろう。ただ，対テロ戦争の一環として，さまざまなテロ活動の資金源を絶つための諸対策が国際的なネットワークを構築しつつあるのが現在の世界的趨勢なのである。この流れのなかで2016年の「パナマ文書」事件を捉えると非常に興味深い。

3　国際的な人道的介入

ジェノサイド

1948年にジェノサイド条約が国連で採択されたが，その後も多くのジェノサイド事件が発生している。たとえば，1990年に IMF と世界銀行の「構造調整プログラム」を採択したサハラ砂漠以南アフリカのルワンダでは，1994年のフツ族出身の大統領暗殺事件を機に人口比8割を占める多数派のフツ族が，国連介入による停戦までの約100日間で，50万〜100万人もの裕福な少数派のツチ族を殺害したといわれる。中米のグアテマラでも，1960〜96年の36年間の内戦時代に発生した約20万人もの死者・行方不明者のうち大半が先住民マヤ族であり，スペイン征服後の非先住民ラテン系政府軍による反体制派ゲリラ掃討作戦のなかで，マヤ族へのジェノサイドが行われた可能性が高いとみられる。さらに旧ユーゴスラビア解体後のクロアチア紛争（1991-1995年），ボスニア紛争（1992-1995年），コソボ紛争（1996-1999年）でも相当数の虐殺事件が発生しており，とくにボスニアの1995年の「スレブレニツァの虐殺」では約8000人のボシュニャク人（ボスニアのイスラム教徒）がセルビア人勢力によって殺害されたり行方不明になっている。近年では中国共産党政権下における少数民族（チベット人やウイグル人など）および特定宗教集団（地下教会や法輪功学習者など）への迫害・人権侵害（強制収容や臓器収奪など）の問題も喫緊の課題となっている。

国家主権の制限

ジェノサイドの問題は国家主権と国際的な人道的介入の問題を提起している【→第2部第5章Ⅳ2】。たとえば，他国に対して不正な侵害をしているわけではないが，ただ当該国の国内において貧困放置・差別・暴力・抑圧・集団殺戮など人権蹂躙が甚だしい場合，

他国はこれを阻止または改善するために何らかの干渉をなすべきだろうか。そして，もし経済制裁や経済援助等の非軍事的な介入によっても状況の改善効果がほとんど期待できない場合，ジェノサイドや人権侵害を阻止するために，当該国の政治体制を打倒し民主的で平和な体制に改編するための「人道的介入」として，軍事的介入が許されるだろうか。このような場合でも，「内政不干渉の原則」により国家主権は制限されるべきでない，といえるのだろうか。それとも，自国にほとんど害を及ぼさない無関係なことだと見て見ぬふりを決め込んで放置すべきだろうか。放置すべきでないとすれば，国家主権を制限する正当化の論理が必要である。既述の「人間の安全保障」ではこれを「保護する責任」として正当化したが，人道的介入のための要件は何かに関して，その発生しうる副次的影響などもふまえて検討する余地を残している。

　過去の多くの事例が示すように，内戦の原因には国内の勢力争いや民族・人種間の憎悪などの国内要因だけでなく外国勢力による意図的な撹乱工作なども絡んで，真相は複雑で不分明な部分も少なくない。だが，人道的介入の最終目的は，可能な限り原因を除去し，当該国の人民による自主的な人権保障体制の構築を支援することにある。「民族自決の原則」は国家の構成員である人民の自律と責任を尊重する価値理念を示すグローバルな正義の重要な原則の1つであるからだ。また，主権国家の存在理由として，少なくとも特定領域内における力の正当な独占（正統的権力）の達成と域内の各個人の諸権利の保障という要件に加えて，国際社会の承認という要件も考慮しなければならない。したがって，国内外における国家主権の正統性が疑問視されうるような状況においては，国際的な人道的軍事介入も条件付きで正当化されうるのではないだろうか。

Ⅳ　グローバリズムの課題と展望

　グローバルな正義の問題を考えるうえで，とりわけ「新自由主義のグローバリズム」をどのように見据えていくか，このきわめて挑戦的な問い立てが問題の要諦であったが，「グローバリズム」には旧ソ連のコミンテルンや現代中国共産党（習近平独裁体制が促進する「一帯一路」「中国製造2025」「〔技術の〕軍民融

合」「デジタル人民元構想」など）のような「共産主義のグローバル化」（共産主義による世界覇権）をもくろむ別種のものがあることにも留意すべきである。以下，グローバリズムの課題と展望について簡単に補足して本章の締め括りとしたい。

　第1に，市場原理主義・金融資本主義のグローバル化は，実際，主権国家の立法・司法・行政の三権作用に大きな影響を与えている。たとえば，多国籍企業や資産家（租税回避の最終手段でもある慈善基金財団なども含む）は，その潤沢な資本を使ってメディア・広告代理店・法律家・政治家・学者・シンクタンク・ロビイスト・NGO などを駆使し，企業活動や理想の追求に有利な法制定や政策決定へと利益誘導することができる。とくにアメリカでは政治家への高額献金，学者・シンクタンクへの研究助成，メディア・広告業界への資本参入や買収による世論の形成・誘導，情報の改竄・隠蔽，民間の ALEC（アメリカ立法交流評議会）による法案作成と議員立法化，官民回転ドア（政界・財界・学界の間の往来人事）による政府要職の確保や政策立案と実施過程への影響力行使など，さまざまな手法が用いられている。2017年以降，トランプ政権下で顕在化してきた米中対立の背景には，これらの工作をアメリカを含む諸外国や国際機関に対して巧妙に進めてきた中国共産党による「静かなる侵略」がある。

　第2に，多国籍企業や資本家は，国際基軸通貨ドルと強大な軍事力をもつアメリカで，「回転ドア」を使って構築した連邦政府の権力基盤を利用して，グローバルな経済戦略を有利に展開している。連邦政府の機関とともに市場原理主義・金融資本主義のグローバル化を牽引しているのが，FRB（米連邦準備制度理事会），IMF，世界銀行，BIS（国際決済銀行），各国中央銀行その他からなる堅固な国際金融ネットワーク（SWIFT はドルでの金融取引のための国際銀行間通信システム）である。これに対して，グローバル資本主義の恩恵を受け（たとえば WTO や IMF などで逆差別的な特権を得て）飛躍的な経済発展を遂げてきた共産主義中国が進めてきた一帯一路構想下での CIPS（人民元での国際銀行間決済システム）や AIIB（アジアインフラ投資銀行）や BRICS 銀行の創設はアメリカと世界覇権を競う対抗手段であるが，中国の低開発国への融資をめぐる「債務の罠」は世界的な批判の的になっている。世界的貧困と経済格差の問題に関してはグローバルな債務返済構造の改革が必要だが，非常に厄介でリスクのある

課題である。

　第3に，他企業との提携，併合，買収，フランチャイズ化など，垂直統合に
よって巨大な産業複合体と化した多国籍企業が，食糧・医療・保険・エネル
ギー・金融等々の事業活動において，一国の国家職能を凌駕し，その世界戦略
を左右しうるレベルにまで巨大化・強大化している。たとえば，電力（原発）・
ガス・石油などエネルギー業界，IT 業界（GAFA），遺伝子組み換え植物と農
薬の開発で成長した巨大アグリビジネス（農産複合体），医療・製薬業界などで
ある。民間軍事会社や警備保障会社も，テロや戦争を梃子に，軍事支出に苦慮
する軍部の安価な外注先として，軍需産業や IT 企業と連携しつつ，兵站・要
人警護・施設警備・軍事訓練プログラム・傭兵など諸種のサービスを提供する
セキュリティ産業として急成長を遂げている。

　第4に，市場原理主義・金融資本主義のグローバル化は，IT 技術と AI 技
術の合体によっていっそう深化・強化されつつある。金融工学による多様な金
融商品の開発から証券取引所の HFT（高速自動売買）システムの導入まで，こ
れまでも大きく発展してきたこの分野で，さらにスマホ・タブレット・PC 端
末から容易にアクセス可能な，ビッグデータや人工知能（AI）を使った金融
サービス（フィンテック革命）が進行している。電子空間上での決済や送金はも
ちろん投資や資産運用の AI 助言サービスまで含まれるという。将来的にはブ
ロックチェーン技術を使った中央銀行によるデジタル通貨が整備され「完全
キャッシュレス社会」の実現もそう遠くない。この便利さと引き替えに，電子
取引上の不正監視や口座管理がいっそう強化され，お金の流れという最重要の
個人情報が電子空間上で透明化され監視・管理される危険性が非常に高くな
る。もちろん，不透明なベールに覆われた特殊な一部を除いて，租税回避やマ
ネーロンダリングなどの不正資金の動きは完全に捕捉されるだろう。金融資本
主義の完成形態がグローバルな AI 金融全体主義（あるいは共産主義による全体
主義）というディストピアにならない保証はない。

　ここまで，グローバリズムの負の側面を過剰に強調してきたきらいがある。
もちろん，グローバル化の恩恵を受けて，私たちが今この日本で豊かな生活の
質を享受していることは紛れもない事実である。しかし，21世紀においてもな
お放置され続けているグローバルな惨状の数々を，正義の観点から眺めようと

するとき，どうしてもグローバリズムの本質を見極める必要がある。少なくと
も，血統・家柄・財産を継承する一部の特権エリート層による資産の占有・独
占ではなく，大多数の人々の生活の質と尊厳をより実質的に保障しうるような
「グローバリズム」でなければならない。「アメリカ・ファースト」を唱えるト
ランプ大統領の登場以降，反グローバリズムの支軸がより鮮明となった今，
人々の善き生のありかたと主権国家の働きをめぐって「グローバリズムとナ
ショナリズム」の再考が求められている。

📖文献案内

伊藤恭彦『貧困の放置は罪なのか──グローバルな正義とコスモポリタニズム』（人
　　文書院，2010年）

井上達夫『世界正義論』（筑摩書房，2012年）

押村高『国際正義の論理』（講談社，2008年）

〈引用・参考文献〉

宇佐美誠編著『グローバルな正義』（勁草書房，2014年）

神島裕子『ポスト・ロールズの正義論──ポッゲ・セン・ヌスバウム』（ミネルヴァ書房，
　　2015年）

クライン，ナオミ（幾島幸子・村上由見子訳）『ショック・ドクトリン──惨事便乗型資本
　　主義の正体を暴く（上・下）』（岩波書店，2011年）

スティグリッツ，ジョセフ・E（鈴木主税訳）『世界を不幸にしたグルーバリズムの正体』
　　（徳間書店，2002年）

セン，アマルティア（山脇直司解題・加藤幹雄訳）『グローバリゼーションと人間の安全保
　　障』（日本経団連出版，2009年）

堤未果『(株)貧困大国アメリカ』（岩波新書，2013年）

馬渕睦夫・河添恵子『米中新冷戦の正体──脱中国で日本再生』（ワニブックス，2019年）

渡邊哲也『中国壊滅』（徳間書房，2015年）

第**5**章

生命倫理と法主体の行方

I　はじめに

問題の所在　本章では前章に続き，第3部第1章〜第3章で論じたさまざまな正義観念をふまえ，生命倫理の諸問題への法的対応をめぐる議論のなかで，それらがどのように展開されてきたかを検討する。ここで照準を合わせたいのは，この議論において法主体がどのように捉えられてきたかである。もちろん，法主体の概念には様々な考え方がありうる。だが，ここでとくに取り上げたいのは，①自律的な自己決定という法主体の意思・行為の側面と，②法により権利・義務の帰属点として承認されているという法主体の資格・存在の側面である。本章ではこれを以下の順序で検討する。

　①の意思・行為の側面では，医療の歴史において人は当然に主体であったのではなく，時に医療の客体として扱われ，医学発展のため実験の対象とされることもあった。一般の医療においても長い間，個々の患者にとって何が福利となり，それをどう実現するかは医師の判断に任され，患者は自己の治療行為について決定する立場になかった。それゆえ，まずは患者や被験者が法主体としての地位を獲得してきた歴史的過程をたどる必要があるだろう（II）。

　もっとも，患者を医療における法主体に据えれば，すべての問題が解決できるわけではない。その前提となる判断能力が欠如または不十分である場合には，患者の意思尊重は難しい。他方，判断能力が十分でも，自己決定が生命や健康など本人の重要な利益を侵害するときに，それをそのまま肯定してよいかという問題も生じる。自己決定を語るには，それゆえ，同時にその限界にも目

を向けなければならない（Ⅲ）。

その一方で，②の資格・存在の側面については，ⓐ法主体という概念の内包・外延に生じる変化や，ⓑ法主体を凌駕しうる別の価値との関係が問題となる。ⓐに関しては，脳死観念の出現，人クローン個体の産出，動物の権利などをめぐる議論が，法主体という概念の内包に大きな変更を迫り，また，生殖補助医療技術の進歩が，胎児のみならずヒトの胚・受精卵・配偶子にまで，法主体が受ける規範的配慮を拡げることの是非を問題化する。ⓑに関しては，人の臓器・組織の分配や救急医療における希少な医療資源の投入について，効率性の価値がとくに大きな意義をもち，個々の法主体への考慮を排除することが正当化されることすらあるのである（Ⅳ）。

そして本章の最後には，それまで検討した，生命倫理の諸問題における法主体概念の検討を踏まえたうえで，法の役割と射程について概括したい（Ⅴ）。

Ⅱ 医療における法主体の確立

客体から主体へ 生命倫理という比較的新しい倫理の問題領域が誕生した背景の1つには，非人間的な人体実験から被験者を守り，その主体性を確立するという問題意識があった。人体実験について最もよく知られる倫理原則は，ニュルンベルク綱領（1947年）である。これは強制収容所で人体実験を実施したナチスの医療関係者に対する裁判の判決文で展開されたもので，被験者の自発的同意を絶対要件とするこの原則は，世界医師会の「ヘルシンキ宣言　人間を対象とする医学研究の倫理的原則」（1964年，2013年最新改定）にも，インフォームド・コンセントの要件という形でその精神が引き継がれた。

それにもかかわらず，アメリカでは，戦後も悲惨な人体実験が秘密裏に行われていた。1966年に，22例の問題ある人体実験がある医師の告発により明らかとなり，1972年に，梅毒に罹患している事実を知らせず多数の黒人男性に，積極的な治療もなく進行状況を調査したことが発覚した（タスキギー事件）。

人権を無視した人体実験が自国で行われていたことに人々は驚愕し，医療不信を招く結果となった。そのため，被験者の自発的な同意を臨床試験の絶対的

要件とし，被験者の主体としての地位を確立することが，社会的に要請された。1981年には，世界医師会が「患者の権利に関するリスボン宣言」（2015年最新改定）を採択し，インフォームド・コンセントを含めた患者の主要な権利をそこに掲げた。

福利から意思へ　通常の医療に関しても，伝統的な医療倫理は，患者の意思よりも生命や健康という福利（well-being）を重んじる点に特徴があった。古代ギリシアの「ヒポクラテスの誓い」は，「（医師は）能力と判断の限り患者に利益すると思う養生法をとり，悪くて有害とする方法を決して取らない」と説き，患者の利益と患者への無危害を医師の行為規範として謳う。これは，医師が無力な患者に代わり自己の能力と判断に基づき治療行為を行うことを肯定する，パターナリズムを許容するものであった【→コラム4】。

　ヒポクラテス的伝統は，20世紀中頃まで影響を与え，その一端は1948年採択の世界医師会のジュネーブ宣言（2017年最新改定）にもみられる。こうした伝統的医療倫理においては，患者は医師の判断に委ねられる無力な存在であり，医師により健康を維持・回復してもらう客体として位置づけられた。

　しかし，先にみた人体実験への反省や，患者の権利意識の高揚などを背景に，ヒポクラテス的伝統に基づく医療専門職倫理ではなく，患者や人体実験の被験者の意思主体性を重視した新しい倫理が求められるようになった。そうしたなか，トム・L・ビーチャムとジェイムズ・F・チルドレスが，患者や被験者の自律性尊重原理を中心とする「生命医学倫理」を提唱し，患者は，福利実現のため医師のパターナリズム的介入を一方的に受ける医療の客体の地位を脱し，医療の自己決定主体と考えられるようになったのである。

インフォームド・コンセントの法理と倫理　患者や被験者の自己決定主体としての地位を法的に規範化したものが，インフォームド・コンセント（以下IC）の法理である。ICの法理とは，20世紀以降アメリカにおける長年にわたる判例理論の展開の中で生じたもので，同意原則と説明原則とからなる法理である。同意原則とは，医師が外科手術等の侵襲性の医療行為を行う場合に患者の同意を得る必要があるとする原則で，そうした同意を欠く行為は不法行為となり，医師は損害賠償責任を負う。他方，説明原則は，患者から有効な同意を

得るには医師は患者に医療行為について十分な説明を行う必要があるとするもので、医師がこの説明義務を怠った場合も損害賠償責任を負う。

　しかし、IC は、医師の責任を問う法理としてだけでなく、医療の現場で日々当然に実践される倫理原則として定着するときにはじめて、それは有意義なものとなるだろう。そうした臨床の理念としての IC は、患者や被験者の自律尊重原理に立脚し、これにより患者・被験者の自己決定主体としての地位が倫理的にも法的にも確立されるのである。

Ⅲ　医療における法主体性の限界？

1　自己決定の限界

限界の所在

　もっとも、患者の自己決定については、以下のような限界も指摘されてきた。

　第1に、本人に合理的な判断能力が欠如または不十分な場合に、自己決定の理念には限界があるという問題である。当然のことながら、患者は、常に合理的な判断能力をもつとは限らず、年少者や、そもそも判断能力をもったことのない重度の精神障害者もいる。また、判断能力をもっていた患者が、疾患の悪化に伴いそれを喪失する場合もある。こうした患者に対し、自己決定の理念は機能しうるのか、機能しない場合にどのように対処するのか。

　第2に、生命倫理の諸問題は、単なるライフスタイルでなく、人の生死にかかわるものであり、仮にそれが当人にしか関連しない事柄であっても、本人の自己決定だけで決してしまってよいのかという問題がある。患者自身の生命や身体に害を与える決定であっても、それが自己決定である限り容認されるのか。それとも、本人の意思に反して、それに保護的に介入することが正当化されるのか。

2　保護的介入の必要性——自律尊重とパターナリズム

未成年者に関する医療上の決定

　第1の問題の具体例の1つが、未成年者に関する医療上の決定に関する問題である。未成年に関する医療上の決定に、親権者または法定代理人の意向をどの程度反映させるべきであろう

か。これはとくに医療ネグレクト，すなわち，医療水準や社会通念に照らして
その子に必要かつ適切な医療を受けさせない親権者の行為に関連して議論され
る。そこでは，未成年本人の意思と親権者の意向のほかに，患者の最善の利益
についての社会一般の価値観が重要な意味をもつ。

　たとえば，未成年患者の輸血拒否について，宗教的輸血拒否に関する合同委
員会が策定した「宗教的輸血拒否に関するガイドライン」(2008年) は，未成年
者の年齢，判断能力の有無，そして患者本人の意思と親権者の意思に応じた対
処を医療機関に提示する。すなわち，判断能力のある18歳以上の患者の場合，
患者の自律尊重を最も重視する一方，判断能力のある15歳から18歳の場合に
は，患者とその親権者が共に輸血拒否をしない限り，生命尊重の価値に基づ
き，パターナリズム的介入を許す。そして患者が15歳未満であるかまたは医療
に関する判断能力がない場合は，親権者の輸血拒否の意思よりも，社会一般が
考える患者の最善の利益，すなわち患者の生命尊重を優先させるという提案が
されている。

　一般的に親権者には子の治療に対して同意を与える権限が認められるが，そ
れは，親権者が子の最善の利益を最もよく判断しうる者であるという前提が成
り立ちうる場合に限定すべきである。治療への親の不同意により子に加害行為
が生じる危険性に対して，的確でかつ迅速な対処ができるよう，必要な制度的
仕組みを早急に整備することが求められる。

　未成年者に対する医療上の決定に関連して，重度の障害をもって生まれてき
た新生児に，延命のために必要な治療を行うかどうか，また，親が治療を拒否
する場合には，どのように対応すればよいか，という難しい問題もある。新生
児の症状ごとに適切な医療的対応の類型化が試みられたこともあるが，「重篤
な疾患を持つ新生児の家族と医療スタッフの話し合いのガイドライン」(2004
年) では，むしろ，医療スタッフと親が話し合いというプロセスのなかで，
「子どもの最善の利益」を探るための手続が提示されており，治療上の決定に
至る「手続の適正さ」が重視されている。

患者への抑制行為の許容性　　医療や介護の現場で，患者や被介護者が通常ではない
精神状態のゆえに自己の生命・健康に危害を及ぼす可
能性がある場合に，その身体を抑制することは正当化されるのであろうか。本

人の意思に反してその行動の自由を奪う行為であるから，それが許容されると
しても，自らの行為によって招く恐れのある重大な危害から本人を守る目的
で，最小限の方法で抑止行為が行われる場合に限られるであろう。

　たとえば，当直の看護師らが入院中の78歳の患者の両手をベッドに拘束した
ことが診療契約上の義務に違反するかが問われた事件について，最高裁判所は
せん妄の状態で興奮した患者が歩行中に転倒したりベッドから転落したりして
骨折等の重大な傷害を負う危険性はきわめて高かったというべきだから，この
抑制行為は患者が重大な傷害を負う危険を避けるため看護師らが緊急やむをえ
ず行ったものであって義務違反ではないと判示している（最三小平成22年1月26
日判タ1317号109頁）。

3　判断能力をもつ患者の自己決定の射程

> 自己決定の射程

　　　　　　　　哲学者J・S・ミルは『自由論』において「自分に
のみ関係する事柄についてはその人が主権者である」
と説いたが【→第2部第2章I2・コラム4】，判断能力のある患者が行った医療
上の決定は，それがいかなるものであっても容認されるのだろうか。十全たる
法主体とみなされる患者が自らの生命・身体に悪影響を及ぼすような決定をし
たり，身体の一部である臓器などの処分を行うことは認められるのか。また，
もしそれが肯定・否定されるならばどのような理屈によるのだろうか。以下で
は，法主体としての患者による自己決定権の射程に関する具体的問題として，
宗教的信念に基づく輸血拒否，安楽死・尊厳死，そして臓器売買についてみて
みよう。

> 宗教的信念に
> 基づく輸血拒否

　　　　　　　　判断能力のある患者の医療上の決定に関する問題とし
て，宗教上の信念から輸血を拒絶するエホバの証人信
者の事例がよく知られている。東大医科学研究所付属病院で起きたケースで
は，宗教上の信念から輸血拒否をする患者に対して，同病院が，生命の危険な
ど緊急の場合には輸血を行う方針であることをあらかじめ告げずに手術し輸血
を行ったため，後日，輸血の事実を知った患者が人格権侵害等を理由に提訴し
た。この事例に対する各裁判所の判決では，信教上の良心，輸血拒否という患
者の自己決定，医師の救命義務，そして生命の保護に基づくパターナリズムの

いずれに，優先的な価値を見出すのか注目された。患者の請求を棄却した第一審判決（東京地判平成9年3月12日判タ964号82頁）では，生命には崇高な価値があり，医療において患者の救命が最優先されるべきとの判断が下された一方，控訴審判決（東京高判平成10年2月9日判タ965号83頁）では，広範囲に患者の自律尊重を認め，救命義務や生命の価値に優先できる場合があると判示した。最高裁判所（最三小判平成12年2月29日民集54巻2号582頁，判タ1031号158頁）では，患者が宗教上の信念から輸血を拒否していることを知りながら，緊急の場合には輸血を行う方針である旨を事前に告げずに手術を行い，輸血を実施したことについて，当該患者の人格権を侵害するため違法であると判示した。

　最高裁は本判決で，自己決定の前提となる重要な情報を提供しなかったことによる人格権侵害を認定したのであり，輸血を拒否する旨の自己決定を行う権利そのものを認めたわけではない。しかし，本人が判断能力を有する限り，救命のためとはいえ医師がパターナリスティックに治療行為を行うことが患者の権利侵害となると最高裁が説いたことに，大きな意義があるだろう。

死を選ぶ権利？
安楽死・尊厳死

人には自ら死を選ぶ権利は認められるか，認められるとすればそれはどのような場合か。これについて議論されるのが安楽死と尊厳死である。安楽死とは，死期が切迫した患者が激しい肉体的苦痛を抱えるとき，患者の真摯な要望に基づいてこの苦痛を緩和・除去し，患者に安らかに死を迎えさせる行為であり，他方，人が自ら尊厳ある死を迎えるべく生命維持治療を停止させることを尊厳死という。判断能力のある患者が真摯に安楽死・尊厳死を真摯に事前に明示するとき，それは倫理的・法的に許されるのであろうか。また，制度化されるべきなのか。

　死を選ぶ権利を容認する意見が，患者の自律性の尊重や，苦痛除去に基づく患者への恩恵，そして生命の質といった価値に根ざすのに対し，反対意見では，死の選択の容認が社会的に与える危険性や，自己決定した主体自体を消滅させてしまうことに対する自己決定の限界論の他に，「生命の不可侵または神聖性」という，たとえ自己の命であってもその者の自由にはしてはならないのだという一種の道徳・価値観に訴えることになるだろう。

　制度化について，オランダやベルギーなど，医師の手による安楽死を厳格な要件のもとで不可罰としている国は，ごく少数に限られるものの現に存在し，

しかもそれらの国では身体的苦痛のみならず精神的苦痛による安楽死も認められている。安楽死の制度化は，かかりつけ医の態勢の整備など医療における自己決定権の適切な行使を保証する仕組みが整ってはじめて可能となるとの指摘がある。

| 臓器に対する自己決定
──臓器売買 | 1997年に成立した「臓器の移植に関する法律」（2009年改正。以下「臓器移植法」）では，刑罰を科して移植用 |

臓器の売買を禁止している（同法11条）。しかし生命・健康に支障のない限りで自己の臓器の一部を摘出し，移植用に他者に売買する行為は，なぜ自己決定権の行使として認められないのであろうか。

自己の身体への所有権を認めるリバタリアニズム（自由至上主義）【→第3部第2章Ⅵ】には，自己の所有物の自由な処分を禁じることはできないとして，臓器売買を認める論者もいる。身体の所有権者としての個人には，所有物としての臓器を売買することが認められるべきであり，個人が臓器譲渡によって選択した価値（たとえば対価や生活の向上など）は尊重されるべきと考えるのである。

他方，臓器売買を認めないとするならば，それはどのような理由からか。経済的困窮等の事情下における臓器売買の容認はドナーを搾取するとの意見や，移植機会の公平性を損なわせるという見解の他に，臓器を有償で売買することに対する倫理的感情や嫌悪も理由の１つに挙げられる。これは，臓器提供は善意によるべきであり，対価を求めるものであってはならないという一種の道徳・価値観が，その背景にあるといえよう。もっとも，こうした嫌悪感に基づく臓器売買禁止の正当化が，臓器売買を容認するリバタリアンに対して説得的であるかどうかどうかは，別問題である。

Ⅳ　医療における法主体の変化

1　法主体の揺らぎ

| 人の概念の揺らぎ | 医療技術・科学技術の進歩により，生命倫理の領域では，これまで自明視されてきた法主体としての人の概 |

念そのものを揺るがす新たな問いが提起されている。脳死をもって人の死と認めてよいのか，という問いや，人クローン個体の作成・産出は許されるか，な

どの問いがそれである。また，動物保護の意識の高まりから，人間以外の動物にも法主体性を認めようとする見解もみられ始めている。このように，理性中心主義，人間中心主義への反省もあり，法の想定する主体概念が揺らいでいるとも考えられよう。

死の変容　刑法および民法では，人の死は三徴候説（①心拍の停止，②呼吸の停止，③瞳孔三大）を前提に判断され，これに基づいて法主体は権利能力を喪失する。しかし医療技術の発展とともに，新しい死としての脳死の概念が登場し，法主体である人間の死という境界線に揺らぎが生じたといえよう。1997年の臓器移植法は，脳死判定に従う意思表示をもちかつ臓器提供意思をもつ者に限定して，脳死の概念を導入したが，2009年の改正法は，臓器提供と切り離して脳死の概念を定義した。このため，脳死を自らの死とするかどうかは個人の自己決定権に委ねられていた旧法に対し，新法は，脳死を一律に人の死とするものだという報道がされた。

　改正法では，脳死を人の死とすることの射程が明らかではなく，また本人・家族による脳死判定への拒否・不拒否とのかかわりも不明確である。したがって，改正法により，一般に脳死＝人の死になったと考えるのは早計だろう。しかし，脳死が導入されて以来，そして臓器移植法が改正されたあとではなおさら，人の終期を画する死という概念が揺らいでいるのは確かである。

人クローン個体の作成・産出　臓器移植法のように，生命倫理に関する問題への対応が法律により行われる例は，実は日本では数が少ない。そのなかで，刑罰による禁止規定が早々に成立した点で特徴的なのは，「ヒトに関するクローン技術等の規制に関する法律」（2000年制定）である。本法は，クローン技術等で作成された胚の適正な取扱いを定めるとともに，それらを人や動物の胎内に移植する行為を禁止する。しかし，人クローン個体の作成・産出はなぜ禁じられるのか。

　クローン技術は，同一の遺伝子をもつ生物個体を，男女両性の関与なくして，人為的に作り出すことが可能であり，すでに人以外の動物の体細胞クローン個体の作成については，畜産の分野での研究・応用が進んでいる。しかし，これを人間に応用することは，技術が確立しておらず危険であり，生まれてくる子に何らかの危害が生じる可能性がある。このような安全性と「子どもの福

祉」に反するという禁止理由のほかに，クローン人間という存在自体が，社会的利益を害するという主張も考えられる。

　だが，何らかの目的（臓器移植目的のクローン，特定の家族の身代わりとしてのクローン，すぐれた人物のクローン）の手段としてのみ子を産み出すことは，人間の道具化・手段化であり，「人間の尊厳」に反するという点こそ，クローン個体の作成・産出を禁止する決定的な理由といえるだろう。

**動物の権利
──新たな法主体？**　倫理・法の主体の要件として理性に重きをおく理性中心主義・人間中心主義を脱し，あるいは少なくともその厳格さを緩和するならば，快楽・苦痛の享有主体である点では同じである人間以外の動物にまで，道徳的な配慮や法的な保護の外延を拡げることができるであろう。著書『動物の解放』（1975年）により動物の権利運動に火を付けた功利主義者ピーター・シンガーは，どんな種に属するものでもあらゆる利益に平等な配慮を払うべきことを説いたが，その根底には人種主義や性差別のような種への帰属に基づく差別を廃すべきという考えがあった。

　具体的には，動物実験，食糧確保のための商業飼育，狩猟，動物を使った見せ物などがこれまで問題とされ，それらを禁止し，それに代わる方法や人間のライフスタイルを変更することなどが提唱されてきた。

　日本では，動物虐待の防止等を目的とした「動物の愛護及び管理に関する法律」（「動物の保護及び管理に関する法律」として1982年に制定）が幾度も改正されているうえに，動物実験について日本学術会議が「動物実験の適正な実施に向けたガイドライン」（2006年）を策定するなど，取り組みが進んでいる。しかし，動物が単に慈悲の対象であるのを超えて，あるいは愛玩という手段的存在であることを脱し，人間と同様の法主体として仲間入りを認めるには，「動物の権利」の意味や権利の具体的内容など，より詳細な検討が必要となるだろう。

2　法主体の拡張

受精卵・胚・配偶子　生殖補助医療の進歩によって，受精卵・配偶子レベルにまで医療の射程が拡がり，規範的に配慮すべき生殖過程の範囲は格段に拡大した。人工授精・体外受精技術が定着した現在，毎年多くの新生児がそれで誕生しており，また，出生前診断や着床前診断で胚や胎

児に何か問題が判明した場合の対応の仕方にも，規律が必要となっている。そうした意味で，何らかの規範的な保護・配慮を必要とする段階は確実に早まっているのである。

　法的観点から人の始期を見るならば，人は出生を通じて権利能力を得て（民法１条の３），この意味での法主体となる。しかし，出生前の胎児については，刑法上では堕胎罪（刑法212条〜216条）による保護や，民法上では胎児が生まれたものとみなすことにより相続（民法886条１項）と不法行為の損害賠償請求（民法721条）において一定の権利が保障される一方，受精卵・胚・配偶子については，その法的地位は明らかにされていない。こうした科学技術の発展とともに，民法にみられる「人」と「物」との二分論が通用しなくなっているとの批判もある。

　この点について，総合科学技術会議が公表した「ヒト胚の取り扱いに関する基本的考え方」（2004年）では，ヒト受精胚は，人として位置づけることはできなくとも，人へと成長し得る「人の生命の萌芽」として位置づけられるべきであり，それは「人の尊厳」という社会的な基本的価値を維持するために必要であるとする。ヒト受精胚に対して法主体に準ずるような一定の規範的配慮を認めるこの「基本的考え方」は，人々の幸福追求の要請にも応えうる方向で見なおしの途上であるが，そのことも含めて法主体の拡張の是非について新たな問題を提示するものといえよう。

3　医療における公平性と効率

法主体と効率性
　　　　　　　　　患者が法主体としての地位を確立した現在であっても，個々の法主体の尊重よりも，他の社会的価値が優先される場合がある。希少な医療資源の利用における公平と効率の問題は，そうした問題の１つであり，これは医療における法主体を超越した問題といえよう。医療資源配分の公平性と効率の問題において取り上げる問題は２つある。１つは主体である人間の身体の一部が，希少財として分配の対象となる際の分配の仕方である。分配される財が人の臓器である点で，これは医療技術の進歩により出現した現代的な問題であるが，分配の仕方それ自体については，他の希少財と同様，公平性の確保がここでも問題になる。

　もう1つは，分配の公正さよりも，社会全体の効用の最大化のために希少な財の投入が図られ，あるいは少数者の自由・利益を犠牲にして社会全体の効用最大化がめざされる場合がある。これは，前者とは異なり，社会防衛という古くからの問題に答えようとするものであるが，このような視角からは，人々は主体ではなく医療が提供される客体となって現れる点にも注意を要する。

臓器分配の公平性　1997年の臓器移植法では，提供される臓器の数は移植待機者に対して十分な数を確保できなかったが，2009年に改正された同法では，本人の生前の意思表示がなくとも遺族の承諾によって臓器摘出が可能となり，提供臓器が増加するとの期待に一定程度応える状況となっている。とはいえ，臓器が以前と同様に希少な医療資源であることに変わりはない。

　希少財である臓器をどのように分配するのかは，重要な正義の問題である。レシピエントとの適合性，待機期間，医学的切迫性等を考慮のうえで，公正な分配が行われるのが基本となる。臓器移植法が定める臓器（心臓，肺，肝臓，膵臓，腎臓，小腸，眼球）については，日本臓器移植ネットワークがその分配の任にあたっている。

　他方，改正法では，臓器提供を増やすねらいもあり，親族優先提供制度が導入された（6条の2）。ただし，これにより臓器の公平な分配という基本原則が著しく損なわれてはならないため，親族優先提供の対象となる親族を配偶者と一親等（親と子）の者に限定するとともに，親族に対する排他的な提供意思（つまり「○○にであれば臓器を提供するが，それ以外の者にはしない」という意思）を示した場合には，そもそもその者には臓器提供の意思がなかったとみなして当該優先規定を適用しないという運用方針が採用されている。

　こうした親族優先提供制度は，臓器提供者が一定の範囲内において臓器の提供先を決定することを可能にしたものであり，これは，希少財の公平性な分配という正義の価値と，臓器提供者の自律尊重という価値の双方を考慮しながら導入されたものと位置づけられるだろう。

救急医療における効率性　救急医療等では救命の効率性を向上させるため，功利主義的な観点から，治療すべき患者の選択が行われる。多数の負傷者が発生した災害現場において，駆け付けた救急隊員らは，限

られた医療資源をどのように投入すべきなのか，つまり誰をどのような順序で
治療すべきなのか，という極限的な決断がときに求められる。このような状況
で，最大多数の負傷者に対する最善の医療を施すため，負傷のレベルによって
負傷者の選別を行う（緊急度・重傷度に応じて色別のタグを負傷者に付ける）こと
を，トリアージという。そして，その際に基本となるのは，医療資源の有効活
用という功利主義の発想である。

　こうした功利主義の発想は，たとえば病院の救急治療室などの希少な施設の
利用についても援用されている。さらに，感染症予防法による強制入院といっ
た公衆衛生のための強制措置も，必要な場合には個人の自由を犠牲にして多数
の人々の健康や安全を守ることを目的とし，同じく功利主義に基づく。副作用
による犠牲者が出る可能性が否定できないのに予防接種を行うのも，それで多
くの人々が感染症に罹患するのを防止し，病気が拡大するのを事前に防げると
いう功利主義的考えによるものである。

　このような視角からは，人々は主体ではなく医療が施される提供される客体
となって現れるのである。

V　生命倫理の問題と法の役割

生命倫理問題の展開　以上，法主体の行方という視点を切り口に，正義論の
展開が生命倫理の諸問題への取り組みにどのように現
れ出ているかをみてきた。医療における患者の主体としての地位，患者の主体
性の発現としての自己決定，その方法としてのインフォームド・コンセント，
さらには医療現場における自己決定の限界，そしてまた医療技術の進歩などに
よる主体性の揺らぎ，という展開を跡づけることができた。

法の役割　しかし，法主体の「法」の側面，つまり生命倫理問題
における法の役割と射程が必ずしも自明ではないこと
が，以上の検討より明らかであろう。生命倫理問題に対する規律の仕方は，法
律により網羅的・体系的に規律するフランス，医師の専門職団体たる医師会の
自己規制が大きな意味をもつドイツ，所轄行政官庁による規制が中心となるイ
ギリス，個別事例に関する裁判所の判決が重要な意味をもつアメリカなど，国

により文化により様々である。グローバル化のなかでの多様化が今日の正義を語る際にも不可欠の視点となるが，生命倫理というグローバルな問題に対する各国各様の取組み・規律のあり方もまた，そのことを思い返させてくれるであろう。

　日本では，臓器移植やヒト・クローン規制など法律より規律が行われている分野はごく限られ，多くは行政官庁主導で策定されたガイドラインによる規制が中心となっている。医師会や各分野の医学学会の自主規制も行われてはいるが，医師会からして任意介入団体であり，規制の効果には限界がある。法律による，とくに刑罰等のサンクション付きの規制は，他者への危害防止や重大な道徳原理違反など明確な根拠が必要であるが，生命倫理にかかわる問題は，新しい医療技術に伴い生じたものも多く，その評価については立場によりさまざまであり，なかなか社会的合意を得にくい。しかし，人の生死や家族の身分にかかわる問題も多数あり，生殖補助医療による新たな家族関係の展開のように，法の視点から放置できない問題も多い。司法と協同しつつ，立法段階でもしかるべき対応が必要であるといえよう。

□文献案内

赤林朗編『入門・医療倫理I〔改訂版〕』（勁草書房，2017年）

葛生栄二郎・河見誠・伊佐智子『新・いのちの法と倫理〔改訂版〕』（法律文化社，2017年）

伏木信次・樫則章・霜田求編『生命倫理と医療倫理〔第4版〕』（金芳堂，2020年）

〈引用・参考文献〉

シンガー，ピーター（戸田清訳）『動物の解放〔改訂版〕』（人文書院，2011年）

関嘉彦編『世界の名著〈49〉ベンサム，J.S. ミル』（中央公論社，1979年）

ビーチャム，トム・L, ジェイムズ・F・チルドレス（立木教夫・足立智孝監督訳）『生命医学倫理〔第5版〕』（麗澤大学出版会，2009年）

フェイドン，ルース・R, トム・L・ビーチャム（酒井忠昭・秦洋一訳）『インフォームド・コンセント──患者の選択』（みすず書房，1994年）

◇コラム4　モラリズムとパターナリズム

　モラリズムとは，他者への危害の有無ではなく，その本質的な不道徳さを理由に，行為を抑制することであり，法でそれを行うべきとする立場が，リーガル・モラリズムである【→第2部第2章Ⅱ2】。ハート＝デブリン論争で知られるP.デブリン卿がその代表者とされる。

　他方，パターナリズムとは，論者により定義に多少の違いがみられるが，概ね，「本人自身の保護のために，本人の意に反してでも，その自由に干渉すること」をいい，そうした干渉を法により行うものを，法的パターナリズムと呼ぶ。生命・身体への危害を伴うシートベルト着用などがその例である。

　パターナリズムには様々な類型があるが，なかでも重要なのは，①ハードなパターナリズム（被介入者の選択・行為が任意的であっても，本人の利益のために干渉する）とソフトなパターナリズム（被介入者の選択・行動が任意的ではない場合に干渉する），②強いパターナリズム（被介入者が目的とする価値観自体にも介入する）と弱いパターナリズム（被介入者の目的には介入せず，当人の目的に照らして当人が誤った行為を行う場合にのみ介入する），③直接的パターナリズム（座席ベルトの装着義務のように，被保護者〔運転者〕と被介入者〔運転者〕が同じ人物）と間接的パターナリズム（消費者保護のように，被保護者〔消費者〕と被介入者〔販売業者〕が別人）などである。これらの類型は当然，パターナリズムの正当化基準にもかかわる。

　モラリズムとパターナリズムは，個人的自由への干渉の正当化根拠として援用される。その際，リベラリズムに与する者には，一定のパターナリズムを容認する者もいる一方，モラリズムを認める論者はほとんどいない。

　リベラリズムの先駆者であるJ・S・ミルは，『自由論』において，他者危害原理を提唱し，他人に危害を与えない限り公権力が個人の自由に干渉することを原則として禁じたが，判断能力の不十分な子どもや未開人には例外的にパターナリズムを肯定した。ミルの立場を承継するH・L・A・ハートも，パターナリズムを一定程度認めている。

　それに対し，モラリズムは，行為の本質的な不道徳さを理由に他者による個人への干渉を許すため，共同体主義や卓越主義には受け容れられえても，正と善を区別して公権力による個人的な善への干渉を認めないリベラリズムとは真っ向から対立する。このように，モラリズムとパターナリズムは，リベラリズムとの親和性という点で大きな違いがみられる。

第**4**部

法の支配と公共性

第1章

「法の支配」という考え方

I 法哲学の世界とその入り口

　ここまで私たちは，いくつもの切り口を通して法という社会制度の役割と仕組み，課題と目的，理念と規範上の根拠について概観してきた。1度にたくさんの主題や概念，さまざまな立場からの主張に触れたおかげで，大きな迷路のなかに投げ込まれたように感じ，途方にくれてしまった人もいるかもしれない。たしかに法哲学は，法が時代や地域，文化ごとにその姿を変えてゆくのにあわせて，その理解と構想のための道具を次々に編み出してきた。それがむやみに入り組んだ迷路を形づくっているようにみえるのは，変化しつづける法の全体と細部，背後の事情を探査しつくし，理解しつくそうとする努力のあとが，そこに何重にも刻みこまれているからだろう。

　しかし，示された迷路の複雑さと精密さに驚いて，それが徹頭徹尾難解で近寄りがたいものに違いない，などと決めつけない方がいい。むしろ主要な法哲学上の考察や主張は，ごく限られた数の素朴な疑問をその核として共有しているのだ。壮大な理論の贅肉や細かな論争の枝葉をはらい落とし，その幹や根となっているシンプルな問いや着想にさかのぼることもまた，法哲学を学ぶ者の大切な仕事の1つであり，また楽しみでもあるだろう。先人たちの成し遂げた成果だけでなく，探究の出発点にあった素朴な問題関心についても，自分なりのイメージをつかんでおくことは無駄ではない。それは，法哲学（あるいはむしろ，法学全般）という迷路の手前で怖じ気づいたり，そのなかで立ち往生したりしないための方向感覚を，つねに私たちに与えてくれるはずである。

Ⅱ 法哲学と「法の支配」

そこでここ第4部では，なるべくこのような素朴な問いに立ち返ることにしたい。それを通じて，法哲学という探究の入り口（または出口）を確かめることが，その主なねらいである。

手がかりにするのは，「法の支配（the rule of law）」をめぐる議論である。筆者の考えでは，法の支配の含意や条件，価値について問うことは，次のような問いに取り組むということだ。

(1)「法に従っている」といえるためには，人はどのようにふるまう必要があるのか？ 法を法として尊重する態度とはどのようなものなのか？ 法律家や，一般の人々がさまざまな場面で法に則して考え，判断し，行動しようとするとき，その姿勢にはどんな形式と内容が伴うのだろうか？

(2) 法が法として備えているべき条件，「法の資格（legality）」（「合法性」「法律性」とも訳されてきた）とは何か？ 法が法としての役割を果たすために，あるいはある社会が法に基づいて統治されている，といえるためには，法はどんな条件を満たしていなければならないのだろうか？

(3)「法による統治」は，それ自体，何の役に立っているのか？ 法尊重的な態度や法に基づく統治は，何によって正当化されるのだろうか？ 法は平和や正義，福利といった諸価値の実現にどのような形で貢献しているのだろうか？

こうして，法の支配をめぐる問いは，法律学方法論・法概念論・法価値論（正義論）という法哲学の基礎をなす3つの問題領域すべての入り口につながっている。その意味でこの問いは，法哲学的な探求にかかわろうとしているすべての人にとって，ある素朴な"最初の疑問"としての役割を果たすことができるのである。

他方，これらの問いは，法の本性や価値について，その限界の方から考えなおすための出発点でもある。人はどんな行動をとったときに法をないがしろにしたとみなされるのか，法であったはずのものがその資格を失うのはどんな場

面なのか，あるいは法尊重的な態度や法に基づく統治はどんな価値を犠牲に
し，どんな害悪を伴いうるのか。すぐれた法制度が整えられ有効に機能してい
ることだけをもって，ただちにその社会の健全さやそこに生きる人々の幸福を
断定することはできない。もし，法に対する盲信や盲従をいましめる態度，法
に基づく社会の運営という選択肢そのものを疑うまなざしが絶滅してしまった
ならば，私たちの社会像は，かなり深刻なところでバランスを損なってしまう
だろう。法による統治の意味を問うことは，法には期待できないこと，期待す
べきではないことへの洞察を深めることでもある。それは，法に頼りすぎない
社会生活への想像力を養うことにもつながるだろう。

　法の支配について考えるということは，法への極端な楽観と悲観の両方を警
戒し，法実践と法学が現に果たしている（果たしてきた）役割，そして果たし
うる役割や果たすべき役割を，その最も高い水準で捉えるだけでなく，最もつ
つましい姿で思い描くことでもある。そんな広々とした眺めを提供することも
また，法哲学の役割の1つだろう。

　次のような順序で話を進めたい。まず，法の支配をめぐる近年の政治や議論
の動きを概観して，いま私たちがこの原則について考えることの意義を確かめ
る（第2章）。特に，グローバル化のなかでの新たな期待の高まりと，それを裏
切る現状への幻滅や不信の両面をみることにしよう。続いて，西欧の法思想史
のなかで法の支配への関心がどのように形づくられ，どのような理解をもたら
してきたのかをざっとみたうえで（第3章），現代の法理論における法の支配像
をいくつかに類型化し，主な法哲学者たちがそれぞれどのようにこの概念に近
づき，どんな見方を示してきたかを検討する（第4章）。続いて，法の支配への
最も強力な異論の1つ，民主主義ないし共和主義の立場からの批判を紹介す
る。ここでは法の支配の追求がしばしば（必ず？）大きな代償を伴うことを確
かめ，法と政治とのあいだにどのような衝突と協力関係がありうるのか，とい
う問題に眼を向けることにしたい（第5章）。そして最後に，このような懐疑や
批判を乗り越えてなお私たちが信頼し，加担しうる法の概念，法の支配の諸条
件について考えたい。ここでは「公共性」の概念をその中核的理念として見な
おすことがその鍵となるだろう（第6章）。

第**2**章

法の支配への期待と失望

I　ポスト冷戦世界の普遍理念？

　　グローバル化時代の新たな動き　　法の支配は今日，民主主義や基本的人権の尊重と並んで（ときにはそれらよりも）高く掲げられることの多い政治的理想の1つである。かつて西欧自由主義国特有の統治理念とみなされていたこの原則は，東西冷戦の終結後，非西欧地域や開発途上諸国，さらには種々の国家間関係や国際秩序にまで，徐々にその受容と支持の範囲を広げつつあるようにみえる。従来，民主主義や基本的人権に比べると声高には賞揚されてこなかったこの原則に対し，以前とは異なる場面と水準で強い期待が寄せられ始めているのである。

　　たとえば，重大な国際犯罪や国家間紛争は（当事国間の直接交渉に委ねずに）なるべく国際司法裁判所などの第三者機関を通じて解決をさぐろう，という方針に同調する政府の数は徐々に増えつつあるし，世界貿易機関 WTO は自由で公正な貿易体制を整えるために，通商にかかわる国内法や関税ルールの透明性と公平性を各国に要求しつつ，紛争解決のための独自の司法手続の整備を進めてきた。また先進諸国の政府や非政府組織は，途上国への開発援助のなかに国内法制度整備の支援——憲法を含む立法作業自体への参加や助言，法律家の養成など——を組み入れ始めている。世界銀行や国際通貨基金 IMF もまた，途上国への経済援助に先立ち，対象国内での法の支配の成否を審査項目に含めることなどを通じて，この流れをさらにうながそうとしているのである。

　　「法の支配」への期待　　これらの動きの背景には，国内の統治だけでなく国際関係の形成・維持のなかでも法の支配の原則を確立

し，貫徹していく必要がある，という見方，あるいは，法の支配の伝統をもたない国にもこれを根づかせることが，財政支援や食料・物資，生産技術の提供と同じく，その国の政治的安定や経済発展に貢献するはずだ，という信念がはたらいている。ここにみられるのは，法の支配の望ましさと実現可能性への，かつてないほどの期待と楽観だ。法の支配は今日，これまで西欧的な政治文化や生活様式に距離をおいてきた諸国の政府でさえ，進んで受容すべき基本的な理念の1つになりつつある。実際それは，国民の政治参加に慎重な国や宗教的寛容をあからさまに退ける政府にとっても，正面から拒むことの難しい理念なのである【→第2部第5章Ⅴ3】。

　法の支配は長い間，もっぱら西欧の自由主義的な価値観と社会制度の伝統に深く根ざした，国内統治の規律理念だと考えられてきた。すなわちそこでは，社会秩序の創出と維持は市民どうしの自発的な相互交渉に委ね，政府の干渉や指導，強制はなるべく控えよう，という制限的で消極的な性質が強調されてきたのである。ところが今日，法の支配はそれよりも包括的で積極的な指導理念としての役割が期待され始めている。それは，国内の「良き統治」をうながして自由な経済活動を活性化させるとともに，公正で安定した国際秩序の基礎にもなる，"平和と繁栄"のために地球規模で追求されるべき普遍的理念とみなされるようになったのである。

Ⅱ　広がる失望と疑い

> 法への幻滅

しかしながら，その一方でいま人々が目の当たりにしているのは，そのような期待や楽観を根こそぎにする深刻な現実にほかならない。戦争や内戦，テロといった露骨な実力行使が横行する地域ではもちろんのこと，多くの国際紛争の"平和的"解決や外交交渉のなかでさえ，当事者間の政治的・経済的な力関係が正義をゆがめ，権利を損なってしまう場面に，人々は毎日のように直面している。また，一見すぐれた法制度を備えているようにみえる社会でも，本当に重大で深刻な問題——世論を二分する道徳上の論争や宗教的・民族的な対立，甚大な被害を招いた自然災害，環境破壊など——の前では，法はしばしば沈黙し，あるいはほとんど手遅

れになってからしか反応を示さない。このような経験を重ねた人が，法の無力さに幻滅し，正義の称揚にうそ臭さしか感じられなくなったとしても，不思議ではないだろう。麗々しく掲げられた法に基づく平和や正義，自由や平等といった理念など，実はいつでも反古にできる紙切れにすぎないのではないか。法の支配に対する不信感は，日々，このような悲嘆や苛立ちのなかで培われているのである。

　　　　　　　　　　　　もう1つの疑いは，法は為政者の圧政を助ける邪悪な
　法への反感　　　　手段なのではないか，というものだ。いわゆる"ひも付き"の ODA など，途上国への経済援助が，政治家や官僚，巨大企業の利権と結びつき，被援助国の人々をいっそう苦しめてしまう場合があることは，これまで指摘されてきたとおりである。法制度整備支援の企てもまた，その危険と無縁ではいられない。それが支援国に好都合な法体系や法学の機械的な移植だけに終始した場合や，被支援国内の政治的・経済的な支配構造や特権を補強してしまう場合，あるいは急激な市場化や産業化が伝統的な産業や生活様式を押しつぶしてしまうときには，そこで掲げられている「法」そのものへの反感が高まったとしても不思議ではないだろう。たとえ長期的には解放と繁栄をもたらすはずの改革でも，ある時期，一部の人々だけに多くの犠牲を強いる可能性は残る。その負担を一方的に負わされた人には，法の支配を確立しようというかけ声もまた，圧政をカムフラージュする美辞麗句にしか聞こえないのではないだろうか。

　むき出しの実力だけがものをいう世界に生きる人々にとって，「法」はむなしい約束でしかなく，まじめな信頼や尊重に値するものではない。過酷な専制と抑圧にあえぐ人々にとって，「法」はいつも支配者の意志や私益の追求，あるいはその独善性をごまかすための道具にすぎず，公正さや正義の対極に位置するものである。そのような人々に向かって無邪気に法の支配の意義を訴えても，当惑や冷笑，反発と怒りを招くだけだろう。法の支配の実現可能性や望ましさに向けられた疑いや失望は，しばしば実生活のなかで経験された痛みや憤りに根ざしている。それでもなおこの原則を擁護するのであれば，私たちはこの種の疑惑や不信，落胆から目をそらすことなく，それに応え，それを乗りこえうる道をさぐる必要があるのではないだろうか。

Ⅲ　日本の場合

「法治主義」とその誤解　日本の場合はどうだろうか。コトバだけを追うなら
ば，この国では明治期における法制度の移植や法律学
の継受の経緯も手伝って，英米法的な「法の支配」よりも，大陸法的な「法治
国（Rechtsstaat）」，「法治主義」という表現のほうが，なじみが深い。この傾向
は，よりリベラルな立憲民主主義体制をもたらした被占領期の大改革によって
も刷新されることはなかった。一部の専門家を別にすると，「法の支配」とい
う言葉を現実の法制度や政府のあり方と結びつけて考える習慣がこの社会に根
づいてきたとはいいにくい。今日でもなお，政府の活動を説明し，評価する際
に好まれるのは「日本は法治国だから」という言い回しのほうだろう。

　ただし注意しておく必要があるのは，この言葉が日本社会のなかで（専門法
律家は別）引き合いに出されるときのニュアンスである。どちらかというと，
この原則が政府の行動を控えさせようとする場面でもちだされることはまれ
で，むしろ政府の積極的な行動を要求する場面で——たとえば，「犯罪者は制
定法に基づいて（もれなく）拘束され，処罰されるべきだ」と主張されるよう
なときに——用いられることの方が多いのではないだろうか。ここにみられる
のは，先述の西欧的な「法の支配」の伝統が伝える自由主義的な理解とはま
るっきり逆さまの発想なのである。

「法の支配」と司法制度改革　このような流れを大きく切り替えようとしたのが，
1999年以降に進められてきた司法制度改革である。そ
の過程で，法の支配は，現行憲法の中軸的理念として位置づけなおされたうえ
で，改革全体を基礎づけ，方向づける役割を担ってきた。2001年に司法制度改
革審議会が提出した意見書では，この改革の全体が「法の精神，法の支配がこ
の国の血となり肉となる」ことをめざすものであることが，はっきりと宣言さ
れている。司法諸制度の利便性の改善，法曹人口の拡充，司法過程への国民参
加制度の導入といった諸施策は，いずれも，これまで広く積極的に活用されて
きたとはいいにくい日本の法制度と国民との溝を埋めるために構想されてきた
のである。

　しかしその後，法科大学院の設置や新司法試験の実施，裁判員制度【→第2部第2章Ⅲ**4**】の運用開始など，具体的な施策が実行に移され，その成果や弊害に耳目が集まり始めると，「法の支配」の概念と関連させてこれらの改革の成否や今後のゆくえを論じようとする動きは，ほとんど見受けられなくなった。日本社会における法の支配は，いまなお現実の法制度や政策，一般の人々の発想や行動とは結びつきにくい，とらえどころのない観念であり続けているのである。

Ⅳ　期待と幻滅，無関心をこえて

　以上のように，法の支配をめぐる今日の議論は，一方では強い期待感と失望・反感とに引き裂かれ，他方ではうつろなスローガン化を許す無関心に直面している。法の支配のある面だけを際立たせて勝手な賞賛や非難をあびせている限り，この不毛なシーソーゲームは抜け出せないだろう。いま必要なのは，それを一面的な理解に閉じ込めることではなく，その多様な意味を，1つひとつその背景——着想をうながした時代背景や具体的な課題，前提にされていた世界観や価値観など——と結びつけて把握しなおすことではないだろうか。そのような仕方で視野を広げておくことこそが，今後，時代や文化の状況にあわせて，それらのなかから最善のものを選びとるための洞察力の土台になるはずだからである。

　専門家たちのあいだでさえこの概念の理解が1つに定まらないことについては，かつてある高名な憲法学の先生が「法の支配について法学者のあいだで意見が一致するとすれば，それは自分たちのあいだに一致点がほとんどない，という点だけだ」と揶揄したほどである。だがそうだとすれば，この不一致や対立はどこで，どのようにして生まれてきたのだろうか。筆者のみるところ，法の支配と法の資格の概念をめぐるさまざまな見解の背後には，「法とは何か」という問い——法に固有の特質とは何であり，社会が法によって規律されているといえるのはどんな場合なのか，そしてそれにはどんな価値があるのか，という問い——がいつも横たわっている。次の章では，これらの問いの由来と帰結とを，西欧の法思想史のなかにたずねてみることにしよう。

□■文献案内

タマナハ，ブライアン・Z（四本健二・神戸大学大学院国際協力研究科四本ゼミ訳）
　　『「法の支配」をめぐって──歴史・政治・理論』（現代人文社，2012年）

〈引用・参考文献〉

司法制度改革審議会「司法制度改革審議会意見書──21世紀の日本を支える司法制度」
　　（2001年）（2020年5月14日アクセス，https://www.kantei.go.jp/jp/sihouseido/report-
　　dex.html）

第**3**章

思想史瞥見

I　課題と構想の基本形：古代～中世

西欧法思想の原問題　西欧の法思想史をひもとけば，それが「現に通用している法」と「本来あるべき法」との分裂を原問題として抱え続けることによって，１個の思想的伝統をつくりだしてきたことがはっきりとみてとれる。この裂け目は容易には埋まらないだろうという自覚，そしてなおそれを架橋しようとする苦心こそが，西欧独自の法思想と法制度を育む苗床となってきたのである。統治者の決定や命令，共同体の掟が実際に社会で受け入れられ，効力をもっている場合にも，それらが本当に尊重に値するのかどうかを吟味する，もう１つの法——法の"資格"を判定する，より高次の法——がそれとは別に存在するのではないか。その判定を満たした法に基づいて運営される社会だけが，正しく統治されている社会なのではないか。この"統治の正当化可能性"という発想の当否や含意について大まじめに考える習慣を２千年以上にわたって保ってきたことが，法の支配という観念を１個の理想へと結晶させたのである。

2つの源泉　その原型は，古典古代から中世にかけて，早くも姿をみせている。その自覚をうながす最初の触媒となったのは，なんといっても古代アテネの民主制だろう。それは一方で，法は（神からの絶対不変の命令ではなく）あくまでも人工物——人と人の約束の産物——にすぎないのだから，人間の必要や都合にあわせて好きなようにつくり変えてよいのだ，という大胆な発想をもたらした。だが逆にその退潮期には，この徹底した人間中心主義こそが懐疑主義や衆愚政治の温床であり，むしろ法の根拠，

「本来あるべき法」の原型は人為の及ばない超越的な秩序に属するのではない
か，という反省をうながした。後者こそが，ソクラテス，プラトン，そしてア
リストテレスにはじまる自然法思想の萌芽である。他方古代ローマ人は，正統
な政治的決定の産物である人為法レクス（lex）とは別に，個々の争いへの“正
しい解決を導くもの”を意味するユス（ius）という法概念を認め，その両方が
裁判に矛盾なく反映されるよう，苦心を重ねた。この努力のなかで発展をとげ
たのが，専門家集団としての法律家＝法学者と，彼らの編み出した精密で応用
範囲の広い法解釈技術や数々の法理である。西欧の法制度と法学の基盤と骨格
を築いたのは，これらローマの法概念とそれを操る法律家の技術だったのであ
る【→第1部第3章Ⅲ】。

　他方，西欧思想のもう1つの幹であるキリスト教は，貧困と抑圧に苦しむ
人々に対し，世俗世界を支配する力と秩序とに絶えず疑いの目を向ける必要を
説き，人の作る法は必ず神の意志（またはその理性）の表現としての自然法に根
拠づけられるべきであり，そこから逸脱した法には法としての資格を認めては
ならないと主張し続けた。やがてその教えが世界像と価値観の唯一無二の源泉
として西欧人の生活のなかに浸透してゆくにつれて，「本来の政治的秩序は，
どんな人間的作為にも左右されない超越的な秩序の上にこそ成り立つもののは
ずだ」という信念もまた，そこに深く根をおろしていったのである。

　中世の終わりとは，この「本来あるべき法」への信頼が，キリスト教への信
仰では支えきれなくなった，危機の時代の幕開けでもあった（16-17世紀の西欧
世界を蹂躙した宗教戦争を思い起こしてほしい）。どうすれば特定の宗教的信仰に
寄りかからずにこの信念を取り戻せるのか。どうすれば法が法であるために満
たすべき資格要件を，世俗の論理の枠内で——あくまでも人間と人間社会に
とっての必要や願いを足場にして——構想しなおせるのか。これこそが近代の
法思想の出発点におかれた根本課題であり，これとの格闘がその後の西欧の
法・政治思想の骨格を形づくっていったのである。

II　力の均衡と普遍的価値への繋留：近代

**パワーバランス
としての法**　ルネサンスと宗教改革，そして宗教戦争以後の西欧世界で進められたのは，国王君主の体現する中央政府による一定領土内の一元的な支配と，これら主権国家同士の相互承認に基づく多元的な安全保障，という体制の確立だった。キリスト教的自然法の 軛 <ruby>きびき</ruby>から解放された「法」の観念は，人々を支配し，服従させる実力の上に，ひとまずその新しい足場を築こうとしたのである。

　だがそれは，社会の平和と繁栄をひときわ危ういバランスの上に委ねることを意味していた。実際にその均衡が失われたときだけでなく，立法が社会内の諸勢力を公平に反映していない場合にも，法秩序の基盤自体が脅やかされることになるだろう。どうすればそれを防ぎ，均衡を保つことができるのか。内容の正誤当否にかかわりなく，すべての人に意見表明とその相互検討の機会を等しく認めよう，というリベラルな寛容の精神と，公平な討論を通じて下された政治的決定には全員が従おう，という民主主義の精神とは，この課題への取り組みのなかで結びつけられた。それはまさに，世界観や価値観を異にする人々のあいだに安定した均衡を成り立たせるための苦心の産物だったのである。

人間本性に根ざす法　その一方で，現実の力関係に左右されない，理性によって基礎づけられた不変かつ普遍の価値に法をつなぎとめようとした人々も登場した。彼らは，万人に共通の人間本性——自己保存の本能や利己性，道徳的自律や理性的推論の能力——の解明に力を注ぎ，それを損なうことなく解放・尊重し，有意義な仕方で発揮させることを「法の資格」の核心に据えようとしたのである。どんな人にも，侵害も譲渡もできない基本的諸権利——各人の「生命，自由，財産」への権利，あるいは個人的・集団的な自律への権利など——が，生まれながらにして備わっている。統治者は，その権力を用いてこれを侵してはならないだけでなく，人々が互いに侵害しあうことをも防がねばならない。どんな法も，これらの諸権利を万人に等しく確実に保障するために定められ，またその限りにおいて人々に服従を要求できる，とされたのである。

　近代法秩序の基礎となったリベラルな立憲民主制は，これら2種類の企ての折衷の産物である。それまで“人為法—自然法”という図柄のなかで理解されてきた「法の資格（リーガリティ）」の概念は，世界観や価値観を異にする者どうしの勢力の均衡——暫定的な平和協定——と，人々が互いに人として認めあうには必ず尊重しあわねばならない普遍的な道徳的諸価値との接点におきなおされたのである。近代の法思想は，どんな法も人々のあいだの政治的な取り決め以外に現実的な源泉をもたないことを認めつつも，そのような取り決めに規範的な基礎と方向づけを与える道徳的諸価値を“憲法”として囲い込み，現実の力関係から守ろうと考えた。今日，法の支配は政府権力の批判的制約を軸にした立憲主義とほとんど同義の概念とみなされているが，それは，時代や社会に応じて多様な姿をとる「現に通用している法」を基礎づけ，制約し，方向づける「本来あるべき法」としての役割が，憲法秩序に与えられたからなのである【→第2部第1章Ⅱ**1**】。

Ⅲ　発展？　逸脱？　放棄？：20世紀とその後

> 「法の支配」論の
> 展開と多様化

　法の支配の概念をめぐる思想はその後，リベラルな立憲民主制をおおまかな共通の土台としながら，さまざまな解釈の変奏を競ってきた。法システムの概念，法の自律性，法解釈の方法，政府の役割や組織構造といった多彩な論点が結びつき，これが法哲学上の議論の主要争点の1つとして注目を集めるようになったのは，この時代に入ってからのことである。

　特に20世紀に入り，多くの自由主義国家が市場の制御と国民の生存保障のために行政機関の権限を拡大し始めると【→第2部第1章Ⅰ**2**】，この新しい統治形態の理解と評価をめぐり，いっそうはげしい論争が繰り広げられた。法の支配を古典的自由主義の本質的な教説の一部とみなし，福祉国家・行政国家をそこからの逸脱——あるいは，別種の理念に基礎づけられるべき統治形態——とする見方が示される一方で，これを法の支配の——あるいはリベラルな立憲民主制の——自然な発展として位置づけようとする拡張的な解釈も試みられてきた。他方，20世紀前半〜中盤には主にマルクス主義の立場から，20世紀後半に

はいわゆるポストモダン思想の影響のもと，法の支配と法の資格に関する近代的な理解を全面的に見なおそうとする動きも活発化した。法の支配という課題にははじめから深刻な矛盾が伴っており，しばしば既存の支配構造の補強やその暴力性の隠蔽といった深刻な害悪をもたらしている，という包括的な疑義や批判，非難が，さまざまな理論の形をとって展開されるようになったのである。

　その後，東西冷戦をはさんで地球規模での政治的・経済的交流と相互依存関係が深まるにつれ，この原理に寄せられる期待や幻滅もグローバルな広がりを示すようになった【→第4部第2章】。いまや「法の支配」は，それを受け入れるにせよ拒むにせよ，西欧的な伝統にとらわれない，いっそう広い視野からその内容や意義を検討すべきものとなっているのである。

□文献案内

中山竜一・浅野有紀・松島裕一・近藤圭介『法思想史』（有斐閣，2019年）

佐藤幸治『立憲主義について──成立過程と現代』（左右社，2015年）

長谷部恭男『憲法と平和を問いなおす』（筑摩書房，2014年）

第**4**章

「法の支配」をめぐる思想の源流と諸水脈

Ⅰ　原点と分岐点

1　多様性と共通の基盤

　20世紀後半以降の議論だけに絞っても，法の支配の原則の解釈の多様さには驚くべきものがある。図4-1に示したように，この多様性は，「法の支配とは何を意味するのか／何が法の支配を成り立たせているのか」（法の支配の要件，特徴，成立条件）をめぐる意見の多様性と，「法の支配によってどんな価値が実現されるのか」（法の支配の価値，意義，役割）をめぐる意見の多様性の，両方に由来しているといえるだろう。そしてこれら数多くの理解のうち，あるものはたがいに支えあい，あるものはするどく対立しあってきたのである。

　以下では，現代の法理論が法の支配ないし法の資格という概念をめぐって示してきた主な見解を概観する。なるべく視野を広くとるために，それが何を意味しないのかを確かめるところから始めることにしたい。最初の手がかりとなるのは，「人の支配」の規律と抑制，という課題である。

2　"人の支配"の否定？

　西欧世界で「法の資格」について語る際に繰り返し唱えられてきたのは，「人の支配ではなく，法の支配（rule of law, not by man）」という標語である。法の支配を人の支配と対比させて捉える発想は，少なくともプラトンやアリストテレスの著作にまでさかのぼる。西欧の歴史のなかでは，法の支配の原則は，しばしば人による支配の否定として理解されてきたのである。

　しかしもちろん，「人の支配の否定」は，人間が政治を通じて統治に関与す

図4-1 法の支配をめぐる見解の多様性

"要件"をめぐる諸見解
- 硬性憲法典の存在とそれによる基本的諸権利の保障
- 司法の中立性・独立性と立法権の制約（違憲審査制）
- 議会制定法による司法・行政諸機関の統制
- 罪刑法定主義を軸とした刑事司法の統制
- 形式主義的な法解釈，先例拘束性の原則の遵守
- 公正かつ中立的な司法サービスの広範な提供
- 自由市場経済の制度的基盤となる私法秩序の確立
- 人々の社会的諸活動全体を規則に従わせる試み

あるいは，
- 矛盾に満ちた実現不可能な空論

"価値"をめぐる諸見解
- 個人の自由や自律の尊重（古典的自由主義）
- 積極的な政府介入による平等保障（福祉国家論）
- 議会制民主主義による集団的自律の実現
- 基本的人権の保障
- 形式的手続による政府活動の制限・嚮導
- 政治共同体を支える道徳的連帯

あるいは，
- どんな内容の法とも両立する道徳的無内容さ
- 体制変革の可能性を狭める保守主義的制約
- 暴力的支配の隠蔽・合理化

ること自体を妨げるものではない。「政治」はしばしば，単なる権力闘争や覇権・利権の奪いあいにとどまらない，集団的な自己制御の試みという形をとる。世界像や価値観，信仰や文化的背景の違う人々が社会を形づくり，運営していくには，さまざまな政治的作為——共有すべき取り決めに関する議論と説得，取引や交渉——が不可欠だろう。宗教戦争の例が示す通り，この種の活動を避けることができる——人知を超えた"お手本"に従いさえすれば，面倒な説得や交渉ぬきで統治を進めることができる——という確信（あるいは，そうしたいという願望）は，しばしばかえって歯止めのきかない分裂と抗争，独断と専制を招く。その意味で，生き方や価値観に関する意見が多様な社会ほど，政治的作為としての「人の支配」は，どんなに危うい選択にみえたとしても手放すことのできない，統治の前提なのである。

　もちろん，統治に役立つ政治なら何でも歓迎されるわけではない。法の支配とは，それに対する一定の規律の試みなのだ。私たちは，特定の個人や集団の利害だけが立法に反映されている社会，支配者の思いつき次第でいつ誰の財産が没収されるかわからない社会，刑罰が裁判ぬきで科される社会，裁判官を買

収できる社会，縁故がなければ公職に就けない社会を，規律ある政治社会とは考えないだろう。どこまでいっても統治は人々の作為的企てであるほかない。だが，それがあまりにも「わけのわからないもの」であっては困る。法の支配は，徹頭徹尾人間的な営みであるほかない統治の営みから，どうしても避けておきたい過ちを，「望ましくない人の支配」とみなして抑制しようとする，集団的な自己規律の試みなのである。

3　2種類の害悪と納得の可能性

　ではどんな統治が，「望ましくない人の支配」をもたらすのか。次の2つのタイプが考えられる。

秩序の安定性を損なう統治者のふるまい　一貫性のない権力者の気まぐれに振り回され，無軌道かつ弥縫的にしか政府が活動しない社会では，公権力がいつ誰に何を要求するのか予測がつかず，被治者はその言いなりになるほかない。愚かな統治者による支離滅裂な統治が自滅するのは当然だが，明敏で有能な指導者にめぐまれた社会でも，明確な方針のないまま，朝令暮改，場当たり的な統治が続けば，やがて政府の支配力は衰えてゆかざるをえないだろう。かゆいところに手の届くような"善政"のもと，もっぱら受動的な立場におかれた被治者は，ますます政府の指導や命令に生活上の諸判断を委ねるほかなくなるだろうし，それに応じて政府はいっそうきめ細かで"親切"な統治を進めるために過大な期待と負担とを引き受けるはめに陥るからである。

秩序の道徳性を損なう統治者のふるまい　どんな統治者も，被治者の信従をつなぎとめるには，被治者に対して自らの道徳的な正しさを訴え，承認を求めねばならない。正当性をまったく主張しない統治者——人々への害意をむきだしにして，実力だけで屈服を強いる政府——が（理屈の上ではありえても）実際には見あたらないのは，わざわざその反感や抵抗を招くようなことをすれば，それを抑えつけるための余分な努力が必要になるからだろう。しかし実際にはなお，統治者は絶えずその権力に乗じて私腹を肥やし，個人や集団の安全を脅かし，人々の権利や利益を踏みにじってきた。だからこそ被治者は統治者に対し，基本的な道徳的価値の尊重を要求せざるをえない。「人の支配」の害悪のなかには，統治者に一定の道徳的価値を守らせることでしか防げないもの

があるのである。

> **統治と恣意性**

これまで一般に，法の支配は統治権力の恣意専断に対する批判と抑制の原理だと説明されてきた。"恣意性"（arbitrariness）とはふつう，気まぐれやわがままといった身勝手さ，自分のふるまいについて他人が納得しているかどうかを顧慮しない独善的な態度のことをいう。従来法の支配論が標的にしてきた統治者の恣意的な支配——「権力の濫用」や「専制的支配」として非難してきた事態——は，被治者をもっぱら操作の対象とみなし，自身への批判や承認を拒む独善的な支配を強行することで，その社会の秩序の安定性や道徳性を破壊してしまうのである。したがって，「（悪しき）人の支配の否定」としての法の支配は，無条件かつ一方的な屈従を被治者に強いる暴力的支配を解除し，統治権力の基礎を統治者と被治者の相互承認のうえに築こうとする企てであることを，その核としている。法の支配は，統治者の独断・独善を排し，被治者が納得の上で統治に従い，協力する可能性をひらこうとするところから，最初の一歩を踏み出すのである。

4　いくつかの分岐点

　次節では，現代の法哲学者たちが法の支配の概念に与えてきた多様な解釈を，主なものにしぼって紹介する。その整理に役立ちそうな着眼点を，あらかじめいくつか示しておこう。

> **形式的―実質的**

上記2種類の害悪を防ぐために，法の支配は，それぞれに異なった処方箋を用意してきた。これが法の支配解釈に関する最初の（そして最も一般的な）分岐点となっている。すなわち，一方には「安定した統治を成立させるには，それが一定の形式を守って規則的に進められる必要がある」という発想が，他方には「統治の道徳的基礎を守るには，統治活動がつねに正しい理由に基づいて進められねばならない」という発想がとられてきたのである。前者には排除すべき恣意性を安定性への脅威とする見方が，後者には恣意性を道徳性への違背とする見方が，それぞれ反映されている。法の支配は政府に対し，それが一定の安定性・規則性を保っていればよしとするのだろうか。それとも，何らかの道徳的価値の尊重を要求するのだろうか。

薄い─厚い 形式的解釈と実質的解釈のいずれについても，薄い解釈からより厚い解釈までの幅を考えることができる。ここで薄い解釈とは，法の資格要件を詳細には定めず，ごく素朴な形態も含めた多様な法のあり方を幅広く認めようとするもののことをいい，厚い解釈とは種々の要件を細かく挙げて望ましい法の姿を明確に画定しておこうとするもののことをさす。法の実質的内容については特段の要件を設けない形式的解釈のなかにも，その形式的要件（制定や改廃の手続，公布や執行の様式など）を手厚く詳細に定めるものがあるだろう。この場合，多数の形式的要件が総体として一定の道徳的関心に導かれていることが多く──たとえば，法の予測可能性保障を通じた個人の自律性の尊重など──，法の支配に託される意義の点からみる限り，実質的解釈との区別は曖昧にならざるをえない。また，厚い解釈をとる場合には，そこにどのような要件を含めるかに応じ，様々に異なる解釈が示される可能性がある。

公法的─私法的 公法的な観点からの解釈と，私法的な観点からの解釈の違いにも注意しておこう。前者は統治活動における統治者─被治者関係，統治機関内の組織の規律に重きをおく解釈であり，後者は市民間の経済的・社会的な相互行為を保障し，それをうながす規範環境に注目する解釈である。公法的な解釈のもとでは，政府諸機関の権能を画定するためのタテの規律原則として法の支配を捉えることになるだろうし，私法的な解釈のなかでは，人々が対等な立場にたって互いの自由を尊重しあうためのヨコの社会関係を律する原則として法の支配を捉えることになるだろう。

　実定法学の文脈では，法の支配の原則は憲法学や行政法学のなかで取り上げられることが多いため，前者の理解の方が一般的かもしれない。しかしながら，統治活動の規律は決して自己充足的，自己目的的に追求されるべきものではないはずである。むしろリベラルな立憲主義思想のなかには，「財産法と契約法，そして不法行為法を軸とした私法秩序の保障こそが政府の第一の役割であり，これを実効的に保障するかぎりにおいて，公法秩序はその本来の機能を果たしているといえる」とする考え方が根強く残っている。その意味では，法の支配の公法的解釈の意義は私法的解釈を前提としており，私法的解釈は公法的解釈からその実効性を保障されているのである【→第3部第3章Ⅳ2】。

Ⅱ　「法の資格^{リーガリティ}」をめぐる現代の法理論

1　形式的解釈のなかの論争──H・L・A・ハートとロン・L・フラー

> **ハートの企てと
> "薄い" 形式主義解釈**

まずは最も薄い形式的解釈の例として，H・L・A・ハートの見解をみるところから始めよう【→第1部第4章Ⅰ】。

　彼は『法の概念（*The Concept of Law*）』のなかで，3種の論敵──（A）「法は統治者の無制約かつ一方的な命令の産物にほかならない」とする主権者命令説，（B）「法は，理性によって見いだされる一定の道徳的内容を含んでいなければならない」とする自然法論，そして(C)「ルールには特定の結論を確定させる力がないので，法の本質的な要素とはいえない」とするルール懐疑主義──の欠点を検討し，法が法であるための最小限の条件をつきとめようとした。それによると，（A'）人々にその具体的な権利と義務を示す諸ルール（1次ルール）が存在するだけでなく，それらの創造と改廃，特定と解釈，適用と執行の過程がさらに一定のルール（2次ルール）によって規律されていることこそ，法に法の資格を与える最も本質的な要件である。（B'）これらの2次ルールは公職にある者たちの職務上の慣行のなかで守られているが，そこで実際に1次ルールが何らかの道徳的内容をもつことを保障するものは何もない。また(C')どんな法的ルールにも比較的意味が明瞭な側面（ルールの意味の"核心^{コア}"部分）と，裁判官の裁量的判断なしには最終的な意味が確定できない側面（意味の"半影^{ペナンブラ}"部分）との両面があり，後者に注目する限りではルールにはつねに意味の不確かな部分があるものの，前者が示す通り，どんな結論でも盛り込めるまったく空虚な器だと断定することもできないのである。

　本章の主題からみてとくに重要なのは次の2点である。まず彼は，2次ルールという新たな概念を導入することで，法にその資格を与えているのは統治者の独断的な実力行使ではなく，彼らに統治の諸権能を与える諸々のルールなのだ，と主張した。言い換えれば，"法による統治"を標榜する統治者が，まったく無制約の権力を手にすることはありえない，というのである。法規範による授権がなければ立法者は存在しないし，どんな立法過程も一定の法的手続に

よって規律されていなければならない。この見方の背後には，「法とは，統治者による一方的で無制約な支配を，ルールに条件づけられた統治者―被治者間の相互関係へと転換しようとする企てだ」という洞察がはたらいているのである。

　もう1つは，すでに広く尊重されている道徳的規範であっても，その社会における2次ルールによって認定されない限り，「法」とは呼べない，という見方である。これもまた法の資格をルールによって規律しようとするものだが，裏返していえば，2次ルールの認定さえあればどんな規範も（その内容とはかかわりなく）法の資格を得られる，ということをも意味している。ここには，特定の時代や文化に縛られることなく，多様な社会における多様な社会規律のあり方を「法」として認める広い視野を確保しておこうとするハートの関心を認めることができるのではないだろうか。

　こうしてハートは法の資格要件にあまり多くを含めない，“薄い”解釈をとっている。彼にとって，法が法であるためにまず考慮しなければならないのは，個々人に善く生きるための指針を示す道徳ではなく，人が集団として生き延びるための一般的な諸条件である。彼によると，人間はこれまでほとんどつねに，(1)（肉体の）傷つきやすさ，(2)（能力における）おおよその平等，(3)限られた利他性，(4)限られた資源，(5)限られた理解力と意思の強さ，といった諸制約のなかで生きてきた。おそらくどんな法体系も，何らかの形でこれらの諸条件への対応策をそのなかに組み込まざるをえないだろう（たとえば(1)は物理的暴力の応酬を抑制する制度を，(2)は独裁の断念，協働に基づく統治制度を，(3)は相互の自制と協調をうながす制度を，(4)は財の所有や譲渡，交換，売買のための制度を，(5)はルール尊重をうながすための制裁を伴う制度を，それぞれ要請している，といった具合に）。ハートはこれらの諸制約を「自然法の最小限の内容」と呼んだ。しかしこれらは従来の自然法概念と違い，「本来あるべき法」の内容をじかに指定するわけではない。むしろ，法を構想する際に人が考慮せざるをえない諸課題のエッセンスを列挙しているのである。

フラーの異論と法の内在道徳

このようなハートの見解に異を唱えたのが，ロン・L・フラーである。彼はしばしば代表的な現代的自然法論者として紹介されるが，それは単に，彼が「あるべき法」への指針を宗教上の教理に求めなかった（一般には「世俗的自然法論」という）からだけではな

図4-2　フラーの挙げた8要件

```
(1)  一般性……場当たり的対応の禁止
(2)  公知性……秘密法の禁止
(3)  遡及効の禁止……"後出し"的立法・法適用の禁止
(4)  明確性……意味があやふやなルールの禁止
(5)  無矛盾性……互いに矛盾するルールの禁止
(6)  実行可能性……実行できない要求の禁止
(7)  安定性……朝令暮改的な制定・改廃の禁止
(8)  公権力行使との合致……政府活動への遵法の要求
```

い。旧来の自然法論の主流が実定法＝人為法の内容を一定の道徳的規範によって制約・指導しようとしてきたのに対し（「実体的自然法論」），フラーは，法を有効に機能させるためには必ず留意しなければならない──1つでも深刻に損なわれれば法治の企てそのものが挫折してしまう──立法と法適用の過程を規律すべき8つの要件（図4-2）を示し，そこに一定の道徳性を見いだそうとしてきたからなのである（「手続的自然法論」と呼ばれる）。

　フラーはその主著『法の道徳（*The Morality of Law*）』（邦訳書名は『法と道徳』）において，法が法の資格を満たしているかどうかは，それが一定の道徳的内容をもつかどうかではなく，立法や法適用の過程がこれらの8つの形式的要件を守っているかどうかで決まる，と主張した。彼はこれらの要件を，法が法である以上必ず備えていなければならない最小限の美徳だと考え，「法の内在道徳（the inner morality of law）」と呼んだのである。

　その後これら8つの要件は，法の最も基礎的な資格要件，法の支配の標準的な成立要件として，多くの法学者に受け入れられた。ただしこれを「道徳」と呼ぶことには，当時から根強い批判があるのも事実である。これは単に法の有用性を保障するだけで，それが邪悪な目的のために用いられることまで防いでくれるわけではない，というのである。たとえばハートは，それはナイフにとっての切れ味のよさのようなものでしかない，という。たしかによく切れるナイフは切れないナイフよりも有用だが，それがよい目的に使われるとは限らない。鋭いナイフが道徳的にすぐれているとはいえないのと同じ理由で，8つの要件を満たした法がいつでも道徳的によい法だとはいえないのである。

　他方フラーの力点は，もしある法が法として一定の実効性をもっているなら

ば──たとえそこに邪悪なルールが含まれていたとしても──，そこにはすで
にある道徳的価値が実現されているのだ，というところにあった。彼の挙げた
8要件をみると，それが政府に対し，統治活動の安定した規則性（一定のルー
ルを明示し，それに従っていること）と透明性（誰もが前もってそのルールの内容を
知りうること），要求内容の穏当さ（無理なく従えるルールであること）を求めてい
ることがわかる。どんなに邪悪な政府でも，これに従っている限り，人々は自
分たちの政府の活動がいつどのような形で自分の生活に影響を与えてくるのか
について，ある程度確かな見通しを立てられるはずだ。それさえ保障されない
社会に生きる人は，自分の生活を自分で組み立て，その目的を追求していくた
めの重要な手がかりを失うことになるだろう。その意味でこれは，個々人の自
律，私的自治を支える最小限の必要条件なのである──もちろんそれだけで十
分ではないだろうが。たしかに，法がこれらの条件を満たしても，人々に「ど
うすれば善く生きることができるのか」についての道徳的な指針を示してくれ
るわけではない。しかしこれが保障されていないところで，よりよい生き方を
求める個人の努力が実を結ぶ可能性はきわめて低い。だからこそフラーは，ど
んなルールでもないよりはあったほうがましだと考えたのである。

法の資格への公法的観点と私法的観点

実際のところ，ハートとフラーのあいだの溝は，当人
たちが思うほどには深くなかったのかもしれない。少
なくとも2人は，法の資格を，法の内容には立ち入らず，もっぱら法の形成や
特定にかかわる者の権限やその実践に課される形式的ないし手続的な制約だと
考える点では一致していたのである。たしかにフラーはこの制約についてハー
トよりもかなり"厚い"説明を示したが，ハートが拒んだのはこれを道徳と同
一視することだけであり，8つの要件が法体系の有効な機能に不可欠だという
主張自体を退けたわけではなかった。

　おそらく対立の背景には，2人の基本的な関心の方向の違いがある。ハート
の主な関心が主権者命令説の反駁という法の公法的側面に向けられていたのに
対し，フラーは法の私法的役割を重くみていた。その結果，ハートの理論のな
かで中心的な役割を果たすのはあくまでも裁判官その他の官吏たち──法の確
定や変更に直接携わる人々──だったのに対して，フラーの法理論は，中央政
府からの指令による一元的な秩序の形成ではなく，多数の人々が相互のやりと

りを通じて各自の行動を自発的に調整していくという，多元的・分散的な秩序の形成と維持——市場の過程はその典型である——の可能性により多くの関心を向けていたのである。

　ハート的な解釈の延長線上にみえるのは，法の支配が政府の権能の画定，政府機関内部の諸権能の配分，権能の行使に関する諸々の手続といった政府の組織と活動全般の規律原理として機能するさまである。他方フラー的な解釈が示唆しているのは，法の支配の企てが，1人ひとりの個人を単なる操作と統制の対象としてみるのではなく，自分の目的を自ら追求し，その責任を引き受けることのできる自律的な主体として尊重しようとする姿勢と不可分のものだということである。ただし上述のとおり，このような公法的視点からの解釈と私法的視点からの解釈とは，決して対立しあうわけではない。むしろ両者はリベラルな立憲民主制のなかで互いに補ないあう関係にあるとみるべきだろう。

2　厚い実質的解釈——ロナルド・ドゥオーキン

難事案と裁定の理論

1970年代以降の法哲学・政治哲学の世界にロールズがもたらした規範的政治哲学，実質的正義論の再生は，法の支配がめざすもう1つの恣意性の排除，政府の道徳的規律に対する関心を再燃させた。なかでもハート的な法実証主義，分析法理学に対する最も手厳しい反対者として，「法の資格」の判定には法の内容に関する道徳的判断が必須であること，法はハートの考えるようなルールの体系ではなく，道徳的諸権利とそれを支える諸原理の体系として理解すべきであることを論じ，今日までいくつもの論争を先導してきたのが，ロナルド・ドゥオーキンである【→第1部第4章Ⅱ】。

　膨大かつ多岐にわたる著述のなかで彼がぶれることなく保ってきたのは，政府は政治社会を構成するすべての個人を等しい存在として配慮し，尊重しなければならない，という平等主義的なリベラリズム理解と，この理想の実現は"法に基づく統治"なしにはありえない，という確信である。そのことを示すために，彼は理想的な裁判官による理想的な推論と判断がどのようなものになるのか，その成り立ちを詳細に描いてみせた。ドゥオーキンにとって，「法の資格」の探究は，何よりもまず個々の具体的な紛争に対して下される法的判

断，とりわけ難事案（ハード・ケース）に与えられる裁定が法的に正しいものとなるための条件の解明（裁定の理論）を舞台に進められるべきことだったのである。

　ある事案を解決しようとして，それにぴったりあてはまる"手持ちの札"──制定法や先例などの過去の政治的諸決定──がどこにも見当たらないとき（これが難事案の原型である），裁判官はどのように判断を下せばよいのか。彼の『法の帝国（*Law's Empire*）』によると，分析法理学（そこでは「慣例主義（コンヴェンショナリズム）」と呼ばれる）は，新たな立法や裁判官自身の裁量行使といった形で手札を補給しない限り，裁判官はこのような事案に法的判断を下せない──裁定そのものを放棄するか，法から離れて道徳的判断を下すほかない──，と考えている。またそれとは対照的に，プラグマティズム法学は，裁判官はそのような手札の限界にとらわれることなく，もっぱら今後の社会全体に最大の利益をもたらしそうな結論を見いだし，下すべきだと主張する。しかしドゥオーキンは，前者は法的判断の素材を過去の政治的決定に限定してしまう点で，後者は逆にそのような手札固有の価値を切り捨ててしまう点で，それぞれ誤っていると考えた。裁判官は手札が尽きたからといって事案の解決をあきらめるわけにはいかないし，逆に手札からの指示を無視してよいわけでもない。彼の本来の任務は，過去の政治的諸決定を最大限に尊重し，それらとの整合性を守りながら，それらが下されたときには視野の外にあった事態に対しても，最も望ましい結論を探りあてることなのである。

> **インテグリティと法の資格**

この課題に応えるために構想されたのが，「インテグリティとしての法（law as integrity）」の概念である。それは，次のような2つの試みがからみあうダイナミックな過程として法的な判断をとらえようとする。

(1) 一般理論の水準：明文で示されてきた断片的で有限個の過去の政治的決定（制定法や判例）をすべて矛盾なく整序し，その総体に道徳的観点からみて最もすぐれた説明を与えることのできる原理（不文の目的や理念）を見いだすことで，これまでの法実践全体に１つのよりよい説明を与える。

(2) 個別判断の水準：具体的な事案に裁定を下すときには，その判断が(1)で得られた法の全体像の一部として無理なく収まり（適合性 fit のテスト），な

おかつそれを基礎づけている政治道徳上の諸原理に照らして正当化できる（正当化〔justification〕のテスト）ような，最善の判断を見いだす（その後，この判断も⑴の素材に加えられる）。

　こうして裁判官は，難事案と容易な事案<ruby>容易な事案<rt>イージー・ケース</rt></ruby>とにかかわらず，「同じ事案は同じように」裁くことを求める手続上の公正さを満たし，かつ，人々に服従を求めうる実質的な正当性を十分にもつように配慮しながら，1つひとつの事案に裁定を下していく。このとき彼は，法が目前の個別具体的な事案に与えうる最善の解決を見いだすと同時に，法体系全体を最も整合的かつ道徳的に正しい姿で捉える抽象的な理論を組み上げているのである。ドゥオーキンのいう「インテグリティとしての法」とは，過去の政治的決定の一覧によっても，将来期待される社会全体の利益によっても説明しきれない，法廷での裁判官による創造的な解釈作業のなかで絶えず生成しつつあるものだといえるだろう。

　近著（『裁判の正義（*Justice in Robes*）』）の一節でドゥオーキンは，この法のインテグリティこそ，法が法であるための最も本質的な要件，法の資格<ruby>法の資格<rt>リーガリティ</rt></ruby>そのものなのだと述べている。彼にとって，法の支配の成否は，法体系が一定の形式や手続上の要件を満たしているかどうか，一定の道徳的価値を体現するルールを組み込んでいるかどうか，そしてそれらが文言どおりに守られているかどうか，といった法の外見だけで判定できるものではない。むしろ決定的に重要なのは，その法の総体に論理的な整合性と規範的な正当性とを見いだせると信じ，その信念を実行に移すことでたえず自分たちの社会関係を編みなおしていこうとする，法実践の担い手たちの信念と態度（解釈的態度）なのである。ある時期，ある社会の法の形式や内容，実践の様態を他人ごとのように分析するだけでは，「法」を見いだすことはできない。それは，この信念と態度を共有する人々の継続的な試みのなかで，絶えずた確認され，更新されていくものなのである。*

　＊このような見方のなかでは，「現に通用している法」と「本来あるべき法」の区別がほとんど意味をなさなくなっていることに注意しよう。ドゥオーキンにとって，「本来あるべき法」とは制定法や判例といった既存の"手札"の総体についての最善の解釈のことであり，あくまでも「現に通用している法」（過去の正統な政治的決定）以外の何かを追加しているわけではない。また「現に通用している法」は，このように再構成された法体系の一要素

として，またそれによって正当化されるものとしてみたときにはじめてその意味を捉えることができるのであり，この全体像から切り離して単独で理解できるものではない。この意味で彼は，法の支配・法の資格をめぐる伝統的な概念図式そのものを大きく塗りかえてしまったのかもしれない。

　　「法」の価値と
　　真の共同体　　　では，ドゥオーキンの法理論を実行に移したとき，その社会にはどんな価値がもたらされることになるのだろうか。簡単にまとめておこう。

　インテグリティこそが法が法であるために満たすべき本質的な資格要件だ，という自身の主張は，ドゥオーキンにとって，「平等な配慮と尊重」の原則の擁護と不可分のものである【→第3部第2章Ⅳ】。法にインテグリティを与えようとする政府はすべての市民を平等な存在として扱わねばならないし，平等原則を優先的に尊重する政府は必ず法にインテグリティをもたせるような仕方で活動することになるだろう。一見ばらばらにみえる制定法や判例に1つの筋道をもたせ，その総体に規範としての正当性を与えているのがこの平等原則なのである。政府の活動が「インテグリティとしての法」の理念に即して営まれているとき，その活動内容はその政治社会のメンバー全員を平等な存在として扱っており，だからこそその強制力の行使も正当化されるだろう。この点で，彼の法理論は政府組織とその活動の道徳的規律をめざす，法の支配の実質的解釈に分類されるのである。

　しかしドゥオーキンの唱える法の支配の役割は，それだけにはとどまらない。インテグリティとしての法は，政府権力の行使を正当化するだけではなく，法に従うべき道徳上の義務を市民に負わせることにもなるのだという【→コラム6】。ここで彼が主張しているのは，「道徳的に正しい政府には誰もが服従しなければならない」といった，ありふれた考え方ではない。彼のいう"遵法"は，政府に向けられた態度ではなく，「ほんとうの仲間のあいだで交わした取り決めには，（たとえ個人的には反対でも）従わなければならない」という自治的な考え方に基づく，市民が互いにとるべき態度の産物にほかならない。インテグリティとしての法は，すべての市民に対し，そのような連帯的関係に基づく法尊重の責務を負わせるのである。

　なぜそのようなことがいえるのか。ドゥオーキンによると，インテグリティ

の理念と平等原則を満たした政治社会は，たまたま地理や歴史，文化を共有している人々の寄せ集めからなる「裸の共同体（bare community）」なのではない。それは，互いを道徳的に配慮しあう人々が自覚的に形づくる「真の共同体（true community）」となるのである。そこでは，誰もが自分の意見を共同の決定に反映させることができるし，その中で互いの利害を考慮しあい，自分の生活を自律的に構想し営む自由を互いに尊重しあっている。このような関係のなかで暮らす人々は，全員が等しく社会の真正のメンバーとして遇されているため，（実際にそのような約束を交わしたわけではなくても）1人ひとりのあいだに，他の社会の人々とは異なる特別な同胞関係を結ぶことになるだろう。ドゥオーキンは，このような関係が成り立っているとき，そのメンバーは，共同体の下した決定（つまり「法」）を尊重し，これに従う道徳的責務をお互いに対して負っているはずだ，と考えたのである。

3　不信と疑いの理論化

米国法学の「優雅な夢」と「悪しき夢」　ドゥオーキンの唱えた法の支配／法の資格の概念は，政府には諸権利の尊重と平等へのきめ細かな配慮を求め，市民には法を遵守する連帯的な責務を負わせるという点で，かなり実質的な志向の強いものだった。しかし一般的にいって，法の支配を道徳的に厚く理解しすぎると，現実の法体系や法実践のあり方と合致しにくくなるだけでなく，法のめざすべき理念としても，焦点のはっきりしない，曖昧なものになってしまうおそれがある（ドゥオーキンの説に対しても，米国の法体系にインテグリティを与えうる道徳的視点は平等原理だけとは限らず，別の対抗的な政治道徳的観点からの解釈──たとえばリバタリアン的な解釈──も可能なのではないか，という批判が加えられてきた）。

　実際，憲法理論のなかにみられる「法の支配」概念の説明は，しばしば，リベラルな立憲民主制のもとで追求されてきたさまざまな理念──平等，自律性，人権，民主的参加，政治共同体の連帯など──を総花的に盛り込んでしまい，まるで法の支配さえ実現すれば完璧な統治が成し遂げられるかのような期待を抱かせかねないものになっている。法の資格／法の支配という概念の意味をぼやけたものにしないためにも，この概念はもっとコンパクトに──なるべ

く形式的に，かつ薄く——理解するべきなのではないか。そのような異論が根強くあるのも，こうした傾向に対する警戒の表れだといえるだろう。

　ハートもまたある論文のなかで，米国の法理論が極端な理想主義（「優雅な夢」）と極端な懐疑主義（「悪しき夢」）とのあいだで何度も引き裂かれ，動揺してきたことを指摘している。それによると，米国法思想の歴史は，法の客観性や中立性，形式性を強調する理論が現れると，それに呼応するようにこれを全面的に打ち消してその実態を暴露しようとする懐疑的な理論が表明される，振幅の大きなものであり続けてきたのである。ハートは，そのどちらもが法に対するゆがんだイメージを与えてきたのではないか，という危惧をもっていた。彼には，ドゥオーキンの示した「優雅な夢」の対極にも，ある種の「悪しき夢」が生み出されているように思われたのである。それが，批判的法学研究（critical legal studies：CLS）の運動である。

> **法の支配への根本的な疑い**

批判的法学研究は，まさにドゥオーキンの理論が広く受け入れられつつあった1970年代後半の米国で誕生し，80年代にその勢力を拡大した法理論・政治理論の一派である。それは決して一枚岩の"学派"ではないが，20世紀前半の米国で生まれたリアリズム法学の洞察を受け継ぎ，ポストモダン的な大陸の批判哲学・社会思想，言語哲学や文学理論，マルクス主義やフェミニズム思想，人種理論などの成果を取り入れながら，主流派の法理論や法実務の実態，法学教育のあり方に向けて全面的かつ徹底的な批判を繰り広げた。そこで繰り返し唱えられたのは，おおよそ次のような主張である。「制定法や判例などの法の文言それ自体に，具体的な事案を解決する力はない。"法の支配"の名のもとで実際に行われているのは，統治者・支配者たちがみずからの価値観を補強し，問答無用で少数派や政治的弱者に押しつける，独善的な"人の支配"そのものである。法はそのような圧政を防ぐにはまったく無力であり，むしろその暴力性を体裁よく合理化し，隠蔽する道具としてこれに奉仕している。また法学教育は，そのようなごまかしを輩しい真実と思い込ませるための，手のこんだ洗脳の過程にほかならない。今日の社会に蔓延する不正を払拭するには，まずこの欺瞞をあばき，そこから目覚めなければならない」。

　このような見方がリベラルな法の支配の概念と真っ向から対立するのは，当

然のことだろう。CLS は，法の支配という理念はそもそも実現不可能な"絵
に描いた餅"でしかないと断定したうえで，それを追い求めても望ましい社会
を実現するどころか深刻な痛手を与えるだけだ，と警告してきた。法の資格を
満たした法があらゆる道徳的対立を克服し，政治的な権力争いから超然とした
中立的な立場から公平な解決をもたらしてくれる，という考え方はまぼろしに
すぎない。「法の支配」と「人の支配」とを区別することは理論上，不可能で
ある。どのような粉飾がほどこされているにせよ，この世界を支配しているの
は，あくまでも"力"なのだ，と彼らは主張するのである。

> **諸批判とその核心**

このような批判を繰り広げるために，CLS はさまざ
まな理論上の根拠を示してきた。主なものだけをかい
つまんで挙げておこう。

(1) 法の文言の意味を1点に固定することはできない。解釈はそこからどん
な（相矛盾する）結論でも導き出せるのであり，主観的で恣意的な判断を
まじえることなく客観的で異論の余地のない裁定が下せる，という考え方
は幻想にすぎない（法の根本的な不確定性）。

(2) ある法体系を構成する諸ルール，あるいはそれらが標榜している諸々の
原理や目的のあいだには，創造的な解釈によっても取り繕えないような深
刻な矛盾が含まれている。そのため，現実のどんな政治的諸決定も，決し
て自ら掲げる法の資格要件を満たせない（法体系内の根本的な矛盾）。

(3) 法は，それが掲げる価値理念を決して完全な形では実現しようとしない。
むしろそれは，特定の政治的理念の追求を選択的に排除したり不徹底なま
まで断ち切ったりすることで，それに実質的な制限を加えてしまっている
（法の非中立性，政治的諸価値の切り詰め）。

(4) 法やそれに伴う諸制度は，現存する支配の仕組みを補強し永続化する役
割を果たしている。それはつねに，不利な立場におかれた人々の改革の要
求を抑えつけ，既存の支配関係を隠蔽・合理化するはたらきをもっている
（現状維持と政治の制約，暴力の隠蔽）。

これらは一見，とっぴな言いがかりか，意地の悪い批判のための批判でしか
ないようにみえるかもしれないが，決して安直に退けられるものではない。先

に指摘したとおり【→第4部第1章Ⅱ】，法に対するこのような失望や不信は，多くの人々がしばしば実際に経験する違和感や不満に根ざしたものでもある。たとえば，立法府が法の文言を修正するより前に裁判所がその解釈を変更し，同じ条文が違った意味で用いられるようになることはまれではないし，法律学の研究や教育が解釈論と立法論（政策論）とを峻別し，あくまでも前者に専念するという形をとっている限り，「現に通用している法」を不動の前提とみなすという保守性を免れるのは難しいだろう。あるいは硬性憲法典をおく立憲制のもとでは，人権にかかわる諸規定など，最も基本的な（とみなされている）諸制度は最初から，通常の法改正手続の対象外におかれている。この種のことは，包括的な社会変革を要求する人々の目に，しばしば理不尽な足かせのように映るだろう。

　それなのになぜ法は，数々の道徳的対立や政治的紛争に対して不偏の中立的な立場から公正な"解決"を与えられる，などと主張できるのか？　なぜ民主的に選ばれたわけでもない裁判官に議会の決定を覆したり修正したりする権限が認められるのか？　なぜ現在に生きる私たちが過去の人々の作ったルールに縛られなければならないのだろうか？　このような素朴な違和感や疑念に結びつけて考えるならば，CLSの批判は，主流派の法律家や法学者たちが例外的な事態とみなして軽視してきたいくつかの欠陥や弊害，矛盾点に注意をうながし，それらが法の支配の企てにとって致命的な打撃を与えうることを指摘しようとするものだったのである。

> **根本的な懐疑
> とその役割**

今日，CLSはかつての"運動"としての勢いを失い，法の概念や法学の方法といった抽象的で一般性の高い理論的問題よりも，批判的人種理論やフェミニズム法学などの具体的な主題に焦点を絞りながら，その議論を繰り広げている。いま彼らの主張をそのまま受け入れるかどうかはともかく，そのなかに法の支配の可能性や意義を（その限界の側面から）検討する際には見過ごせない指摘が数多く含まれていることは間違いない。とくに，法の支配が伴いうる犠牲や弊害から目を背け，それを漫然と是認してしまう傾向に対する警告としてみたとき，その意義は小さくないだろう。法による統治の企ては，いつどのような形でその病弊をあらわにするのか。それを避けるためには，何が必要なのだろうか。そのような想像力を鍛

えるためにも，CLS の批判のなかには何度も立ち返って検討するに値するものが含まれているのである。

とはいえ，CLS は主流派法学の法の支配の実現可能性やその価値に対する異議申し立てには大きな力を注いだものの，より積極的な代案の提案にまで踏み込むことはまれだった。次章では，法の支配が民主政の可能性を理論的にも実践的にも大きく切り詰めてしまっている，という批判を受け継ぎ，さらに包括的かつ徹底的に法の支配の理念，あるいはリベラルな立憲主義体制を批判してその修正案や代替案を示そうとする，いくつかの政治理論に目を向けることにしよう。

📖文献案内
田中成明『法の支配と実践理性の制度化』（有斐閣，2018年）

〈引用・参考文献〉
ドゥウォーキン，ロナルド（小林公訳）『法の帝国』（未来社，1995年）
ドゥウォーキン，ロナルド（宇佐美誠訳）『裁判の正義』（木鐸社，2009年）
ハート，H・L・A（長谷部恭男訳）『法の概念〔第3版〕』（筑摩書房，2014年）
ハート，H・L・A（矢崎光圀監訳）『法学・哲学論集』（みすず書房，1990年）
フラー，ロン・L（稲垣良典訳）『法と道徳』（有斐閣，1968年）

第**5**章

法と政治のダイナミズム

I　法の支配の欠陥——民主政の観点から

　法の支配や立憲主義に対する懐疑は，前章でみたように，主として批判的法学研究（CLS）の立場からこれまで提起されてきた。ただし法の支配に対する批判は，法学界の内部から加えられる場合よりも，それを支える政治道徳上の理念そのものに向けて加えられたときに根源的になるだろう。この章では，政治理論の領域で，法の支配の企てに対して提起されてきたさまざまな批判を取り上げる。民主政論のなかで法の支配の擁護論として槍玉に挙げられるのは，前章で取り上げたハートやフラーのような法哲学者による議論よりも，政治哲学上の自由主義者による議論であることが多い。そこでまず，自由主義（リベラリズム）の論者に焦点を当てて，その法の支配の擁護論をみる。そして，彼らの擁護論に対して，民主政の論者たちがどんな懸念や疑問を抱いているかについて，その多様な視角から繰り広げられる5つの批判を紹介することにしたい【→第3部第3章Ⅱ】。

1　ロールズの擁護論

　法の支配を擁護する1人目の論者は，自由主義の代表的理論家として知られているジョン・ロールズである。彼にとって，人々が多様な価値観をもって相克・対立する現代の多元的な社会をまとめるためには，法の支配を支える正義の構想が必要だ。この構想は，社会の基礎にある諸々の制度のあり様を定める公共的な指針であって，多様な善き生を送る各人が信じている宗教や道徳などとは別物である。宗教や道徳は，それぞれ異なる人生観や価値観をもつ人々に

とって私的な関心であり，社会を構成する者全員によって共有されることは，現代の多元的な社会では期待できないからである。こうして正義は，各人が追求する善き生から独立して受け入れられるべきものとなる。市民たちが相互に意見を述べあい共同の決定をする場合には，この正義の構想を公共的な理由として用いなければならない。熟議や討論を行う政治の場で，参加者たちは自分の信じる宗教や道徳をわきにおいて，正義の公共的な理由に基づいて，あたかも法の番人たる裁判官であるかのように語らなければならない。この理性的な討論の結果合意される決定が，政治権力の行使を正当化するのである。こうして社会をまとめていくのは，正義の公共的構想に拠って立つ法の支配である【→リベラルな立憲民主制：第4部第2章】。民主政は，こうした正義の枠組みのなかで，法の支配のもとで営まれなければならない，とされるのである。

2　ドゥオーキンの擁護論

　もう1人は，ロナルド・ドゥオーキンである。彼は，前章で紹介したように法の支配の厚い実質的解釈を提示しているが，そこで重視されていたのはインテグリティと平等の原則であった。これらの原則を備えた法は，平等な市民どうしが相互に配慮しあう「真の共同体」において，市民が相互に負う道徳的責務から遵守される，という【→厚い実質的解釈：第4部第3章】。ただし彼がこれらの原則を満たす舞台として設定するのは，人々が参加する熟議の場ではなく，裁判所である。ここで彼は，ハーキュリーズという名（ギリシャ神話の英雄ヘラクレスにちなむ）の理想的裁判官を登場させる。この裁判官は，個々の具体的な紛争に取り組むにあたって，過去の判例や制定法を整合的にまとめ，市民を平等な存在として扱うように裁定を下す役割を負う。彼は，誰よりも卓越した法的技能を駆使することができる。大量の判例や制定法によく通じ，それらを平等の道徳的原理のうえにうまくまとめたうえで，面前の裁定を各個に行うというきわめて高度専門的な仕事は，素人の一般市民には困難であり，理想的な裁判官にしかできない。こうして「真の共同体」をもたらす役目は，市民の直接的参加による熟議の過程にではなく，ただ1人の理想的裁判官に与えられる。彼が市民の意見を代弁することができるならば，民主政は不要であるか，せいぜい彼を追認する仕事がそこに残されるだけだろう。

　彼らのような自由主義者たちは，法の支配を形式的に捉えるか実質的に捉えるかの点で考えを異にすることもあるが，しかし民主政の論者たちからみれば，法の支配の理念を高々と掲げて，いわば上からそれを民主政に押しつけている点で共通している，とされる。こうしたリベラルな法の支配論が，様々な仕方で民主政をダメにしてしまうと批判されるのである。では，法の支配の何が問題なのか？　多様な民主政論の潮流から，次の5つの点が指摘されている。

II　自治と公徳心の軽視

1　公民的共和主義からの批判

　リベラルな法の支配論は，公権力の介入や干渉から各人の私的領域を保護しようとするが，他方で人々が公権力の運営と管理に積極的に関与したり，政府が人々に徳性を育んだりすることを拒否する点で批判される。それは，個人が自分で望むとおりに生きるという自律を最大限尊重する考えに立って，公権力の干渉から保護される，あるいはその障害がないという意味で"消極的"な自由を個人に保障する。しかしその反面それは，人々が政治に積極的に参加して自分たちに関する事柄を自分たち自身で決定するという自治の理念を軽視しており，共同体が市民に公徳心を備えるよう働きかけることに反対している，というのだ。

　リベラルな法の支配論は，個人の基本的な権利や自由を保障することを主たる関心としているが，その自由観をめぐって批判を受けている。こうした批判の担い手の1つは，公民的共和主義（civic republicanism）である。公民的共和主義は，1970〜80年代から幾つかの学問領域で注目されており，政治思想ではジョン・ポコックやクェンティン・スキナーが，政治理論ではフィリップ・ペティットやマイケル・サンデルが，憲法理論ではキャス・サンスティーンやフランク・マイケルマンなどが代表的論者として知られている。それは，アリストテレスや公民的人文主義者らの思想を起源とし，自治や公徳心の陶冶を政治の役割とする見方を受け継ぎながら，その伝統の光のもとに現代の法体系を照らして新たな法の見方を展望しようとする立場である。それは，「人間は社会的動物である」との定式に基づいて，自治や公徳心の陶冶を政治の主目的とす

る頑強で本質主義的な傾向と，それらを近代的自由の実現に役立つ手段とする
穏健で道具主義的な傾向とに類別されることが多い。いずれにせよそれは，古
典期の政治観を受け継いで，リベラルな法の支配論が擁護しようとしている自
由の消極的観念に異議を唱えているのである。

　公民的共和主義の政治観は，論者によってかなり幅があるが，概ね次のよう
な仕方で理解できるだろう。すなわち民主政の主な役割は，広い意味での政治
的自由の実現だ，ということである。リベラルな法の支配論では，政治的自由
は個人が公権力の介入や妨害から解放されるという消極的な意味でしか理解さ
れない。だが共和主義の伝統においては，それは個人が他人の恣意的な意思に
依存したり支配されたりしないことだとか，自らに関わる事柄を自らの手で決
定することだなどと，もっと広い意味で捉えられてきた。そしてその自由は，
たとえば教会や集会などの中間的共同体への関わりを通して共感や道徳心を育
むことや，それら共同体のなかでの意思形成過程に積極的に参加することを通
して実現される。各人に消極的な自由を法的に保障することは，各人に他人へ
の配慮や公共心なるものを忘れさせて，自分のことしか念頭にない自己中心的
な考えをはびこらせ，共同生活への関わりをなくして私生活への引きこもりを
推奨するだけだ。人々が自由であるためには，互いに配慮しあい，公徳心を備
えて，民主政に積極的に参加することが必要である。このように公民的共和主
義は，法の支配が保障する私的自由の弊害に警鐘を鳴らして，現在の「徳なき
時代」に新たな公共性（res publica）を取り戻そうとする，政治的自由の理論
なのである。

2　自由の消極的な見方

　ただ注意すべきなのは，公民的共和主義者は，他の民主政論者と同じように
リベラルな法の支配論を批判対象にしているが，法の支配の理念そのものを否
定しているわけではない，ということである。そもそも彼らは自由主義が登場
する近代よりずっと前から，法の支配が人の支配を排して，公権力を担う人々
が腐敗や堕落に陥るのを防ぐために重要だ，と考えてきた。むしろ自由主義
は，近代の国家が強大な権力を担って各人の自由への脅威となりかねないとの
懸念から法の支配の理念を再認識したにすぎない。また現代の共和主義者たち

も，法の支配を全否定するわけではなく，むしろそれが民主政と密接な関係にあると考える傾向がある。すなわち彼らは，民主主義もまた多数者の専制や衆愚制に至るとする伝統的な政体論を引き継いで【→コラム5】，民主政を手放しに許容してしまえば，各人の基本的な権利を侵害するなどしていずれ自壊してしまうだろうとの危機感をもち，立憲主義的な制約を何らかの仕方で受け入れるのである。

　ただ彼らにとってリベラルな法の支配論が依然として問題であるのは，消極的自由と法の支配が重要であっても，それらを偏重しすぎていることにある。彼らの目標とする政治的自由は広範な観念であって，法によって保障される各人の消極的自由のみならず，自治の実施や公徳心の陶冶をも含む。むしろこれらはいずれも各人が真に自由な生活を営むための"両輪"のようなものであって，必要不可欠な二本柱なのだ。だが自由主義者は，政治的自由の一方ばかり重要視して，他方の価値を認めないばかりか，それら2つのあいだの相互作用をまったく認識していない。たとえばロールズもドゥオーキンも，裁判官の語り口を強要して，そのような技能をもたない素人が積極的に討論に参加する機会を実質的に取り上げてしまっている。しかし各人の消極的自由なるものは，それを保障する法的枠組みが自分の手を離れて見ず知らずの他人に管理・運用されているならば，安全な"鳥かご"のなかでの自由でしかないだろう。自由の意味を真剣に捉えるならば，自分たちの私的生活が公権力に晒されていないことだけでなく，自分たちの生活の枠組みとなる政体のあり方に対しても無関心ではいられないはずである。このようにリベラルな法の支配論は，公権力の干渉から私的領域を保護し，各人に消極的自由を保障する法の役割にしか目を向けないために，その当の法そのものが，公徳心をもって公共の場に参加する人々の営みを通して生み出され，支えられるという政治の役割を忘れてしまっている。それは法の支配が民主政に基づいているということの事実を十分に考慮していない，というのだ。

3　法の支配を補う

　この公民的共和主義の批判は，法の支配の意義そのものは認めつつも，自由主義者が法の支配を支える自治や公徳心の意義を軽視している点をつくもので

あった。ただしそこには，どっちつかずの"ヌエ"的態度と，批判の不徹底さが垣間みられることになろう。それは，たとえば自治の実施や公徳心の陶冶が，個人の基本的な自由や権利とのあいだで深刻な矛盾をきたす可能性——たとえば，政治に興味も関心もない個人に参加や公徳心を強要するなど——を過小評価している，などと指摘することができる。たしかに公民的共和主義は，法の支配と民主政とのあいだに安易な結びつきを想定するきらいがあり，それらが原理的に"水と油の関係"にあり，ある局面では先鋭に対立することに目を閉ざしがちだ。彼らの批判は，リベラルな法の支配論の根源的な見直しを迫る強烈な攻撃であるというよりも，むしろその欠陥の埋め合わせを勧める穏当な指摘であると言えるかもしれない。

Ⅲ　民主的正統性の欠如

1　熟議民主政論からの批判

　リベラルな法の支配論は，法が熟議の過程と結果から創出されていることを適切に認識しておらず，法の民主的正統性を示すことができない点でも批判される。通常の政治過程では，利益集団多元主義の論者たち（ロバート・ダールやヨーゼフ・シュンペーターら）が描いたように，多様な利害関心をもつ様々な集団が取引・交渉を行い，これらの利益や選好を集計する形で公共的決定が下され法案が可決・制定されている。だが法は，多様な価値をもった人々が相互に意見を述べ合い，議論を重ねて意見を収斂していくなかで，改められたり，新たに制定されたりしている面があるし，実際のところそうするべきなのだ。そうした政治的討論の過程や合意があるからこそ，法は人々から順守を期待することができるのである。

　このような法の民主的正統性の問題を最も明確に提起しているのは，熟議民主政（deliberative democracy）の理論（熟議民主主義論）であろう【→第3部第3章Ⅳ3】。この立場は，ドイツの社会学者・哲学者であるユルゲン・ハーバーマスの討議倫理学から示唆を受け，ジョシュア・コーエン，セイラ・ベンハビブら代表的論者ばかりでなく，リベラルを自認する論者らによっても支持されており，主に英米圏において広く受けいれられている。それは，熟議を重視する

点で共通するものの，多様な傾向性に分かれている。たとえば，法の正統性を得るための根拠を，熟議が進行する過程・プロセスに求めるか，あるいは熟議の帰結としての合意・コンセンサスに求めるかの点で大別される。また熟議のなかで公正なルールと手続のもとで適正な理由に基づいた議論のやり取りを要求する理性重視の傾向と，市民同士の深い相互理解や聴衆の感情に訴えるレトリックの役割を重視する情念志向の傾向にも分かれる。熟議民主政論は，これら多様な傾向性をもつことから法の支配とどこまで親和的であるかについて大きな立場の相違があるが，いずれにせよ政治過程における熟議の役割を強調する点で一致しているといえる。

　熟議民主政において，民主政は，参加者たちが政治的決定に向けた合意をめざして公正なルールと手続のもとで対話とコミュニケーションを行う相互的議論の過程として捉えられる。とりわけ現代に特徴的な社会的基盤の喪失や不確実性の状況下では，自由平等な人たちによる意見表明と相互検討を通して得られる合意が正統性の指標となる【→第4部第2章Ⅱ】。この熟議の過程で参加者は，自分の意見を表明し，他人の意見に耳を傾け，そして自己の主張を，偏見や先入観にではなく，相手方にも受容できる公共的な理由に根拠づけて相互に説得を行う。彼らは，この過程を通して，他人から新たな知識や見方を学んだり，自分が参加する前にもっていた意見や選好を変更したり，異質な価値観への敬意と尊重を育むことができる。そして彼らは，意見を出し尽くし，相互にすり合わせることに成功すれば，最終的に合意をして公共的決定に達することになるだろう。こうして熟議民主政論は，利益集団のあいだの取引・交渉と初期選好の集積としてしか法の生成を説明できない多元主義の見方を退けて，法の民主的正統性を獲得するための筋道を描き出そうとするのである。

2　正当性の偏重

　ただ熟議民主政論のなかに，法の支配の理念そのものを攻撃するわけではない立場もあることに注意しなければならない。熟議民主政論の論敵は自由主義よりもむしろ利益集団多元主義であることが多く，とくに理性重視の立場は，熟議が法的ルールや手続のもとで適正に進められることをむしろ正統性の条件であると考えているからである。

　しかしそれでもなお，それはリベラルな法の支配論に対する批判となりえる。というのも法の支配は，政治的熟議を窮屈な法的制約のもとにおこうとする傾向があると目されるからだ。自由主義者は，人民政治の暴走や逸脱に対する危機感から，それに抗する防波堤として個人の基本的権利や司法審査制などの立憲主義的な仕組みを設定する。これらは，いわば沸騰した液体の膨張を防ぐ“ビンの蓋”のように通常の政治過程を越えたところにおかれて，通常の政治過程で個人権を侵害するような法律が制定されるような場合には，後に裁判官がそれを違憲として無効にする。しかしこれでは，選挙で選ばれたわけでもない裁判官に，選挙で選ばれた政治的代表者たちの議論と合意の産物である法を覆す権力を与えるようなもので，民主政を軽視しているのではないかと疑われるのだ。たしかにロールズの議論では，参加者が熟議の過程で用いられる理由が私的ではなく公共的なものに限定され，熟議参加者があたかも裁判官であるかのように語ることを強要されていた点を思い出そう。またドゥオーキンの議論でも，共同体の道徳原則を法廷の場に表現する作業がハーキュリーズ裁判官の特権とされており，市民参加者が自らそこに加わる余地がほとんど認められていないようにみえる。

　リベラルな法の支配論は，個人の基本的自由・権利という「普遍的価値」を保障するという点で，法の内容に正当性——正義との適合性——を与えることはできるかもしれない。だが他方でそれは，法が「力の均衡」の帰結でもあることを忘れ【→第4部第3章Ⅱ】，法が多様な価値観をもつ人々のあいだの政治的討論を通して相互の服従を要求できるようになること，すなわちその正統性を失わせてしまうのではないか。もしリベラルな法の支配論が，法生成の過程を，市民の相互的熟議ではなく裁判官の専権として捉えるならば，法の民主的正統性の獲得は期待すべくもないだろう。

3　法の支配との共存

　熟議民主政論は，リベラルな法の支配論が個人の基本的権利などの「普遍的価値」の保障に関心を偏らせがちであり，その偏重が人々の相互討論からかろうじて得られる「力の均衡」とのあいだで矛盾をきたすことがありえることを先鋭に指摘した批判と考えることもできる。だがそれは，リベラルな法の支配

論にとって到底受け入れがたい考えを含んでいる点も見逃してはならない。た
とえばそれは，ある参加者が他の参加者の意見や視点から学んで以前の選好を
変えることがありえることを認めるが，それが本当に「望ましい」「正しい」
選好に変わることを何が保障するのだろうか。誰かが悪意をもって参加者たち
の選好を歪曲・操作することはない，と言いきれるのか。もし熟議のなかで悪
意ある操作がまかり通ってしまうならば，個人権を侵害し，いずれ全体主義を
招来することになりかねない。熟議民主政論の偏重批判は，「普遍的価値」と
「力の均衡」とのあいだで，まるで“コマ”のような危ういバランスを保って
いるのだ。それは，熟議による正統化だけでなく，法の支配の観念もどこかに
組み入れなければならないだろう。

Ⅳ　理性と合意の支配

1　闘技的民主政論からの批判

　リベラルな法の支配論は，政治につきものの情念や抗争を，理性や合意の枠
に閉じ込める点でも批判される。それは，一定の公正なルールや手続のもと，
利益の取引・調整あるいは理性的な対話を通して，政治的主導権の獲得を求め
る熾烈な闘争を穏便なものに変え，無理に収束させようとする。それは，原理
的に妥協不可能な政治的関係を，公式的な制度のもとに協調させ，理性によっ
て制御し，合意のもとに隠蔽しようとしている，というのだ。

　こうした批判を最も先鋭的に主張したのは闘技民主政（agonistic democracy）
の立場であろう。闘技民主政論は，シャンタル・ムフ，エルネスト・ラクラ
ウ，ウィリアム・コノリーらによって支持され，しばしばポスト・マルクス主
義の流れに自らを位置づけつつ，ラディカル・デモクラシー論の中心的潮流と
して1980年代以降活発に議論を展開している。それは，リベラルな法の支配論
のみならず，前節の熟議民主政論をも批判対象に据え，民主政の観点からきわ
めて徹底的で根源的な批判を繰り広げている。

　闘技民主政論において，民主政は，各々の利益と信念をもつ集団や個人が
「われわれとは何者か」を問い，その集団的アイデンティティの定義やその境
界線をめぐって主導権を獲得する闘争場（アゴーン）として捉えられる。政治の闘争場（アゴーン）で

は，アイデンティティを形成しようとするさまざまな集団のあいだで対立や係争が不可避的に生じる。政治的なものの本旨は“われわれ”と“彼ら”との境界線をどこに引くかにあるのであって，この集団的アイデンティティの構築こそが政治の本質的目的である。この政治的闘争は，既存の確立されたアイデンティティが単なる教義(ドグマ)にすぎず，それが過去に闘争の勝者が築いた単なる偶然の産物にすぎないことを白日のもとにさらす。アイデンティティの形成は，理性の合目的的な働きに回収されず，正常化の圧力に屈することは決してない。いったん構築されたアイデンティティもまた不確実であって，それはつねに永続的で恒久的な異議申し立てに開かれることになるのだ。

　政治はこのように根源的に闘争的な性格をもつが，しかし当事者同士が過激に暴力をふるいあうような危険で自滅的な抗争であってはならない。相対立する集団のあいだには「闘技的敬意」が存在すべきであり，闘争の主体は相互に殲滅しあう「敵」ではなく個人の自由と多元性を承認する「対抗者」でなければならない。すなわち政治的闘争には一定の秩序が必要なのである。闘技民主政論は，政治の本質を，既存のアイデンティティに対する異議申し立てと捉えるが，現状の自由民主主義体制や立憲主義の枠組みそのものを破壊・攪乱するものとまでは考えていない。むしろその本旨は，民主政を法の支配のもとに収めることなく，根源的に捉えなおして，その潜在力を開放することなのだ。

2　闘争の抑圧

　闘技的民主政論では，リベラルな法の支配論は，政治的なものを不当に貶めていると非難される。それは，本来的に情念や抗争によって彩られる民主政を非合理なものとして否定し，政治のダイナミズムを理性や手続によって制限している，というのだ。たとえばロールズが，政治の参加者は宗教や道徳をわきにおいておかなければならない，と述べていたことを思い出そう。この議論は，表面的には政治権力の行使が価値中立的な根拠に基づくべきことを求めているだけのように見えるが，実際はある種の宗教的な権威によって差異を忘却させようとする戦略であり，政治文化から危険な要素を意図的に除外しようとしているのだ，と非難される。さらにドゥオーキンも，ハーキュリーズ裁判官が，過去の判例の多様性・複雑性に惑わされることなく共同体の道徳的原則に

よって一貫した法的判断を難なく打ち出すことができる，と述べている。ところがこれもまた，本来なら解決困難なはずの共同体の法的・道徳的問題を理想的裁判官によって一挙に解消できるかのように想定しているだけであり，アイデンティティや基本概念などに関する想定を不問に付して，本来的に闘争的な政治の 場^{アリーナ} を消滅させている，と批判されるのだ。

　根源的に，リベラルな法の支配論が問題であるのは，本来は対立や抗争が繰り広げられるはずの闘争場^{アゴーン}を窮屈な理性の"軛^{くびき}"に押さえつけようとするところにある。参加者にルールや手続への服従を強いることによって，あるいは形式的な推論だけを適切な表現形式とすることによって，政治に本質的に伴う対立を隠ぺいし，怒りや共感などの感情表明を非合理なものとして軽視し，既存の決定を固定化して以後の異議申し立てを閉ざしてしまう，等々。その立場は非常にラディカルであって，その断罪の対象はリベラルな法の支配論ばかりか，理性重視や合意志向の熟議民主政論にまで及ぶ。いずれも闘技的でダイナミックな政治を，理性や合意の枠組みに無理に押し込めようとする点では変わらないからだ。

3　法の支配に一巡

　闘技民主政の批判は，非形式的な声や要求にまで耳を傾け，民主政の潜在力を開放しようと試みる点では，自由民主制のなかで起こりえる制度疲労やルーチン化を抑えて，その再活性化を志した議論として積極的に評することもできるかもしれない。だがそれは，リベラルな法の支配論の本質的難点を突くに至っていない，とも考えられる。そもそも民主政は，きわめて重大で喫緊の政治的課題について時間と労力の限られた範囲で最終的な決着をつけることが求められているのであり，いつまでも長々と異議申し立てや抗争を続けるわけにはいかない。またこの立場は，政治的闘争に一定の秩序を求めるならば，それを枠づけるルールや手続を結局は必要とせざるをえなくなるだろう。ではそれらのルールや手続は　理性や合意を抜きにして考えるならば，いったいどこに由来するのか？　またそれ自体の正統性は？　これらの問いに答えず，既存の法的枠組みを前提にするだけならば，結局はそれが否定するところのリベラルな法の支配論とそう変わらなくなるだろう。両者はいずれも，内容や程度に違いがあるに

せよ，政治の過程を適正に導くためのルールや手続の順守を政治参加者に要求するからである。闘技民主政論の威勢のよい批判は，勢いのあまり１周回って，リベラルな法の支配論に近づいてしまっているかのような印象さえ受ける。

V 差異の無視と画一化

1 差異の政治からの批判

　さらにリベラルな法の支配論は，普遍的に同質な個人を前提にして，差異に対して無関心な態度をとるために，結果として多数集団への吸収や画一化に加担しているのではないかとも批判される。各人は実際の具体的な姿としては男性や女性であったり，白人や黒人であったりするのに，それはこうした差異やアイデンティティに目を向けず，具体的な属性をもたない抽象的な個人を権利主体として想定している。またそれは，国家は各人が営む善き生だけでなく彼らの文化的背景に関しても中立的であるべきであり，都合が良い悪いからと言って，特定の集団を厚遇も冷遇もしてはならないとする。しかしそれは，個人を抽象的に，国家を中立的に理解していると標榜していても，差異やアイデンティティに適切な配慮を与えることを怠る結果，多数集団の地位や文化の優位性を現状のまま温存して，少数集団の地位や文化を永続的に貶めることになる，というのだ。

　このような批判を展開したのは，差異の政治（politics of difference）を擁護するさまざまな立場である。それらは，政治哲学上の思想であるとともに，現実の政治においても援用される政策原理でもあり，ジェンダーや民族・エスニック上の差異やアイデンティティに関心をもつフェミニズム（feminism）や多文化主義（multiculturalism）などによって支持されている。主な論者としてチャールズ・テイラーやアイリス・ヤングが知られているが，これらの立場に属する者を含めれば多数の論者がここに含まれることになろう。それらは，さまざまな集団が併存する多元的社会において，不利な状況にある少数集団が多数集団によって差別も同化もされることなく，前者が後者と共存する道を模索する立場であるといえよう。

　差異の政治においては，民主政は，少数集団が差異やアイデンティティの公

的承認を求める営みとして捉えられる。この立場は，現代社会では多数集団が事実上の不当な優越的地位を占めているとの認識に立ち，個人に対する均等な配慮よりも，集団——とくに差別や不利な扱いを受けてきた少数の集団——に対して特別な処遇を求める。たとえばフェミニズムによれば，家庭に関する諸問題（家庭内暴力や育児・介護負担の押しつけ）やセクシュアリティをめぐる問題群（ポルノやセクハラ）は，抽象的な個人を対象にする限りでは視野に入らず，ジェンダー上の差異を認め，女性としての集団的アイデンティティを承認してはじめて，政治的に扱うべき議題として挙げられることができる。また多文化主義によれば，各人が民族やエスニック集団に帰属することが善き生を送るための不可欠の背景であって，多数集団と少数集団とのあいだですでに不平等があるならば，その格差を是正し，少数集団に対して特別代表や自治などといった集団的権利を与えることが重要な課題となる。これらの立場はいずれも，民主政において差異やアイデンティティが占める役割を積極的に承認して，それらを公的議題として取り上げる政治のフォーラムを構築すべきだ，と主張しているわけだ。

2　抽象的個人と中立的国家

　差異の政治のもとでは，まずリベラルな法の支配論は，あくまでも個人を抽象的な権利主体として据え，差異やアイデンティティを個人の単なる特殊で偶然的な属性とみなし，それらを政治的に重要ではないものとして目を閉ざす点で非難される。それは，たとえば職業選択の自由や就労機会の平等を個人に保障するというが，しかし“個人”といいながら，出産や育児の負担を負わない“男性”をモデルとして想定しているのであって，実際にそれらの負担を抱えて長期休暇をとらざるをえない女性には構造的に不利に作用してしまう。またそれは，信教の自由を個人に保障するが，社会の支配的多数集団の安息日や使用言語がすでに公休日や公用語として定着している現状では，それらと異なる安息日や少数言語を普段用いている集団は，多数集団の“平日”に登校・通勤を求められ，余計な言語学習の労力を要する点で，就学・就労上，実質的に不利な立場におかれることになり，将来にわたって自文化を存続させる道を断たれてしまう。

　さらにリベラルな法の支配論が問題なのは，それが各人の文化的背景に対して中立的な立場を貫くために，"私的"とされる諸問題に目が届かなくなってしまうことにある。たとえばロールズが，公共的討論の場では，宗教や道徳を各人によって異なる私的な信念だとしてわきにおき，正義だけを理由としてもちだすことができるとした点をもう1度思い出そう。彼の図式では正義が公共的問題を解決する唯一の指針だとされるために，たとえば家庭内暴力や児童虐待などの家族に属する諸問題や，家庭内での男女間の権力格差や家事負担の不平等の是正などは，正義の守備範囲外の問題として適切に扱えなくなるだろう。またドゥオーキンも，「真の共同体」が拠って立つ原則を，市民を平等な個人として扱うことにあるとしており，市民全員が共有する善き生を目標とするものとして捉えていなかった。だがそれでは，たとえば英語圏を主流とするカナダ社会において，ケベック州が文化的共同体としてフランス語使用を求めて必死に取り組んできた努力が一体何の目標のためであったのかを適切に理解できないだろう。リベラルな法の支配論は，これらのジェンダーや民族・エスニシティーに関する諸問題を適切に扱うことができないために，たとえ現状の集団間にある格差の拡大に自らは加担していないとしても，結果としてそれを温存・助長してしまう，と非難されるのである。

3　法の支配との齟齬

　たしかに差異の政治は，これまでリベラルな法の支配論の視野に入らなかった差異やアイデンティティに関する諸問題に目を向けさせた点では，革新的・画期的な問題提起であったといえよう。それは，女性や少数民族に特有の困難について改めて再考する機会を与えたに違いない。ただ他方でそれは，たとえば弱い立場にいる集団を同定してそれらに特別な配慮を与えることは，かえってその集団に劣等性の"刻印"――スティグマ――「女性は家庭のなかで弱い立場にいる」など――を刻み込むことにはなりはしないか。さらに差異の政治の提案は，個人ではなく集団を基本単位とするために，法の支配の前提とうまく両立しない難点をも抱え込んでしまう。たとえば少数民族に対して集団的権利を与えることは，多数集団の文化支配から彼らを保護することができる反面，少数集団内部のメンバー個人に対し，特殊な教義を強要したり，居住地からの離脱を禁止

したりして，思想・信条や財産処分の自由を否定しはしないか。このように集団と個人とのあいだの権利関係をいかに調整するかは，すでに多文化主義のなかで取り組まれている課題である。逆にいえば差異の政治の批判は，リベラルな法の支配論が集団的差異の諸問題を取り込むことになれば，それらにどう折り合いがつけられるのかを考えるための格好の材料を提供しているといえるかもしれない。

VI　多様性と動態性の縮減

1　再帰的政治論からの批判

　リベラルな法の支配論は，政治的主張にもともと含まれていた多様な声や要求を捨てさったり，政治が行われる枠組みを事前に確定しておいたりすることについても非難される。それは，政治の場で繰り広げられる主張・発言や，対立・融合を繰り返す人々の関係を法的カテゴリーに当てはめることによって，それらが本来有していた多様で無際限なあり方を切り詰めてしまう。またそれは，政治的討論が行われる手続や条件を合意なしにはじめから確定し，それらをもはや変えられない不動の所与とすることによって，政治の場で扱うことのできる議題や範囲をあらかじめ限定してしまう。このように法の支配のもとに服せしめられた政治は，根本から骨抜きにされ，貧弱化され，沈黙させられる，というのだ。

　このような法の支配論への根源的批判を提起しているのは，再帰的政治（reflexive politics）論である。それはリベラルな法の支配論だけではなく，先述の公民的共和主義にも矛先を向けて，きわめて根源的な批判を展開している。代表的な論者はエミリオス・クリストドゥリディスであるが，彼に影響を与えたニクラス・ルーマンなどのシステム論の論者たちをも含めてよいかもしれない。再帰的政治論は，民主政論のなかでそれほど主流派ではなく，むしろ少数章といってもよい立場である。だがこれを最後に取り上げるのは，それがリベラルな法の支配論の反民主主義的な難点を最もはっきりと浮き彫りにしており，最も答えにくい問題を提起していると考えられるからだ。

　この立場では，民主政の再帰的性格が強調される。民主政は，いわば "恋

愛”のようなものだ。恋愛は，結婚が法律や契約によってきっちり定められる
のと対照的に，誰と付き合うかも，付き合いはじめも別れぎわも，２人の関係
のあり方や移り様も，すべて恋愛当事者が決める自由な関係だ。民主政も恋愛
と同じように，法や権利によって制限されることなく，政治に参加できる当事
者の資格，論争の開始・終了時期，参加者が訴えかけることが許される根拠，
決定までの手続など，すべての条件を政治参加者が自ら決定するものだ，とい
うのである。それは，法的に確定された与件に疑問を投げかけ，政治で扱われ
る対象や議題ばかりか，政治的対立のそもそもの根底にある概念の定義までを
も争いの対象にする。それは，政治が自己改訂できる可能性をつねに開き，政
治で用いられる言語の意味配置をいつでも組みかえることができる。政治にお
けるすべては政治において争われうる。民主政は，このように再帰的＝自己言
及的な意味によって定義されることができる，というのだ。

2　常軌化と脱力化

　この再帰的政治の立場からすれば，リベラルな法の支配論は，次のように批
判されることになる。法の支配は，政治が開始されるに先立って，紛争当事者
のあいだの視点や見方の相違を法的観点から整序して，彼らの対立しあう主張
を共通のコンセンサスのなかに丸め込み，彼らのあいだの敵対関係を無理やり
和解させる。あらかじめ用意された法的手続を通して，彼らを“訴訟当事者”
に当てはめ，もとは多様で不定形であった声や要求を法的権利の形に鋳直して
法の世界のなかで処理しやすいように扱う。すなわち政治が本来的に有する複
雑なもの・逸脱するものを，法の“型”にはめて単純化・常軌化してしまう，
ということだ。

　さらにリベラルな法の支配論が問題含みなのは，政治が行われる手続や条件
を事前に確定することによって，政治が扱うことのできる対象や議題を狭め
て，民主政から高度な統治問題や基本的な枠組みを争う余地や能力を奪ってし
まうことにある。つまり法があらかじめすべて決めてしまうと，政治に語りえ
るものが何も残されない，ということだ。たとえばロールズにおいて，現代の
多元的な社会をまとめるのは正義の構想であって，市民が参加する民主政では
ない，とされていたのであった。またドゥオーキンにおいても，法にインテグ

リティもたらす仕事はハーキュリーズ裁判官にのみ与えられる特権であるとされており，市民たちは法を遵守する道徳的責務を負っても，その仕事をじかに引き受けることはないのだ。しかしこのように政治で扱われる議題が狭められると，政治の暴走を食い止められても，政治が本来もっていた威勢を実質的に萎えさせてしまうだろう。それは，いわば法があらかじめ仕立てておいた“土俵”の上で相撲をとることを政治に求めているようなものだ。それでは，政治に参加する当事者が，個人が有する基本的な権利のリストに何を含めるべきか，あるいは国家の各機関の役割と権限は何かなどの憲法上の諸問題を扱えなくなる。そして何よりも，自由に社会の基本的枠組みを論じあい取り決めることができる，という再帰的政治のダイナミックなあり方を根本的に妨げてしまう，というのだ。

3　法の支配の全否定

　再帰的政治論は，ここまで紹介してきた民主政論のなかでも，最もラディカルで先鋭的な立場だ，と評してもいいだろう。なぜならばそれは，政治による／のための政治，言い換えれば“民主政の全面化”とでもいうべき議論を展開しており，法の支配の理念に真っ向から異議を申し立てているからである。たしかにそれは，法の支配が民主政のダイナミズムと抽象的・原理的には両立しがたいことを率直に指摘したものと評されるかもしれない。だがそれは，法の役割を一面的にしか理解していないとのそしりを免れないであろう。法は，たしかに訴訟当事者に生身の要求を権利などの法的言語に翻訳し裁判の内外で争うよう求めるが，それは効率よく論議できるように争点を整理したり，当事者間の実質的な力関係を均等化したり，最終的決定を蒸し返すことなく確実に実行するなど，肯定的な面があることも否めない。逆に，法の手続がなければ，議論の行き違いが起こって時間を無駄にしたり，知識や交渉力の圧倒的な差によって議論が歪められたり，敗者側が解決を不満に思って無視したりすることも起こりかねない。法は，これらの浪費やリスクを避けるために民主政の過程を適正化しようと一定の手続を定めているのである。再帰的政治論は，法と政治のあいだにある緊張を引き受けることなく，民主政の全面化によってそれを一挙に解消しようとしているかのようにみえる。

Ⅶ　法と政治のダイナミズム

上記の民主政論者たちから批判されているように，従来のリベラルな法の支配論は，民主政論者たちの提起する問題を十分に考慮してこなかった，といえるのかもしれない。法の支配の企ては，民主政との緊張関係につねにさらされている。民主政論からの批判は，法の支配論がいっそう鍛え上げられるための試金石を提供しているといえよう。法の支配論は，これらの批判を真摯に受け止め，自治や公徳心，民主的正統性，情念や対立の契機，差異やアイデンティティ，政治のダイナミックな性格などについて再考を求められ，法の支配が民主政とのあいだでどのような望ましい関係を保つことができるかを問われている。これらの批判を，どのように受け止め，切り返すことができるのだろうか？

□文献案内

カニンガム，フランク（中谷義和・松井暁訳）『民主政の諸理論——政治哲学的考察』（御茶の水書房，2004年）

川崎修・杉田敦編『現代政治理論〔新版〕』（有斐閣，2012年）

千葉眞『ラディカル・デモクラシーの地平——自由・差異・共通善』（新評社，1995年）

〈引用・参考文献〉

大森秀臣「法の支配と自己統治——ドゥオーキンとマイケルマンのアプローチを手掛かりにして」『法の理論21』（成文堂，2001年）

クリストドゥリディス，エミリオス・A（角田猛之・石前禎幸編訳）『共和主義法理論の陥穽——システム理論左派からの応答』（晃洋書房，2002年）

酒匂一郎「『差異の政治』とリベラリズム」」『法の理論16』（成文堂，1997年）

サンスティーン，キャス（大森秀臣訳）「共和主義の復活を越えて」キャス・サンスティーン（那須耕介編・監訳）『熟議が壊れるとき——民主政と憲法解釈の統治理論』（勁草書房，2012年）

サンデル，マイケル（金原恭子・小林正弥監訳）『民主政の不満——公共哲学を求めるアメリカ（下）公民性の政治経済』（勁草書房，2011年）

田村哲樹『熟議の理由——民主主義の政治理論』（勁草書房，2008年）

ムフ，シャンタル（千葉眞・土井美徳・田中智彦・山田竜作訳）『政治的なるものの再興』（日本経済評論社，1998年）

第**6**章

法の支配と政治的公共性

I　法と政治のディレンマとその避けがたさ

双方の立場からの応酬　法の支配の理念とそれに基づくリベラルな立憲主義，またそれらが想定してきた法の資格（リーガリティ）の概念に向けて民主主義・共和主義の擁護者たちがあびせてきた批判の多くは，それらが政治に対して不必要な制約を加え，民主政が本来もっているさまざまな可能性――人々が自ら自分たちの社会全体を運営し，作り替えていく能力と機会――を不当に狭めてしまっている，という点に集中している。たとえばそれは，いつ再検討を加え，変えてもよいはずのルールの一部を特権化して政治的討議の議題（アジェンダ）から隔離し，政治的決定を下す権限を一部の人々に独占させ，討議の参加者に対してはそこでのふるまい方――考え方や語り口，議論の手続，通用する理由など――にいくつもの窮屈な注文をつける。これらの制約は，人々の自由な意見表明の機会を奪い，政治への参加意欲や能力を削ぎ，政治的決定の民主的正統性を損なうだけではない。それはやがて法の無力さへの疑惑，それが圧政の手段となることへの反感とあいまって，法に対する人々の失望や不信，無関心を助長し，ついには法による社会運営の意義，法の資格（リーガリティ）という観念自体を見失わせ，法の支配の実現そのものを遠ざけてしまう恐れさえあるのである。

　もちろん法の支配を擁護する側にも反論はあるだろう。公共の秩序のあらゆる部分を政治によっていつでも修正できるようにしておくことは，単に社会秩序全体を不安定にするばかりか，その時々にたまたま発言力をもった者による力ずくの支配，多数者の専制への危険をふくらませることにもなる。たしか

に，誰ひとり不当な屈従を強いられることのない理想的な自治を実現するには，参加資格や議論の主題，過程，相互説得の方法にいっさい制約をおかない全面的な自由を保障し，"政治"にその本来の能力を発揮させよう，という最もラディカルな政治観をとる必要があるのかもしれない。しかしそれは同時に，権力闘争をエスカレートさせ，合意形成の努力をくじき，果てしない分裂や紛争をいっそう深めてしまう可能性，あるいは政治的敗者や少数派に対する差別や排除，抑圧を野放しにしてしまう危険をも抱え込むことになるのではないだろうか。その先にあるのは民主政の自滅，政治を通じた自己統治の可能性そのものに対する人々の幻滅と不信なのである。

　先述のとおり，リベラルな立憲民主制という統治の仕組みは，政治的秩序が従うべき超越的（前政治的・超政治的）な"お手本"の喪失という西欧中世末期の危機に直面するなかで考案された，応急の処方箋だった【→第4部第3章Ⅱ】。それは，一方では政治参加の可能性を人々に広く開放することで安定した政治的合意をつくりだし，これを土台に公共の秩序を築こうとする企てであり，他方では政治に一定の掣肘（せいちゅう）を加えつつ，現実の力関係に左右されてはならない普遍的価値（たとえば自然権）を守っていこうとする試みだった。つまり前者はあるべき社会秩序についての"正解"が見いだせないことを前提にした，暫定協定の探求としての性格を色濃くもっていたのに対し，後者は一定の"正解"を仮定したうえで，それを制度によって囲い込み，保持していこうとする志向をもっていたのである。リベラルな立憲民主制とは，これら2つの異質な制度原理の折衷の産物にほかならない。その限りにおいて，近代の統治システムのなかには法と政治（法の支配と民主政）のディレンマの種子がはじめから深く植えつけられていた，といわざるをえないだろう。

折衷が招くディレンマ

Ⅱ　課題の再設定

　ここに解決できない根本的な矛盾を認め，そこからまっすぐリベラルな立憲民主制というもくろみ自体の破綻を結論づけるのは難しいことではない。しかし理屈のうえでは挫折するはずだった試みが今日までなんとか続けられており

（それどころか拡大しつつある？【→第4部第2章I】），有望な代案が見いだされた
わけでも，支持されているわけでもないときに，その終焉や放棄を唱えるのは
やや性急なのではないか*。"乗りかかった船"に故障がみつかったときには，
別の船を探すよりも，まずは航行中の船の修繕可能性を見極めるのが冷静な態
度というものだろう。何より大切なのは，自分たちの船が完全無欠の状態だっ
たことは1度もなく，これまでの航行中ずっと行き当たりばったりの手直しを
重ねてきたのだ，という自覚を引き受けることだ。人は往々にして，既存の制
度をはじめから理想どおりにつくられた修繕無用の完成品であるかのように思
い込んだり，理想と食い違う実態をみて即座に致命的な欠陥のしるしだと決め
つけてしまったりしがちである。実際のところ，近代社会の形成と運営はこれ
まで一貫して長い過渡期のなかにあった。今日もこの先も，その点に大きな変
わりはないと考えるべきなのではないだろうか。

　＊そもそもある社会制度やその理念を説明し，正当化するための理論と，それらの制度や
　理念の実際のはたらきの描写とは，──完全には切り離せないにせよ──いちおう別のこ
　とである。一方の欠陥がただちに他方の破綻を意味するとは限らないし，一方の長所に訴
　えることで他方への批判をかわそうとするのも筋違いというべきだろう。ただし，実際に
　この種の混線を避けるのは難しい。CLSの主張のなかにはわざとこの区別の難しさを利用
　しているのではないか，と思えるものさえある。

　┌─────────┐
　│　残された課題　│　法と政治のディレンマを容易には解きがたいリアルな
　└─────────┘　課題として認めたうえで，なお"乗りかかった船"と
してのリベラルな立憲民主制を──その2本の支柱としての法の支配と民主主
義とを──，信頼のおけるものとして構想しなおすことができるだろうか。こ
れが最後に残された課題である。"政治"の潜在的な諸能力をなるべく損なわ
ない（できればそれを引き出すことに貢献しうる）法の支配の概念がありうるとし
たら，それはどのような形をとるのだろうか。あるいは，少数者や政治的敗者
の抑圧や排除に対するしっかりとした自制の能力を備えた民主政の概念を，そ
れに見合った形で構想するためには，どのような考察が必要なのだろうか。
　この課題に取り組むには，2通りの道を進む必要がある。1つは，実際にこ
の課題に応える法の支配の概念（そしてそれにふさわしい民主政の概念）を，おか
れるべき文脈と照らし合わせながら具体的に構想し，検討していくことであ

る。もう1つは，そのような具体的提案からは距離をおき，法の支配の企てと民主政の企てとが（緊張関係を保ちながらも）補強しあい，活力を与えあうために共有すべき理念を明らかにし，そこから諸々の具体的構想を導くための指針を捉えなおすことである。

Ⅲ　法の支配の政治的諸構想

1　「インテグリティとしての法」再考

> ドゥオーキンの真意

先にみたドゥオーキンの「インテグリティとしての法」の構想は，すでにさまざまな批判にさらされてきたものの，前者の試みの1つとして理解できる。というのもそこでは，(1) 法廷は単なる機械的なルール適用の場ではなく，つねに政治的裁判官による積極的かつ創造的な法の再解釈の場であることが強調されており，(2) インテグリティとしての法が実現する「真の共同体」のなかでは，政治社会のメンバーが各自の利害関心をつねにその政治的決定に反映できることが前提になっているからである。

ただし，ここまで繰り返し述べてきたように，ドゥオーキンは，特に (1) を説明するにあたり，あたかも1人の理想的裁判官が裁定に必要な法解釈作業をすべて単独でおしすすめるかのようにその過程を描写したため，しばしばその独断的で反民主的な側面が批判の的となってきた【→第4部第5章Ⅰ】。たしかに，ハーキュリーズを名乗る生身の人間が現実の法廷に現れて，これこそがここで下されるべき最善の結論なのだ，と自説を述べ始めたならば，その裁定の中立性や客観性に不審が生じるのは当然だろう。しかしながら，ハーキュリーズ裁判官は，あくまでも理論上の仮構──裁判の過程全体が成し遂げるべき仕事をわかりやすく描くために造形された説明の道具──にほかならない。ドゥオーキンの真意は，現実の裁判官に対し，1人きりでハーキュリーズのように考え，判断を下すように要求することにあったのではない。あくまでも彼の関心は，個々の事案に対する裁定を正しく導き出すためには何をどのように考慮しなければならないのか，司法機関が下す最終判断はどんな要件を満たしているときに正当といえるのかについての，理念上の見解を示すことにあった

のである。

**ハーキュリーズ裁判官
の制度化**

むしろ彼の議論の難点は，誰がどうすれば現実の司法
過程が全体としてハーキュリーズ的に——あたかも全
知全能の裁判官が指揮しているかのように——機能しうるのか，特にその制度
的条件についてはあまり多くを語ってこなかったこと，そして法にインテグリ
ティを与え，法の支配を推進する役割を，もっぱら司法機関だけに割り当てて
きたことにある（裁判所こそが法の支配の"最後の砦"だという発想は，決して彼だ
けのものではないが）。

　前者の欠点は，たとえば，ドゥオーキンの法概念にふさわしい裁判手続の構
想を通じて，補えるかもしれない。個々の裁定においてインテグリティを満た
した裁定が下されるためには，審理過程に訴訟当事者間の熟議的（または闘争
的）な議論をうながすルールが組み込まれる必要があるのではないか。また後
者の難点は，ドゥオーキンの法理論が主に米国における政府組織の構成や活動
実態を念頭におきながら練り上げられてきたことの反映である。当然ながら，
この発想が他の政治社会にもそのままあてはまるとは限らない。今後，いっそ
う多様な文脈における法の支配の役割と可能性とを探ってゆくためにも，米国
や西欧社会の政治文化や伝統だけを前提とせず，法のインテグリティを追求す
るその発想と手法の選択肢を，これまで以上に広げていくことが大切だろう。

2　法の支配の「強い構造的解釈」の試み

**井上の「理念化」
プロジェクト**

他方，法の支配と民主主義との緊張関係をより強く意
識しながら両概念の見なおしに挑んだのが，井上達夫
である（井上 2003：第2章）。彼はそこで，法と政治のディレンマを回避するの
ではなく，正面からこれを受け止め，乗り越えようとした。法の支配の諸要件
をどのように設定しなおせば，これを民主政が"多数派の専制"に陥らないよ
うに自らを導く，自己抑制の原理とすることができるのだろうか。また民主政
の過程を，法が外から一方的に規律するべき対象としてではなく，自ら法の支
配を体現し，これに積極的に寄与する，真に理性的で自律的な活動として鍛え
なおすことはできないだろうか。これがその問いかけである。

　井上の唱える法の支配の「理念化プロジェクト」は，法の支配論がこれまで

表6-1　法の支配の強い解釈と弱い解釈

法の支配の構造的原理	弱い解釈 ＝予見可能性・事前調整可能性の保障	強い解釈 ＝正当化を争う権利と法の普遍主義的正当化可能性の保障
法による授権がなければ立法者の権力は存在しない	「誰がどんな手続に従って立法するか」が明確にルール化されていること	授権規範が普遍化可能な形で正当化できること（世襲制・個人崇拝の排除）
法は立法者自身を拘束する	正規の改正手続によらない法改正の禁止	支配勢力内部の利権供与的立法や御都合主義的法改正の禁止，少数派に対する「反転可能性」のない差別・抑圧の禁止
法の一般性	規則的適用可能性	法令の正当化根拠の普遍化可能性
法の公開性＝秘密法の禁止	法令の公布要求	立法の正当化根拠に関わる審議過程の公開と立法資料の情報開示
……	……	……

出典：井上（2003），67頁より抜粋，一部表現を変更した。

抱えてきたディレンマへの反省——薄い形式的解釈をとれば政治的弱者・敗者に対する政治的排除や抑圧を食い止められず，厚い実質的解釈をとれば特定の超政治的な価値によって民主的な立法過程を縛りつけてしまう——に立ち，一般的な形式的解釈のなかから規範的含意を最大限にくみとることでこれを克服しようとする。それは，どんな内容の法であっても法である限り（まさに「法の資格」として）必ず抱かざるをえない最もベーシックな規範的理想を，「多様な正義観に通底する正義の理念」として捉えるところから法の支配＝法の資格の概念を解釈しなおそう，という提案なのである。

　　政府活動の
　　「正統性」を問う

このようなねらいのもと，井上は法の支配についての「強い構造的解釈」を提案する（表6-1）。その内容は，ハートやフラーの提示してきた形式的諸要件を手がかりに，そこにより実質的な規範的要求を読み込むことによって明らかにされる。法の支配の形式的諸要件は従来，政府の組織や任務を明確で一般性のある規律のもとにおくことでそのふるまいを予測しやすくすること，そしてこの安定した予測をもとに市民が互いの行動を自律的に調整しやすくするところにメリットがあると考えら

れてきた。これに対して井上は，これを人々が政府活動の（規則的安定性ではな
く）正統性を問いただし，かつ民主政に参加する人々が互いの政治的主張の正
しさを吟味するための試金石，あるいはそれをうながす触媒として読み替えて
ゆく。ここで法の支配は，単に人々の活動をルールに従わせることをめざす試
みではなく，人々が自分たちの相互行為を自ら正統なルールに従わせるための
試みとして再定位されているのである。

　この観点からは民主政もまた，一定の自己抑制と自己規律を伴う過程として
捉えなおされる。法の支配の原則は，政治的討議に参加する人々にも，つねに
自他の主張を正義理念に基づく公共的正当化の可能性——論敵と立場を入れ替
えてもその主張を擁護できるかどうか（「反転可能性」）——に照らして吟味す
ることを要求するのである。たしかに，すべての政治参加者にこのような理性
を要求することについては，民主主義の擁護者から，かえって人々の政治参加
を妨げ，集団的自律の可能性を切り詰めることになる，との批判を招くかもし
れない【→第4部第5章Ⅳ】。しかし，井上のいう正義理念が市民間ですでに無
理なく共有されている社会であれば，そもそも民主政を外から一方的に指導す
べき野蛮な権力闘争とみなす必要もないのではないか。むしろそれは，理由に
基づく相互の説得の応酬という形をとることで，それ自体が法の支配（むしろ
「理性の支配」？）の推進に貢献するはずである。ここで法の支配の原則は，民
主的な熟議と決定の過程を内から——参加する当事者の自覚的な選択と加担を
通じて——規律し，形成するはたらきをもつことが期待されているのである。

3　法の支配と民主政の共通理念へ

「法の支配」の再解釈
から何を学ぶか

法の支配・法の資格の概念を再解釈するドゥオーキン
や井上の企てからは，2つのことを学ぶことができ
る。まず彼らの考察は，「法と政治のディレンマ」は法の支配と民主主義（あ
るいは「法」と「政治」）のどちらか一方を優先し，他方をそれに従わせれば克
服できるという性質の問題ではない，というはっきりとした洞察のもとに進め
られている。これら2つの原則は，どちらもリベラルな立憲民主制を支える不
可欠の柱でありながら，片方だけがやみくもに追求されたときには，自ら掲げ
た理想を裏切ってある種の専制や抑圧・排除を引き起こしかねない危うさを抱

えている。この体制をこの先も統治の枠組みとして維持していくのであれば，これらの不完全で互いに異質な統治原則を折衷的にかけあわせ——あるいは有機的に統合して——，その弱点を相殺しながら指針を見定めていくほかないのである。

　もう1つの示唆は，この折衷のあり方について，あらゆる時代，あらゆる政治社会にあてはまる唯一の解答はない，したがってそれ自体を，政治を通じ，文脈に即して選んでゆくほかない，ということである。立法に対する司法審査をどこまで認めるべきか，どの権利に憲法的な地位を与えるべきか，政治の過程に"理性的"な性格をもたせるにはどんな制度上の枠組みや手続が必要か，あるいは市場をはじめとする私法秩序の安定した保障に重点をおくべきなのか，むしろ恒常的な格差是正政策を通じて市民の政治参加の能力と機会の実質的な拡大と均等化を図るべきなのか。リベラルな立憲民主制の枠内でどんな統治の仕組みと方針とを選ぶべきかについての判断は，たとえそれがめざすべき理念を特定できたとしても，当の政府の諸機関が現に備えている能力だけでなく，その社会の規模や歴史，経済状況，階層構造や言語・文化的な構成，教育水準，政治的関心等々のさまざまな要素によって大きく左右される。法の支配と民主政の望ましいバランスのはかり方は，文脈しだいでさまざまな形をとり，あらかじめ1つの定型に収まるようなものではないのである。

立憲民主制の適応能力　その意味でこの折衷性は，解消されるべき矛盾であるどころか，この統治システムの適応能力の証でもある。リベラルな立憲民主制が今日まで存続し，それを生んだ文化や伝統とは縁の薄い地域にも受け入れられてきたことの背景には，その大枠を崩すことなく，文脈に応じて統治の仕組みや方針を柔軟に組み替える，この柔軟性があったのではないか。そうだとすれば，この体制は自身を見失うことなくどこまで自らを変容させることができるのだろうか。法の支配と民主政の組み合わせ，あるいはそれぞれの解釈には，どれだけのヴァリエーションがありうるのだろうか。リベラルな立憲民主制のもつ可能性については，過去の議論の蓄積と各々の政治社会が今日おかれている文脈的諸条件の精査を通じて，これまで以上にふところの深い考察を進めることが求められているのである。

　もちろん，この柔軟性はまったく無原則で融通無碍なものであってはならな

いだろう。リベラルな立憲民主制がどれほど多彩な姿を示しえたとしても，その本来のもくろみを挫折させないためには手放すことのできない理念，さまざまな変容可能性の要に据えられるべき生命線となる理想が存在するはずである。法の支配はもちろん，民主主義もまた，統治機関とその活動に対する一定の規範的規律をめざす考え方だったことを忘れてはならない。ここに，法と政治のディレンマを前提にした，法の支配概念再解釈のための第2の課題がおかれているのである。

Ⅳ　何のための法の支配？　何のための民主政？

1　"人の支配"の受容と規律

"お手本"なき時代
の統治理念

　実はこの課題の半分はすでに解決ずみである。先述のとおり【→第4部第3章Ⅱ・Ⅲ】，中世の終焉以降のあらゆる法の支配論にとって，統治の営みが独善的で一方的な支配，暴力的な専制に陥らないこと，恣意的な「人の支配」による平穏の破壊と不正の横行に歯止めをかけることこそが，その出発点におかれた共通の理想だった。「『神』や『自然』が人間社会の"お手本"を示してくれるわけではないのだから，人間の社会秩序の形成と運営は人間が自ら担うほかない」という断念を含んだ洞察が最初にあり，「人間が間違いうる存在である限り政府の活動は暴走と破綻の可能性をいつもはらんでおり，『現に通用している法』のすべてが法の資格を満たしているとは限らない（その社会が『本来あるべき法』に即して運営されているとは限らない）」という認識がそれに続く。古典古代以来の自然法論的な「法の支配」観を編みなおし，被治者が統治者に権力を託して服従を約束するための諸要件を「本来あるべき法」の核心として囲い込み，保持していこう，というアイディアは，"お手本"が失われた時代における統治の規律という難題と向きあうなかで形づくられてきた。近代的な意味での法の支配＝立憲主義の思想をこれまで一貫して導いてきたのは，人為的統治の不可避性とその可謬性の認識，そしてその批判的規律の希求だったのである。

　しかし，民主的な自己統治への要求も，もとをただせば同じ認識と動機を分かちもってきたのではなかったか。民主主義の思想が，統治とは人と人との政

治的な取引と交渉，議論と相互説得の産物以外の何物でもない，という自覚（超政治的な価値秩序という観念そのものの断念／拒絶）から生み出されたものであることはいうまでもない。だがそれに加えて，それが絶えず人々の政治参加の拡大を要求し続けてきたことの背景には，被治者の声に耳を傾けない統治者がしばしば自身の独善的な絶対化に陥ることへの危惧があっただろう。そのゆがみを正すには，なるべく広く多様な視点からの批判や要求が必要だと考えられた。その意味で，法の支配論と民主主義思想とは，政治的作為を通じた統治権力の確立とその恒常的な規律可能性の追求という同じ1つの動機を共有してきたのである。

| アプローチのちがい | ただし民主主義の思想は，その先，法の支配の理論とはやや異なる道を歩んだ。後者が主に政府の暴走を予 |

防し，抑制するための制度の考案という方向に進んだのに対し，民主主義思想は政府のふるまいに対する被治者の理解と加担の保障を第一に考えたのである。統治者と被治者の分離をやわらげ，より多くの人々の自発的な合意と選択に統治を従わせることは，その過誤や暴走を食い止めてくれるわけではないが，試行錯誤の過程そのものや，そこに伴う損失や弊害への反感や抵抗をやわらげるだろう。法の支配の概念が一貫して「たとえ最悪の人物が統治権力を握ったとしても，それが招く害悪を最小限に抑えられるように備えておこう」という発想に立ってきたのに対し，民主政の理論は「統治が成功するにせよ失敗するにせよ，そのふるまいを被治者自身の合意に沿わせることで，人々から受け入れられ，支持されやすいものにしよう」という考えをその軸としてきたのである。

2　公共性という理想とその政治的創出

| 批判可能性としての公共性 | ここからみれば，本当に大切なのは法の支配や民主政の達成それ自体ではない。統治に過誤と独善はつきも |

のだ，という自覚が社会のなかから失われないこと，その悪弊を抑えるための抵抗と工夫の余地がすべての人に開かれていること，それこそがリベラルな立憲民主制が抱いてきた，最もつつましい，しかしその生命線を支える願いなのである。

　もう少しシンプルにいいなおすなら，この願望は，統治という試み，とりわ

け政府の活動とその方針の全体を“公共性”の観点から検証し，規律していくことへの希求として受けとめることができる。法に基づく統治，人々の政治参加に支えられた統治を，安直な軽信と絶望の両方を避けながら慎重に進めていくには，政府の選択と判断につきまとう独善性が，どんな人の視点からでもつきとめられ，正されうるものでなければならない。近代以降の法思想，政治思想のなかで公共性という言葉に託されてきたのは，本来，このような統治権力に対する批判可能性を，すべての被治者に提供していくことだったのではないだろうか。

「政治的公共性」
とはなにか　一般に，あるモノや場所，制度や機関，見解や利益が公共的（パブリック）であるということは，まずそれが特定の個人や集団によって独占されておらず，あらゆる人のアクセスに開かれているということであり，また誰がそれを利用しても，それによって別の人の享受が妨げられないということを意味する（それぞれ「非排除性」「非競合性」と呼ばれる）。私たちの身のまわりには，大気や太陽の光のように，人がはたらきかけなくても最初から公共性を備えているものもあるが，公園や道路のように，人の活動によってはじめて創りだされ，公共性を与えられるものもあるだろう。しかしいずれの場合でも，公共性の概念はつねに利害関心や世界像，価値観を異にしている複数の人々の存在を前提にしている。これらの人々のあいだに葛藤や競争，協調や協働といった相互の関係が形づくられるとき，そのような新しい諸関係の形成を支えているのが公共性のはたらきなのである*。

＊ある草野球チームのなかに，練習や試合そのものを漠然と楽しみにしている者と，大会で優勝を狙える強いチーム作りをめざす者，練習後の歓談だけを目当てに参加を続けている者がいりまじっている場合を考えてみよう。彼らはおそらく，試合の戦術，練習の方法や日程，公式大会への参加不参加，会費の金額やその用途，果ては野球に対する姿勢をめぐってなにかと衝突を繰り返すだろう。だがもし，個々の決定がつねに「このチームで野球を続ける」ために下され，受けいれられている限りは，「このチーム」や「野球」はこのチームのなかである公共的な役割を果たしているといえる（「野球そのものを楽しむ」ことと「チームを強くする」こと，「メンバー間の親睦を深める」こととの相関性が見いだされたときにはなおさらである）。これらの観念は，このチームを（仮の主体にして）公共的に運営していくための場，1人ひとりの見解が他のメンバーに示され，検討されることをうながす共通のテーブルのような役割を果たしているのである。

　いうまでもなく，統治にとって大きな意味をもつのは人為的な公共性の一種，人々の協働的な作為と負担を通じて意図的に創りだされ，維持される必要のある，政治的な公共性である。統治が公共的な＝批判可能な仕方で営まれているといえるためには，まず政府の選択や判断がその社会の構成員の誰からも受け入れられ，援用できる理由に基づいていること，そして誰にもそのことが確かめうるものでなければならないし，またその過程や決定が，特定の個人や集団を根拠なくしめ出したり，優遇したりするものであってはならないはずだ。こうして公共性は，世界観・価値観やライフスタイルの同質性に頼って秩序を構想することが難しい社会であるほど——前政治的な "お手本" が成立しにくい社会ほど——，その紐帯と秩序に基礎を与える役割を担うことになるのである。

3　公共的統治への 2 つの経路

　このような理解を通してみれば，現代の法理論もまた，統治の公共化という課題にさまざまな経路から近づこうとしてきたことがわかる。

> **多様な「法の資格」論，民主制論の意義**

諸々の規範や指図のなかから「法」とそうでないものとを見極めるのは統治者の身勝手な断定ではなく（それ自体が法体系の一部となる）ルールの役目だ，というハートの洞察や，人々が政府のふるまいに振り回されずに自分たちの日常生活を自律的に営んでいくには，そこに透明性と安定性をもたせることが不可欠だ，というフラーの主張のなかには，統治機関内の役割分担があやふやでないこと，統治活動の規律基準があまねく知られていることこそが統治の批判可能性＝公共性の前提だ，という考え方を認めることができる。また，政治社会の構成員全員を対等の存在として扱うことを通じて法に一貫性と整合性をもたせ，政治社会に「真の共同体」としてのまとまりを与えようとするドゥオーキンの企てや，どんな政治的主張も普遍化可能性のテストを免れない，という原則のもと，正当化を競いあう真率な相互説得の闘争だけが法にその資格を与えるのだ，と説く井上の議論は，政府活動の正しさを問いただすという実践を積み重ねていくことなしに公共的な統治はありえない，という信念に導かれて展開されてきたのである。

　他方，第 4 部第 5 章で紹介した民主主義からの法理論批判もまた，統治の公

共化への関心と無縁ではありえない。共和主義や熟議民主主義の見解——政治的討議に加わることを通じて市民自ら公民としての徳性を育み，発揮していくべきだという主張——を支えているのは，法制度による政府の規律だけに頼っていると統治の公共性は画餅に帰する恐れがあり，むしろその過程に関心をもち，能動的にかかわっていこうとする市民の意欲や活動こそがその内実を満たすのだ，という見方だろう。また政治参加の量的・質的拡大を求める熟議民主政論や差異の政治，再帰的政治の議論は，法が現実の政治を"本来あるべき姿"の規矩に従わせようとするあまり，特定の主題や見解，姿勢や語り口を政治的討議・闘争の場から追い出してしまうならば，その統治はむしろ公共性を失って独善的な暴力に近づくだろう，と警告してきたのである。

4　公共性への希求が生まれるところ

公共性を求める普遍的動機　　法の支配と民主政の諸理論が今日までに示してきたさまざまな統治形態のあいだの優劣——どれが統治の公共化に役立ち，どれがその妨げになるのか——については，その社会のおかれている歴史的・文化的環境や抱えている課題に応じ，一通りでない答え方がありうる。おそらくこのあやふやさと柔軟さこそが，近代以降の統治に普遍的な"お手本"はない，ということの内実なのである。したがってまず大切なことは，統治の独善性の除去＝公共化の追求というリベラルな立憲民主制の軸をゆがめないようにしながらも，それに近づくための選択肢をこれまで以上に増殖させてゆくことだろう。そのなかからどれを選び，どのように実現していくかは，各々の社会における現状の把握をまじえながら個別に進められるべき，その次の課題だというべきである。

　ここでは紙幅の都合もあり，この方向に考察を進めることは控えたい。その代わりに最後に問うておきたいのは，むしろそのずっと手前にある疑問，人が統治に公共性を求める，その動機はどこから生まれてくるのか，という問いである。なぜ私たちの社会の運営は公共性をめざさなければならないのか。どのような事情によって，統治のなかの独善性，その問答無用の暴力性を解除するための努力が必要になるのだろうか。このような問いが普遍的な切実さを失ってしまうならば，法の支配や民主主義の理念の自己目的化，リベラルな立憲民

主制の形骸化を避けることも難しくなると考えられるからである。

> **政治文化に即した課題のちがい**

「本来あるべき法」と「現に通用している法」──あるいは「政府が本来果たすべき役割」と「現に進められている統治」──とのあいだにはいつも越えがたい溝がある，という発想に長く親しんできた人々にとって，これはわざわざ問うまでもない愚問に違いない。その政治風土（たとえば西欧の）のなかでは，統治の公共化への願いははじめから万人に共有されているはずのものだからである。ただし，その根拠が本当に普遍的なものとして捉えられているとは限らない。むしろ公共性への希求を当然視する文化に囲まれてきた人々は，それが一定の条件のもとで獲得されたり失われたりする可能性があることを，想像の外においてきたのではないだろうか。そんな人たちにとって，リベラルな立憲民主制の基礎は結局のところ自分たちの政治文化に深く規定されており，これを異なる風土のなかに移植する際にはその仕組みや理念の受け入れを強要するか，自分たちの政治文化そのものをもその社会に移植するほかない，という対応を是認することになるのである。

　他方，そのような発想自体になじみのうすい社会では，別の問題が生じてくる。たとえば日本に暮らす大多数の人にとって，政府とそのふるまい（だけ）を無条件に公共のものとみなし，社会をそのまま国家と重ねて捉える習慣は，ほとんど疑われることのないものである。そのような人たちのなかから，自分たちの政府が実際に公共的な役割を果たしているかどうか，現行法が本当に法の資格を満たしているかどうかを疑い，一定のルールや原則に照らしてそれを検証し，規律していこうとする姿勢は生まれにくいだろう。このような風土のなかで，「法の支配」や「民主主義」をはじめとする諸々の政治的理念が，どこか疎遠でしらじらしいスローガンにしかならなかった──期待と信頼どころか，まじめな失望や懐疑の対象にさえならなかった──のは，当然のことだったように思える。これはおそらく，リベラルな立憲民主制を公共的な統治のための仕組みとして受け止めなおすことを怠ってきた社会に特有の病弊だろう。この体制（または法の支配や民主主義といったその規制理念）はもともと，“お手本”のない世界で途方にくれた人々がその危機を乗り越え，社会をあらたな形で存続させるために構想してきたものだったはずである。ところが多くの後発

近代化社会では，しばしばこれを無条件に受け入れるべき "お手本" とみなす
倒錯を犯しつづけてきたのである。

5　問いとしての法の資格^{リーガリティ}のために

> 法哲学の役割

"法の支配" や "民主主義" といった理念，あるいは
"リベラルな立憲民主制" という統治体制が，あたか
もすべての社会が見習うべき出来合いの "お手本" のように扱われてしまうな
らば，どんな政治理念も，（公式^{オフィシャル}の旗じるしになることはあっても）公共的^{パブリック}な理
想として思い描かれる余地を失ってしまうだろう。だからこそ，「なぜ公共性
なのか？」「なぜ統治の独善性は解除されねばならないのか？」という問いは，
西欧の伝統のなかで育った人にとっても，別の伝統のなかで育った人にとって
も，避けることのできない問いなのである。この問いをそれぞれにふさわしい
仕方で問い続けることだけが，リベラルな立憲民主制や法の支配，民主主義と
いった理念がそれ自身の理念性を裏切り，血の通わないドグマとなって——統
治者から被治者に，多数者から少数者に，先行世代からその次の世代に——独
断的に押しつけられることを防いでくれるのではないだろうか。

　法哲学の最も重要な仕事の1つは，これらの問いを新鮮かつ切実な問いの形
に更新しながら社会のなかに保っていくことだろう。社会契約説を持ちだすま
でもなく，政府の成立条件やその正統性／正当性を問うことは，このような所
与としての政府のあり方をいったん想像のなかですべて解体し，いわば "検
算" するようにこれを初志に戻って組み立てなおしてみることなのである。

　法の支配・法の資格という理念は，いまでもなお（あるいはむしろ今だからこ
そ），統治のための公式の解答であるばかりでなく，公共的^{パブリック}な問いである必要
がある。たしかに，現実の統治を進めるためには，法とは何か，法が法の資格
を満たすためにはどんな条件を満たしていなければならないのか，という問い
にそのつど公式の解答を与えていく必要があるだろう。しかしそれをもう1度
公共的^{パブリック}な問いに引き戻して考えなおす気風と習慣が保たれていなければ，現実
の統治はいつでも無自覚なまま独善の沼に足をとられてしまうにちがいない。
法哲学は，法とは何か，法の資格とは何か，という古くからの問いを，まるで
いまここではじめてつかまれた新鮮な問いであるかのように問うための技芸の

倉庫である。より深く疑うことができた人だけが，より強く信じることができる。その意味でこの問いは，すべての人を法の世界の入口に立たせると同時に，その探求の最後の目的にもなっているのである。

□文献案内
井上達夫『立憲主義という企て』（東京大学出版会，2019年）

〈引用・参考文献〉
井上達夫『法という企て』（東京大学出版会，2003年）

◇コラム5　民主主義と共和主義

　民主主義と共和主義は，漠然と同一の立場を意味する言葉として認識され，明確に区別されないまま混同されてきた。それらはいずれも，「反王制」を意味する立場として受けとられてきた思想史的経緯もあって，ほぼ互換的に使用されるようになったいきさつにも理由がないわけではない。しかし元来，民主主義は古代ギリシャ語の「民衆の支配（デモス・クラティア）」が語源であり，共和主義は古代ローマの言語，つまりラテン語の「公的なもの（レース・プーブリカ）」に起源があって，それぞれの出所は異なっている。ではこうした歴史的由来と経緯を踏まえるときに，これら2つの主義のあいだにはどのような概念的な異同や関係があると捉えることができるだろうか。

　民主主義（デモクラシー）の方は，日本語では民主主義と訳されることが多いが，英語のdemocracy が示す通り「-ism」という語尾をもたず，実はそれ自体で「主義」を表していない。それはむしろ，正義や自由や平等などと同じように目指されるべき「理想」や，原意の「民衆の支配」をどのように解釈・理解するかという問いに開かれた抽象的な「概念」であるといえる。第4部第3章にてさまざまな民主政論を取り上げたが，これらの立場の多様性は，デモクラシーという概念をめぐる解釈の違いに由来するといってよい。本書では共和主義もまたそれらの民主政論のなかの1つの立場として紹介したが，それはデモクラシー概念を自治や公徳心を表すものとして解釈した，デモクラシーの自治的ないし徳治的構想と呼ぶことができる。すなわちデモクラシーは，共和主義がめざす1つの理念であり，共和主義による解釈の焦点・対象となる抽象的概念だということだ。もし自治や公徳心がデモクラシー概念の多様な含意のうちのごく一部だとすれば，共和主義はデモクラシー概念から派生した見解の1つだ，ともいえるかもしれない。

　他方で共和主義は，伝統的に自治や公徳心に関心をもつ古来の立場だといわれてきたが，近年の思想史研究では，その独特の政体論によって特徴づけられてきている。すなわち共和制ローマにおける執政官（たいていは2名であったが）・元老院・平民会のように，君主（一者）・貴族（少数者）・民衆（多数者）がそれぞれ国家の主要な権限を部分的に担い，権力の独占・集中を避けるように，それぞれが相互に牽制しあう混合的な政体である。この共和政体においてデモクラシーは，民衆の支配として，君主の支配や貴族の支配と並ぶ1つの国家の「統治部門」として組み込まれており，重要な役割を担っているといえる。だがその反面，君主制が僭主制へ，貴族制が寡頭制へ堕するように，民主制もまた衆愚制へ堕落することもありうるとの危惧から，共和主義はこれに対抗するために，むしろ元老院のように高貴で有識な尊敬される少数の人々の判断を重視することも実際かなり多かった。デモクラシーの論者たちから，共和主義はエリート支配を擁護する立場だとして毛嫌いされがちな理由は，この辺の事情からきている。要するに，共和主義はデモクラ

シーを1つの統治部門として位置づけながらも，デモクラシーの堕落にも警戒的だという微妙な位置関係にある，ということである。

　以上のようにこれら2つの関係を説明することができるとすれば，デモクラシーは必ずしも「民主主義」ではなく「民主政」などと別様に訳して，共和主義という思想的立場とはレベルが異なる「統治形態」や，解釈に開かれた「概念」を意味する言葉として慣例的に用いるようにした方が，無用な誤解や混乱を引き起こさずにすむかもしれない。

◇コラム6　遵法責務論と悪法論

　私たちがふだん，「法を守る」理由はさまざまだ。刑罰や社会的制裁が怖いから，そうした方が得だから，周囲の人が皆そうしているから，指図の内容が正しいと思えるから……。しかしこれらの理由とは別に，法は，どんな内容であろうと，また当人にとっての損得とは関わりなく，法であることだけを根拠にこれを尊重し，遵守しなければならない，と信じる人もいるかもしれない。

　法に対する内容独立的で道徳的な服従の義務が本当にありうるのかどうか，ありうるとすればそれはなぜなのかを問うてきたのが，遵法責務（遵法義務）論だ。たとえば，ある税制が新たに導入されるにあたり，これが実施されれば自分にとって不利益でしかないし，その内容にも重大な不備，不公平があったとする。そのような場合でも，いったんそれが法制度として成立すれば，自分にはこの法が求める通りに税を納める義務があるし，誰かがこの納税を免れようとすれば道徳的に非難できる（その人は人として間違ったことをしている），といえるだろうか。あるいは，不正な侵略戦争を始めた政府が，新たな法を定めて国民に協力を求め，徴兵に応じることを要求してきた場合にはどうだろうか。

　漠然と「法は守るべきもの」と思い込んできた人のなかにも，そういうふうに聞かれるとためらう人がいるかもしれない。あるいは，なぜそうしなければならないのかと問われると，当惑する人も多いのではないか。

　この種の疑問を徹底的に煮詰めると，「悪法も法か──道徳的に間違った内容をもつ法に従う道徳的義務は存在するのか」という問いになる。これは伝統的に「悪法論」と呼ばれてきたもので，西欧の法思想史上最大の難問の1つに数えられる。またこの問いは，「不正な政府に服従する義務はあるか」という形で政府の正統性，国家への忠誠義務の有無と根拠を問うことにもつながる点で，政治哲学にとっても最も重要な問い（「政治的責務論」）の一部を担う問いだともいえる。

　この問いを，文字どおり身をもって問いかけたのがソクラテスだ。彼は，若者たちを欺き神々への不敬をはたらいたという嫌疑で裁判にかけられた際，長々と自己の正当性を説き，無罪を主張した（『ソクラテスの弁明』）。ところが死刑判決を受

けて収監されたところに友人が駆けつけて逃亡をすすめると，またも理路整然とその間違いを指摘して裁判の決定に従うべき理由を示したのである（『クリトン』）。

　その後実際に彼はみずから毒杯をあおいで刑に服したといわれるが，ソクラテスはいったいなぜ，自分自身が不正だと信じる法（この場合は裁判の判決）に従わねばならないと考えたのだろうか。ソクラテスが友人クリトンに示したのは，次の5つの根拠である。

(1) 自分の逃亡は法と裁判の無効化を促し，この国の存立を脅かす（帰結）

(2) 自分はこの国の市民として生まれ，生活してきた（帰属）

(3) この国は自分に生を授け，養育し，さまざまな恩恵をもたらしてきた（受益）

(4) 自分はこれまでこの国の法に従うことに合意してきた（合意）

(5) 何人たりとも正義にかなった政治体制・法を侵害することは許されない（正義への義務）

　ソクラテスはこれらの根拠を擬人化されたアテネの「国法」の口を借りて語っており，彼自身が本心からそう信じていたのかどうかははっきりしない。しかし興味深いことに，これら5つの根拠は，その後の西欧思想史における遵法義務論をほぼ先取りしてしまっているところがある。その意味でソクラテスの論は，今日なお，遵法義務論の原型としての位置を占めているといえるだろう。

　そこで，上の5つの根拠に則して今日の遵法義務論の諸潮流を整理してみよう。

　近代の法・政治思想が最も重視してきたのは合意論である。社会契約説の説くとおり，生まれながらにして自由かつ平等な存在としての個人に義務を負わせることができるのは，当の個人がその要求を自発的に受け入れた場合のみである。したがって，法に従う義務は，その法それ自体に各人が合意した場合か，その法を生み出した立法手続に各人が合意していた場合にだけ，成立することになる（近年この立場を詳しく論じたのは A・ジョン・シモンズである）。

　しかしながら，ヒュームをはじめとする多くの思想家は，このような社会契約が歴史的には存在してこなかったことを指摘して，これによる遵法義務の正当化は不可能だと論じてきた。この批判に応えて近年しばしば唱えられてきたのが受益論である（最初に唱えたのはハートであり，またロールズもその発展に寄与した）。それによると，ある法やそれを生み出した統治体制（国家）の存在に実際に合意したかどうかにかかわらず，その法，あるいはその統治体制から一定の利益——平和・平穏や経済的な繁栄・発展，文化的な保護など——を得ている者は，この共同事業の存続のため，「応分の負担」を負わねばならないのであり，法に従うことはまさにこの「応分の負担」の1つなのである。

　この「応分の負担」を拒んで利益だけを得ることがアンフェアな「ただ乗り」にあたるとされることから，この議論はしばしば「フェアプレイの義務」論（公正論）と呼ばれてきた（近年の主な論者にはジョージ・クロスコがいる）。しかし注

意深くみるならば，この議論は単なる受益論だけにはとどまらない，いくつかの論拠の組み合わさった複合的な性格をもつことがわかるだろう。

第1に，「応分の負担」としての遵法の義務を果たさなければ，その法あるいはそれを生み出した統治体制の存続を脅かすことになる，という主張は，ソクラテスの「帰結」論にあたる。この主張の疑わしさは，真夜中の人通りの絶えた交差点で信号無視をすることが，交通法規や統治体制の崩壊をもたらすわけではない，という例を考えれば明らかだろう。

第2に，合意のない受益が即座にその存続のための「応分の負担」への義務を生むわけではない——たとえば，見知らぬ人から一方的に贈り物を与えられてもそれに応じるべき義務が生じるわけではない，とノージックは主張する——，ということを考えると，この「応分の負担」への義務の根拠を別のところに求める必要が出てくるかもしれない。1つは，「自分に利益を与えてくれる活動への協力義務は，その活動そのものに賛同して自発的に参加する，という契機がなければ生じない」と考える方向で，これは合意論に引き返すことにほかならない。

もう1つの方向は，「（自発的に参加したわけではない）共同事業のなかで同じメンバーとして認められ，実際に尊重されてきた人は，他のメンバーとのあいだに相互尊重と連帯の義務を負うことになる」と考えるものだ。たとえば第4部第4章Ⅱ2で紹介したドゥオーキンの議論は，この種の「帰属」を基礎にした遵法義務論だといえる。

またさらに，たとえば強盗団の活動から利益を得た人が強奪行為に協力する義務を負うわけではないことからもわかるとおり，この共同事業自体が不正なものならば受益は「応分の負担」への義務を生まない。この点を重視すると，「応分の負担」への義務の根拠になるのは共同事業の正しさだ，ということになるかもしれない。ロールズは『正義論』のなかで，正義にかなった体制を創出し，維持する義務が万人にあることを主張したが，これは上述の「正義への義務」論の代表例である。

他方，これらさまざまな議論が展開されてきたにもかかわらず，遵法義務の存在には懐疑的な議論も根強い。結論はどうあれ，懐疑論も含めた多様な遵法義務論に触れ，それぞれの説得力を確かめることは，単にアカデミックな机上の課題ではなく，自分の社会や国家，その「法」をどう理解し，それらと自分の関係を問いなおすというきわめて実践的な意義をもつはずだ。より詳しくは，横濱竜也『遵法責務論』（弘文堂，2016年），瀧川裕英『国家の哲学——政治的責務から地球共和国へ』（東京大学出版会，2017年）を読んでいただきたい。

著者紹介 (執筆順，＊は編者)

＊那須耕介 (なす　こうすけ)　　　　京都大学大学院人間・環境学研究科教授
　　　　　　　　　　　　　　　　　　第1部第1・2章，第4部第1-4・6章，コラム6

　松島裕一 (まつしま　ゆういち)　　摂南大学法学部准教授
　　　　　　　　　　　　　　　　　　第1部第3・4章

　髙井裕之 (たかい　ひろゆき)　　　大阪大学大学院法学研究科教授
　　　　　　　　　　　　　　　　　　第2部第1章，コラム1

　松尾　陽 (まつお　よう)　　　　　名古屋大学法政国際教育協力研究センター教授
　　　　　　　　　　　　　　　　　　第2部第2章

　浅野有紀 (あさの　ゆき)　　　　　同志社大学大学院司法研究科教授
　　　　　　　　　　　　　　　　　　第2部第3章

　仁木恒夫 (にき　つねお)　　　　　大阪大学大学院法学研究科教授
　　　　　　　　　　　　　　　　　　第2部第4章

　近藤圭介 (こんどう　けいすけ)　　京都大学大学院法学研究科准教授
　　　　　　　　　　　　　　　　　　第2部第5章，コラム2

＊平井亮輔 (ひらい　りょうすけ)　　名城大学法学部教授
　　　　　　　　　　　　　　　　　　第3部第1章

　伊藤　泰 (いとう　やすし)　　　　北海道教育大学教育学部函館校教授
　　　　　　　　　　　　　　　　　　第3部第2章，コラム3

　植木一幹 (うえき　かずもと)　　　関西学院大学法学部教授
　　　　　　　　　　　　　　　　　　第3部第3章

　玉木秀敏 (たまき　ひでとし)　　　大阪学院大学法学部教授
　　　　　　　　　　　　　　　　　　第3部第4章

　宮崎真由 (みやざき　まゆ)　　　　玉川大学リベラルアーツ学部准教授
　　　　　　　　　　　　　　　　　　第3部第5章，コラム4

　大森秀臣 (おおもり　ひでとみ)　　岡山大学大学院社会文化科学研究科教授
　　　　　　　　　　　　　　　　　　第4部第5章，コラム5

αブックス

レクチャー法哲学

2020年10月30日　初版第1刷発行

編　者　　那須耕介・平井亮輔

発行者　　田靡純子

発行所　　株式会社 法律文化社

〒603-8053
京都市北区上賀茂岩ヶ垣内町71
電話 075(791)7131　FAX 075(721)8400
https://www.hou-bun.com/

印刷：㈱冨山房インターナショナル／製本：㈱藤沢製本
装幀：アトリエ・デコ

ISBN978-4-589-04108-1

広い視野とフレキシブルな思考力を養うことをめざす **αブックス** シリーズ